普通高等教育经管类专业系列教材

管理会计
(微课版)

苏亚民　朱杰　主编

清华大学出版社
北京

内 容 简 介

全面推进管理会计体系建设是建立现代财政制度、推进国家治理体系和治理能力现代化的重要举措。本书探讨管理会计的基本理论、概念框架和工具方法，关注中国特色管理会计理论体系的发展，助力管理会计人才培养。

全书共九章，内容包括管理会计总论、变动成本法、本量利分析、经营预测、经营决策、长期投资决策、全面预算管理、标准成本法和业绩考核与评价。各章均配有学习目标、知识点和能力点分解、章前导入、专业与思政融合、实训题、案例分析和练习题等。本书广泛吸收了近年来国内外管理会计研究和实践的新成果，将理论与实践相结合，具有系统性强、思政元素丰富、内容新颖、重难点突出等特点。

本书可作为综合类高等院校财会类专业和经济管理类相关专业的教材，也可作为管理会计爱好者的学习参考书。

本书封面贴有清华大学出版社防伪标签，无标签者不得销售。
版权所有，侵权必究。举报：010-62782989，beiqinquan@tup.tsinghua.edu.cn。

图书在版编目（CIP）数据

管理会计：微课版 / 苏亚民, 朱杰主编. -- 北京：清华大学出版社, 2024.8. -- (普通高等教育经管类专业系列教材). -- ISBN 978-7-302-66706-3

Ⅰ. F234.3

中国国家版本馆 CIP 数据核字第 20245AS015 号

责任编辑：刘金喜
封面设计：周晓亮
版式设计：苁博文化
责任校对：孔祥亮
责任印制：沈　露

出版发行：清华大学出版社
　　网　　址：https://www.tup.com.cn，https://www.wqxuetang.com
　　地　　址：北京清华大学学研大厦 A 座　　　邮　　编：100084
　　社 总 机：010-83470000　　　　　　　　　邮　　购：010-62786544
　　投稿与读者服务：010-62776969，c-service@tup.tsinghua.edu.cn
　　质 量 反 馈：010-62772015，zhiliang@tup.tsinghua.edu.cn
印 装 者：三河市龙大印装有限公司
经　　销：全国新华书店
开　　本：185mm×260mm　　印　张：14.75　　字　数：359 千字
版　　次：2024 年 9 月第 1 版　　印　次：2024 年 9 月第 1 次印刷
定　　价：58.00 元

产品编号：101640-01

前　言

　　为了满足高等院校管理会计课程教学的需要，我们组织具有丰富教学、科研和管理经验的教师编写本书。本书从我国管理会计理论与实践出发，以管理会计的基本指引为统领，以管理会计的具体指引为指导，在学习和借鉴先进管理会计工具的基础上，围绕企业管理中的预测、决策、规划、控制和考核等环节，详细地阐述了现代管理会计的基本原理、方法和技能，旨在推动中国特色管理会计理论体系的构建。

　　本书的特色与创新点主要体现在以下几个方面。

　　1. 结构合理，重点突出。各章均配有学习目标、知识点和能力点分解、章前导入、专业与思政融合、实训题、案例分析和练习题等。

　　2. 突出课程思政教学。结合《会计改革与发展"十四五"规划纲要》和《关于全面推进管理会计体系建设的指导意见》等权威文件，将思政元素融入专业知识点，扎根中国大地，立足中国实际。

　　3. 注重实训能力培养。各章均配有案例分析和实训题，精准对焦各章重点和难点。强化管理会计基本理论和基本方法的应用，突出培养解决管理会计具体问题的能力。

　　4. 充分吸收注册会计师和中级会计师考试的原题。在各章例题和练习题的选择上，充分吸收了注册会计师和中级会计师考试的原题，分析其出题思路，使本书具有较强的实战性，对标注册会计师及中级会计师考试知识和能力的要求。

　　5. 配套新形态教学资源。各章均配有专业与思政融合、能力点、练习题答案等丰富的数字资源，实现了教学资源可看、可听等多元化、多渠道呈现。

　　本书是中南民族大学本科教材建设资助项目，由苏亚民教授、朱杰博士担任主编。全书共九章，第一章～第五章的理论内容由苏亚民教授编写；第六章～第九章的理论内容由朱杰博士编写；第一章～第九章的专业与思政融合内容由苏亚民教授编写。全书由苏亚民教授编写大纲并定稿。

　　本书编写过程中参考了大量的文献，在此，对这些文献的作者表示感谢。鉴于编者水平有限，书中难免存在不妥与疏漏之处，恳请广大读者批评指正。

　　本书PPT教学课件可通过扫描右侧二维码下载。专业与思政融合视频、能力点视频、练习题答案可通过扫描书中二维码观看、下载。

　　服务邮箱：476371891@qq.com。

本书PPT课件

编者

2024 年 3 月

目　　录

第一章　管理会计总论 ·················· 1
第一节　管理会计的产生与发展 ········ 2
一、管理会计的定义 ················· 2
二、管理会计的发展阶段 ············· 2
三、管理会计面临的挑战及应对策略 ···· 4
第二节　管理会计的基本理论 ············ 4
一、管理会计的研究对象 ············· 4
二、管理会计的目标 ················· 5
三、管理会计的职能 ················· 5
四、管理会计信息的质量特征 ········· 6
五、管理会计的基本假设与基本原则 ···· 6
第三节　管理会计与财务会计的关系 ·· 7
一、管理会计与财务会计的联系 ······· 7
二、管理会计与财务会计的区别 ······· 8
第四节　专业与思政融合——构建中国特色管理会计理论体系 ··· 10
一、"十三五"时期会计改革与发展的主要任务 ············· 10
二、《关于全面推进管理会计体系建设的指导意见》所指出的主要任务和措施 ··············· 10
三、《管理会计基本指引》和《管理会计应用指引》的发布意义 ······· 11
四、"十四五"时期会计改革与发展的总体目标 ··············· 11
本章实训题 ························· 12
本章案例分析 ······················· 12
本章练习题 ························· 14

第二章　变动成本法 ·················· 16
第一节　成本概述 ····················· 17
一、成本的概念与分类 ··············· 17
二、成本性态 ······················· 18
第二节　成本性态分析 ················· 21
一、成本性态分析的概念 ············· 21
二、成本性态分析的基本假设 ········· 21
三、成本性态分析的方法 ············· 22
第三节　变动成本法与完全成本法 ······· 24
一、变动成本法和完全成本法的概念 ··· 24
二、变动成本法与完全成本法的区别 ··· 24
三、两种成本法分期营业利润差额的变动规律 ··················· 27
四、变动成本法的优缺点及应用 ······· 28
第四节　专业与思政融合——辩证看待固定成本和变动成本 ····· 29
一、全面看待约束性固定成本和酌量性固定成本 ··············· 29
二、固定成本和变动成本具有转化性 ··· 29
三、发展新质生产力，降低单位变动成本 ······················· 30
四、变动成本法践行市场机制在资源配置中起决定性作用的理念 ···· 30
五、透过现象看本质，观察成本计算方法对企业利润的影响 ········ 31
本章实训题 ························· 31
本章案例分析 ······················· 34
本章练习题 ························· 35

第三章　本量利分析 ·················· 38
第一节　本量利分析概述 ··············· 39

一、本量利分析的概念 …………… 39
二、本量利分析的基本假定 ………… 39
三、本量利分析的相关因素 ………… 40
第二节 单一品种的本量利分析 …… 40
一、保本点的相关内容 ………………… 40
二、企业经营安全程度的评价指标 …… 41
第三节 盈利条件下的本量利分析 … 42
一、保利点 ………………………… 42
二、保净利点 ……………………… 43
第四节 本量利关系图 ……………… 44
一、传统式本量利关系图 …………… 44
二、边际贡献式本量利关系图 ……… 45
三、利润—业务量式本量利关系图 … 45
第五节 多品种条件下的本量利分析 … 46
一、多品种条件下本量利分析的方法 … 46
二、敏感性分析 …………………… 49
三、有关因素变动对相关指标的影响 … 50
第六节 专业与思政融合——把握
　　　　量变与质变的辩证关系 …… 52
一、以量变与质变的辩证关系认识
　　保本点 ………………………… 52
二、多品种条件下本量利分析方法的
　　应用：化未知为已知 ………… 52
本章实训题 ………………………… 53
本章案例分析 ……………………… 55
本章练习题 ………………………… 57

第四章　经营预测 …………………… 59
第一节　经营预测概述 ……………… 60
一、经营预测的概念和基本程序 …… 60
二、经营预测分析的基本方法 ……… 60
第二节　销售预测 …………………… 62
一、销售预测的意义 ………………… 62
二、销售预测分析的方法 …………… 62
第三节　利润预测 …………………… 67
一、利润预测的意义 ………………… 67
二、利润预测分析的方法 …………… 67
第四节　成本预测 …………………… 70
一、成本预测的意义 ………………… 70

二、成本预测分析的方法 …………… 70
第五节　资金需要量预测 …………… 72
一、资金需要量预测的意义 ………… 72
二、资金需要量预测分析的方法 …… 72
第六节　专业与思政融合——培养
　　　　科学预测能力 ……………… 77
一、预测的理论依据包含唯物辩证法的
　　思想 …………………………… 78
二、具体情况具体分析，采用适当的
　　预测方法 ……………………… 78
三、开展科学预测，培养科学精神 … 79
本章实训题 ………………………… 79
本章案例分析 ……………………… 80
本章练习题 ………………………… 82

第五章　经营决策 …………………… 84
第一节　经营决策概述 ……………… 85
一、经营决策的意义与特征 ………… 85
二、经营决策的基本程序 …………… 85
三、经营决策的分类 ………………… 86
四、经营决策中的成本概念 ………… 86
第二节　经营决策分析方法 ………… 89
一、确定型决策分析方法 …………… 89
二、风险型决策分析方法 …………… 91
三、非确定型决策分析方法 ………… 91
第三节　生产决策 …………………… 92
一、特殊订单决策 …………………… 93
二、亏损产品是否停产的决策 ……… 94
三、自制或外购的决策 ……………… 94
四、产品是否进一步加工的决策 …… 95
五、有限资源利用的决策 …………… 96
第四节　定价决策 …………………… 97
一、定价目标及影响产品价格的因素 … 97
二、以市场需求为导向的定价方法 … 98
三、以成本为导向的定价方法 ……… 100
四、其他定价策略 …………………… 102
第五节　存货决策 …………………… 102
一、企业持有存货的成本 …………… 103
二、存货经济订货批量 ……………… 103

三、ABC控制法在存货决策中的
　　　　应用 ……………………………… 105
　　四、零存货控制 …………………………… 106
第六节　专业与思政融合——沉没
　　　　成本与个人全面成长 ………… 106
　　一、理性对待沉没成本，全面规划
　　　　人生 …………………………… 106
　　二、全面看待亏损产品，透过现象看
　　　　本质 …………………………… 107
　本章实训题 …………………………………… 108
　本章案例分析 ………………………………… 111
　本章练习题 …………………………………… 112

第六章　长期投资决策 ……………………… 115
第一节　长期投资决策概述 ……………… 116
　　一、长期投资决策的概念 ……………… 116
　　二、长期投资决策的基本原则 ………… 116
　　三、长期投资决策的类型 ……………… 116
　　四、长期投资决策的特征 ……………… 116
第二节　长期投资决策的影响因素与
　　　　风险 ……………………………… 117
　　一、影响因素 …………………………… 117
　　二、投资的风险 ………………………… 127
第三节　长期投资决策的评价指标 ……… 129
　　一、静态指标 …………………………… 129
　　二、动态指标 …………………………… 130
第四节　长期投资决策举例 ……………… 133
　　一、固定资产更新的决策 ……………… 133
　　二、动态回收期的计算 ………………… 134
第五节　敏感性分析在投资决策中的
　　　　应用 ……………………………… 136
　　一、以净现值为基础进行敏感性
　　　　分析 …………………………… 136
　　二、以内含报酬率为基础进行敏感性
　　　　分析 …………………………… 137
第六节　专业与思政融合——长期
　　　　投资决策与个人消费观 ………… 138
　　一、认清"校园贷"本质，树立正确
　　　　的消费观 ……………………… 138

　　二、了解主观和客观的关系，认识内含
　　　　报酬率的客观性 ……………… 139
　　三、以全面发展的观点理解动态投资
　　　　回收期 ………………………… 139
　本章实训题 …………………………………… 139
　本章案例分析 ………………………………… 142
　本章练习题 …………………………………… 143

第七章　全面预算管理 ……………………… 146
第一节　全面预算管理概述 ……………… 147
　　一、全面预算管理的概念与特征 ……… 147
　　二、全面预算体系 ……………………… 148
　　三、全面预算的分类 …………………… 148
　　四、全面预算的组织与流程 …………… 150
　　五、全面预算的作用 …………………… 151
第二节　全面预算的编制方法 …………… 152
　　一、增量预算法与零基预算法 ………… 153
　　二、固定预算法与弹性预算法 ………… 153
　　三、定期预算法与滚动预算法 ………… 156
第三节　经营预算的编制 ………………… 157
　　一、预算编制逻辑顺序 ………………… 158
　　二、经营预算编制要点 ………………… 158
第四节　财务预算的编制 ………………… 165
　　一、现金预算 …………………………… 165
　　二、利润表预算 ………………………… 166
　　三、资产负债表预算 …………………… 168
第五节　专业与思政融合——以预算
　　　　管理的思维规划职业生涯 …… 170
　　一、预算管理与职业生涯规划 ………… 170
　　二、以普遍联系的观点看待全面预算
　　　　的编制 ………………………… 170
　本章实训题 …………………………………… 171
　本章案例分析 ………………………………… 173
　本章练习题 …………………………………… 173

第八章　标准成本法 ………………………… 176
第一节　标准成本概述 …………………… 177
　　一、标准成本的含义与特点 …………… 177
　　二、标准成本的种类 …………………… 178
　　三、标准成本的作用 …………………… 179

四、标准成本法的优缺点…………180
　　五、标准成本的制定………………180
第二节　标准成本的差异分析与
　　　　控制………………………181
　　一、变动成本差异分析的通用模式…181
　　二、直接材料成本差异……………182
　　三、直接人工成本差异……………184
　　四、变动制造费用成本差异………185
　　五、固定制造费用成本差异………187
第三节　专业与思政融合——坚持
　　　　实事求是的原则，寻找差异
　　　　成因…………………………189
　　一、以实事求是的原则分析问题……189
　　二、客观分析直接人工差异产生的
　　　　原因…………………………190
　　三、标准成本提供对标管理的榜样…190
　　本章实训题…………………………191
　　本章案例分析………………………191
　　本章练习题…………………………193

第九章　业绩考核与评价…………196
第一节　以企业为主体的业绩考核…197
　　一、业绩考核与评价系统的构成
　　　　要素…………………………197
　　二、基于利润的业绩评价…………197
　　三、基于权益报酬率的杜邦分析
　　　　体系…………………………199
　　四、财务业绩评价与非财务业绩
　　　　评价…………………………200
第二节　以责任中心为主体的业绩
　　　　考核与评价…………………201
　　一、责任会计的基本理论…………201

　　二、责任中心………………………202
　　三、内部转移价格…………………204
第三节　关键绩效指标法……………204
　　一、关键绩效指标法的应用………204
　　二、关键绩效指标法的优缺点……206
第四节　经济增加值…………………206
　　一、经济增加值的内涵……………206
　　二、经济增加值的应用……………207
　　三、经济增加值的优缺点…………212
第五节　平衡计分卡…………………213
　　一、平衡计分卡框架………………213
　　二、平衡计分卡的应用……………216
　　三、平衡计分卡的评价……………219
第六节　专业与思政融合——平衡
　　　　计分卡孕育协调平衡的
　　　　发展理念……………………220
　　一、用均衡的观点分析平衡计分卡中
　　　　的平衡………………………220
　　二、运用全面和统筹的观点，兼顾
　　　　财务指标和非财务指标………220
　　三、绩效管理客观公正，激励措施
　　　　平等合理，弘扬社会主义核心
　　　　价值观………………………221
　　本章实训题…………………………221
　　本章案例分析………………………222
　　本章练习题…………………………224

参考文献…………………………227

第一章 管理会计总论

📖 本章学习目标

- 了解管理会计产生的背景及其发展的根本原因。
- 熟悉管理会计的基本理论。
- 了解管理会计与财务会计的关系。

📖 本章知识点和能力点分解表

章	节	知识点	能力点	思政点
第一章 管理会计总论	第一节 管理会计的产生与发展 第二节 管理会计的基本理论 第三节 管理会计与财务会计的关系 第四节 专业与思政融合——构建中国特色管理会计理论体系	管理会计的定义、基本理论与发展阶段	会计人员职业道德规范；了解《关于进一步加强财会监督工作的意见》的内容	构建中国特色管理会计理论体系

📖 本章导入

当前，我国经济发展进入新常态，全面深化改革进入攻坚期和深水区，需要提高改革整体效能，这对会计工作提出了更高要求。从国际上看，世界经济面临长期的结构性问题，资源衰减、环境恶化、外贸市场下滑，以及科技和竞争环境的急速变化，使经济持续处于低增长态势。面对世界经济复杂严峻的环境及我国经济下行的持续压力，经济发展在未来几年甚至更长一段时期内将面临越来越多的挑战，因此推动我国经济转型升级迫在眉睫。

2016年以来，财政部连续出台的《会计改革与发展"十三五"规划纲要》《管理会计基本指引》《管理会计应用指引》进一步提出，要加强管理会计指引体系建设，推进管理会计广泛应用，提升会计工作管理效能。这在政策层面推动了财务会计向管理会计的转型。

在企业实践层面，以中国化工集团、海尔集团、中国兵器装备集团为代表的一批中国企业在管理机制设计方面有许多创新，并针对国有企业和社会公共管理的特殊需求在管理会计应用方面也进行了许多积极的探索，取得了具有国际影响力的成绩，中国的管理会计实践在一些领域已经处于国际领先地位。

第一节　管理会计的产生与发展

20世纪20年代，以股份有限公司为主要形式的现代企业蓬勃发展，企业间日益加剧的竞争加快了企业会计的发展和分化。传统的企业会计逐步分化为"财务会计"和"管理会计"两大分支。

一、管理会计的定义

管理会计的定义有狭义和广义之分。狭义管理会计，又称为微观管理会计，是指在中国特色社会主义市场经济条件下，以强化企业内部经营管理、实现最佳经济效益为最终目的，以现代企业经营活动及其价值表现为对象，通过对财务等信息的深加工和再利用，实现对经济过程的预测、决策、规划、控制、责任考核评价等职能的一个会计分支。

狭义管理会计的研究成果如下。

(1) 管理会计以企业为主体展开其管理活动。

(2) 管理会计为企业管理当局的管理目标服务。

(3) 管理会计是一个对内的会计信息系统。

广义管理会计是指用于概括现代会计系统中区别于传统会计，直接体现预测、决策、规划、控制和责任考核评价等会计管理职能内容的一个范畴。

广义管理会计的研究成果如下。

(1) 管理会计以企业为主体展开其管理活动。

(2) 管理会计既为企业管理当局的管理目标服务，同时也为股东、债权人、规章制度制定机构及税务当局等非管理集团服务。

(3) 管理会计作为一个信息系统，提供的财务信息包括用来解释实际和计划所必需的货币性和非货币性信息。

(4) 从内容来看，管理会计既包括财务会计，又包括成本会计和财务管理。

《关于全面推进管理会计体系建设的指导意见》指出，管理会计是会计的重要分支，主要服务于单位(包括企业和行政事业单位)内部管理需要，是通过利用相关信息，有机融合财务与业务活动，在单位规划、决策、控制和评价等方面发挥重要作用的管理活动。

《管理会计基本指引》指出，管理会计活动是单位利用管理会计信息，运用管理会计工具方法，在规划、决策、控制、评价等方面服务于单位管理需要的相关活动。

二、管理会计的发展阶段

从国外角度来看，管理会计的提出已有超过160年的历史，国际会计师联合会将其发展历程分成四个阶段，以展现其不断演进和发展的重要性。从国内角度来看，20世纪70年代末至80年代初，我国管理会计处于引进学习阶段，这个阶段我国学术界主要引进和学习西方的管理会计；接下来就是应用与发展创新阶段，这个阶段产生了管理会计新的分支，如战略绩效评价管理会计、人力资源管理会计、知识资本成本管理会计、行为管理会计、环境管理会计、社会责任管理会计等。

从国内主流的教材来看，管理会计主要分为以成本控制为基本特征的管理会计阶段、以预测与决策为基本特征的管理会计阶段和以重视环境适应性为基本特征的战略管理会计阶段。

1. 以成本控制为基本特征的管理会计阶段(19世纪末至1939年)

以成本控制为基本特征的管理会计的主要内容如下。

(1) 标准成本。标准成本是早期管理会计的主要支柱之一。标准成本是按照科学的方法制定在一定客观条件下能够实现的人工、材料消耗标准，并以此为基础，形成产品标准成本中的标准人工成本、标准材料成本、标准制造费用等标准。标准成本的制定，使成本计算由事后的计算和利用转为事前的计算和利用，是现代会计管理职能的体现。

(2) 预算控制。在管理控制中被广泛使用的一种控制方法就是预算控制。企业根据全面计划来组织和协调各种经济业务，授权给有关部门实施的控制，称为预算控制。它可以分为业务预算控制、资本预算控制和财务预算控制。预算控制清晰地表明了计划与控制的紧密联系。

(3) 预算差异分析。预算差异分析就是比较实际执行结果和预算目标，确定其差异额及其差异原因。预算差异分析有利于及时发现预算管理中存在的问题，是控制和评价职能作用赖以发挥的最重要的手段。

2. 以预测、决策为基本特征的管理会计阶段(1945年至20世纪70年代)

以预测、决策为基本特征的管理会计的主要内容如下。

(1) 预测。任何经济过程的发展趋势总有一定的规律可循，现代数学方法和计算机技术又可以帮助人们深刻理解经济发展过程的本质，这就为人们对企业经营过程的变化进行科学预测提供了实际的可能性。

(2) 决策。规划和控制企业的经济活动有赖于科学的决策分析，决策的正确与否关系到企业经营的成败。决策是在充分考虑各种可能的前提下，人们基于对客观规律的认识，对未来实践的方向、目标、原则和方法做出决定的过程。

3. 以重视环境适应性为基本特征的战略管理会计阶段(20世纪70年代以后)

战略管理会计是对管理会计的发展，战略管理会计与企业战略管理密切相关，它运用灵活多样的方法收集、加工、整理与战略管理相关的各种信息，并据此来协助企业管理层确立战略目标、进行战略规划、评价管理业绩。战略管理会计有如下特点。

(1) 战略管理会计着眼于长远目标和全局利益。战略管理会计着眼于企业的长期发展和整体利益的最大化。当企业间的竞争已上升到高层次的全局性战略竞争时，抢占市场份额、扩大企业生存空间、追求长远的利益目标已成为企业家特别关注的问题。战略管理会计适应这一形势的要求，超越了单一会计期间的界限，着重从多期竞争地位的变化中把握企业未来的发展方向，并以最终利益目标作为企业战略成败的标准，而不在于某一个期间的利润达到最大。战略管理会计放眼长期经济利益，在会计主体和会计目标方面进行大胆的开拓，使管理会计达到了一个新境界。

(2) 战略管理会计是外向型的信息系统。战略管理会计围绕本企业、顾客和竞争对手形成的"战略三角"，收集、整理、比较、分析与竞争对手有战略相关性的信息，向管理者提供关于本企业与对手间竞争实力的信息，以保持和扩大企业在市场上的相对竞争优势。战略管理会计拓展了会计对象的范围，是一种外向型的信息系统。

(3) 战略管理会计是对各种相关信息的综合收集和全面分析。为了适应企业战略管理的需要，战略管理会计将信息收集范围扩展到与企业战略决策相关的所有信息，其中包括：货币性质的、非货币性质的、数量的、质量的、物质层面的、非物质层面的，以及有关天时、地利、人和等方面的信息。

(4) 战略管理会计拓展了管理会计人员的职能范围。战略管理会计对管理会计人员的要求已不止于财务信息的提供，还要求他们能够运用多种方法，对包括财务信息在内的各种信息进行综合分析与评价，并向管理层提供全部信息的分析结论和决策建议。在战略管理会计中，管理会计人员的基本职能是提供具有远见卓识的管理咨询服务。随着管理会计人员职能范围的扩大，就总体素质而言，新型管理会计人员不仅要熟悉本企业所在行业的特征，还要具备开阔的思路、高瞻远瞩的谋略能力、敏锐的洞察力和准确的判断力，善于抓住机遇，从整体发展的战略高度来认识和处理问题。

三、管理会计面临的挑战及应对策略

"大智移云物区"背景下的技术创新，必然会导致企业商业环境、经营模式和管理思维的巨大变革。一方面云计算等新兴计算机网络技术使得预算管理精准化得以实现、绩效管理由单维向多维转变、财务信息共享打破了组织间的信息壁垒，这些转变为管理会计发展提供了新机遇；而另一方面在新时代下如何加强对管理会计的重视程度、如何推进业财融合的信息化建设、如何帮助员工适应新的工作方式和工作流程，以及如何提高管理会计决策的准确性和时效性，也是新环境下管理会计需要积极应对的挑战。

从会计发展的经济拉动、技术驱动和内生动力三个方面分析，我国会计改革和发展的方向应该从以财务会计为主的核算型会计向以管理会计为主的管理型会计转型。新时代背景下的管理会计不仅要实现对企业资源投入与产出的价值创造过程的核算与反映，还要对企业资源进行有效配置，实现战略管理的闭环和落地。就中国经济和企业所面临的环境而言，经济全球化和国际市场竞争日益激烈，经济发展进入"新常态"，增长速度放缓，因此中国经济必须升级转型，企业需要"精细化管理""降本增效"。管理会计不仅是企业实现"降本增效"和"精细化管理"的有效工具，更是应对"新常态"的重要工具。未来，管理会计应及时抓住技术、环境变革所带来的机遇，积极应对挑战。

第二节 管理会计的基本理论

一、管理会计的研究对象

对管理会计的研究对象进行准确定位，就是对学科本质特征进行高度概括和总结。无论是财务会计还是管理会计，都必须基于会计主体的立场开展工作，为主体的生存发展提供与价值相关的信息服务。持现金流动论的学者认为，管理会计的研究对象是企业的现金流动。持经济活动与信息论的学者认为，管理会计的研究对象是能反映和控制的经济活动及其信息。持价值差量论的学者认为，管理会计的研究对象是价值差量。

二、管理会计的目标

1972年，美国会计学会管理会计委员会提出，管理会计的目标分为基本目标和辅助目标两个层次。李天民教授曾指出，管理会计的"总目标"似可改为"总任务"，即协助管理当局做出有关改进经营管理、提高经济效益和社会效益的决策。具体任务(目标)有四个方面：确定各项经济目标；合理使用经济资源；调节控制经济活动；评价考核经济业绩。李天民教授是从管理的过程来对管理会计的具体目标进行表述的。如果从会计主体来看，管理会计的具体目标还可以依据不同层次责任单位(部门)的需要来确认。具体目标是对总目标的分解，由具体目标和总目标共同构成的目标体系是对组织绩效进行评价的依据。

(1) 为了提高企业的效益，向企业内部经营管理提供信息。

管理会计为强化企业内部经营管理、提高经济效益服务，运用一系列专门的方式方法，收集、汇总、分析和报告各种经济信息，借以进行预测和决策，制订计划，对经营业务进行控制，并对业绩进行评价，以保证企业改善经营管理，提高经济效益。

(2) 参与企业决策，充分发挥经营管理职能。

这一目标的基本思想是将企业长期、稳定、持续的发展摆在首位，它看似简单，实际上包含了丰富的内涵。这强调了风险与报酬的均衡，要将风险控制在企业可承担的范围内，既要有量的增长，也要有质的变革和创新，后者集中体现在企业核心竞争力的培育和提升上，从而使企业形成强大的竞争力，保持长期稳定的发展。

总之，管理会计的目标是通过运用管理会计工具方法，参与企业规划、决策、控制、评价活动并为之提供有用信息，推动企业实现战略规划。

三、管理会计的职能

管理会计的职能是指管理会计实践本身客观存在的必然性所决定的内在功能。管理会计的主要职能主要包括以下五个方面：预测经济前景；参与经济决策；规划经营目标；控制经济过程；考核评价经营业绩。

(1) 预测经济前景。一个企业只有对当前和长远经济前景做出客观的预测，才能为企业决策者提供第一手信息。管理会计参照企业对未来的发展规划和经营目标，预估企业未来的经济活动变化趋势并提出不同的选择方案，帮助决策者了解未来经济的发展趋势。

(2) 参与经济决策。决策是企业经营管理的核心，也是各部门的主要工作职责，为企业决策者提供准确的决策信息，是各职能管理部门的重点工作之一。

(3) 规划经营目标。该职能的实现方式主要是进行各种预算与规划。

(4) 控制经济过程。控制经济过程就是把企业经济过程的事前控制、事中控制与事后反馈进行有机结合，根据事先确定的科学可行的标准，以及执行过程中的实际情况与最初计划出现偏差的原因分析，及时采取相应的解决措施。

(5) 考核评价经营业绩。考核评价经营业绩主要体现在事后根据各责任单位定期编制的业绩报告，将实际发生数与预算数进行对比、分析来评价和考核各责任单位的业绩，以便正确处理分配关系，保证经济责任制的贯彻执行。

四、管理会计信息的质量特征

管理会计信息的质量特征是与管理会计目标联系在一起的，是根据管理会计的目标制定的评估管理会计信息的基本标准，作为管理会计选择的依据，是管理会计目标与管理会计程序和方法之间的中介。一般认为管理会计所提供的信息必须具备以下质量特征。

(1) 客观性。客观性是管理会计信息质量特征的本质基础，管理会计信息应当是中立的，不带个人偏好的。

(2) 相关性。管理会计提供的信息应当与信息使用者的决策具有相关性，应当有助于提高信息使用者的决策能力。

(3) 及时性。及时性是管理会计信息质量特征的生命力，是指管理会计必须为管理当局的决策提供最为及时、迅速的信息。

(4) 准确性。准确性是指管理会计所提供的信息在有效使用范围内必须是正确的。

(5) 简明性。简明性是指管理会计所提供的信息在内容和形式上都应简单明了，易于理解，使信息使用者能够理解它的含义和用途，并懂得如何加以利用。

(6) 成本效益平衡性。在获取管理会计信息时一定要注重它的成本效益的平衡性，可以将其看作管理会计信息的一个约束条件。

五、管理会计的基本假设与基本原则

1. 管理会计的基本假设

管理会计的基本假设，是指为实现管理会计目标，合理界定管理会计工作的时空范围，统一管理会计操作的方法和程序，满足信息收集与处理的要求，从纷繁复杂的现代企业环境中抽象概括出来的，组织管理会计工作不可缺少的一系列前提条件的统称，具体内容包括以下几点。

(1) 多重主体假设。多重主体假设规定了管理会计工作对象的基本活动空间。由于管理会计主要向内部管理者提供有用的决策信息，无须遵循公认的会计准则，因此管理会计的主体具有层次性，根据企业内部不同的管理需要，管理会计的主体可以是整个企业，也可以是企业内部各个责任层次的责任单位。

(2) 理性行为假设。理性行为假设是指管理会计师在选择不同的程序或方法时，总是出于设法实现管理会计工作总体目标的动机，能够采取理性行为，不受主观意识影响，自觉地按照科学的程序与方法进行决策。

(3) 灵活分期假设。灵活分期假设规定：为了满足管理会计面向未来决策的要求，可以根据需要和可能，灵活地确定其工作的时间范围或进行会计分期，不必严格地受财务会计上的会计年度、季度或月份的约束。

(4) 信息充分假设。信息充分假设是指管理会计所占有的各种价值量和非价值量信息在总量上能够充分满足管理决策的要求。

2. **管理会计的基本原则**

管理会计的基本原则是指在明确管理会计基本假设的基础上,为保证管理会计信息符合一定质量标准而确定的一系列主要工作规范的统称,具体内容包括以下几点。

(1) 战略导向原则。管理会计的应用应以战略规划为导向,以持续创造价值为核心,促进企业可持续发展。

(2) 最优化原则。最优化原则是指管理会计必须根据企业不同管理目标的特殊性,按照优化设计的要求,认真进行数据的收集、筛选、加工和处理,以提供能满足科学决策需要的最优信息。

(3) 成本—效益原则。管理会计的应用应权衡实施成本和预期效益,合理、有效地推进管理会计应用。

(4) 决策有用性原则。决策有用性是指管理会计信息在质量上必须符合相关性和可信性的要求。信息的可信性又包括可靠性和可理解性两个方面,前者规范了管理会计信息内在质量的可信性,后者规范了管理会计信息外在形式的可信性。

(5) 及时性原则。及时性原则要求规范管理会计信息的提供时间,讲求时效,在尽可能短的时间内,迅速完成数据收集、处理和信息传递,确保有用的信息得以及时利用。

(6) 重要性原则。贯彻重要性原则,必须考虑成本效益原则和决策有用性原则的要求,该原则也是实现及时性原则的重要保证。

(7) 灵活性原则。尽管管理会计十分讲求其工作的程序化和方法的规范化,但也必须增强适应能力,与企业应用环境和自身特征相适应,企业自身特征包括企业的性质、规模、发展阶段、管理模式、治理水平等。根据不同任务的特点,主动采取灵活多变的方法,提供不同信息,以满足企业内部各方面管理的需要,从而体现灵活性原则的要求。

3. **基本假设与基本原则的关系**

管理会计的基本假设是组织管理会计工作的必备前提;管理会计的基本原则是在基本假设的基础上对管理会计工作质量(尤其是信息质量)所提出的具体要求。

第三节 管理会计与财务会计的关系

一、管理会计与财务会计的联系

1. **管理会计与财务会计同属于现代企业会计**

管理会计与财务会计都属于现代企业会计,共同构成了现代企业会计系统的有机整体,两者相互依存、相互制约、相互补充。

2. **管理会计与财务会计的最终目标相同**

管理会计与财务会计都以企业经营活动及其价值表现为对象;它们都必须服从现代企业会

计的总体要求，共同为提高企业的经济效益服务。

3. 管理会计与财务会计相互分享部分信息

在实践中，管理会计所需要的许多资料来源于财务会计系统，它的主要工作内容是对财务会计信息进行深加工和再利用，因而受到财务会计工作质量的约束；同时，部分管理会计信息有时也列作对外公开发表的范围。

4. 财务会计的改革有助于管理会计的发展

财务会计领域与国际惯例接轨，有助于建立面向未来决策的管理会计模式，开创管理会计工作的新局面。

二、管理会计与财务会计的区别

1. 工作主体(范围)的层次不同

管理会计的工作主体可分为多个层次，它既可以以整个企业(如投资中心、利润中心)为主体，又可以将企业内部的局部区域或个别部门甚至某一管理环节(如成本中心、费用中心)作为其工作的主体；而财务会计的工作主体往往只有企业一个层次。

2. 工作侧重点(具体目标)不同

管理会计作为企业会计的内部管理系统，其工作侧重点主要是为企业内部管理服务；财务会计的工作侧重点主要是为企业外界利害关系集团提供会计信息服务。管理会计工作的侧重点在于针对企业经营管理遇到的特定问题进行分析研究；而财务会计工作的侧重点在于根据日常的业务记录登记账簿，定期编制有关财务报表。

3. 作用时效不同

管理会计的作用时效不仅限于分析过去，还在于能动地利用已知的财务会计资料进行预测、规划未来，同时控制现在，从而横跨过去、现在和未来三个时态；财务会计的作用时效主要在于反映过去。

4. 遵循的原则、标准和依据不同

管理会计在工作中可灵活应用预测学、控制论、信息理论、决策原理、目标管理原则和行为科学等现代管理理论作为指导，它所涉及的许多概念都超出了传统会计要素等的基本概念框架；而财务会计工作必须严格遵守"公认的会计准则"。

5. 信息特征及信息载体不同

管理会计往往为满足内部管理的特定要求而有选择地、不定期地提供管理信息；财务会计能定期地向与企业有利害关系的集团或个人提供较为全面、系统、连续和综合的财务信息。管理会计大多以没有统一格式、不固定报告日期和不对外公开的内部报告为信息载体；财务会计在对外公开提供信息时，其载体是具有固定格式和固定报告日期的财务报表。

6. 方法体系不同

管理会计可选择灵活多样的方法对不同的问题进行分析处理；财务会计的方法比较固定。

7. 工作程序不同

管理会计工作的程序性较差，灵活性较强；财务会计必须执行固定的会计循环程序。

8. 体系的完善程度不同

管理会计缺乏规范性和统一性，体系尚不健全；财务会计工作具有规范性和统一性，体系相对成熟，形成了通用的会计规范和统一的会计模式。

9. 观念的取向不同

管理会计注重管理过程及其结果对企业内部人员在心理和行为方面的影响；财务会计往往不大重视管理过程及其结果对企业职工心理和行为的影响。

10. 基本职能不同

管理会计主要履行预测、决策、规划、控制和考核的职能，属于"经营型会计"；财务会计履行反映、报告企业经营成果和财务状况的职能，属于"报账型会计"。

11. 信息属性不同

管理会计在向企业内部管理部门提供定量信息时，除了价值单位，还经常使用非价值单位，此外还可以根据部分单位的需要，提供定性的、特定的、有选择的、不强求计算精确的，以及不具有法律效用的信息；财务会计主要向企业外部利益关系集团提供以货币为计量单位的信息，并使这些信息满足全面性、系统性、连续性、综合性、真实性、准确性、合法性等原则和要求。

12. 对会计人员的素质要求不同

管理会计注重会计人员的决策能力；财务会计注重会计人员的核算能力。

综上所述，管理会计与财务会计的主要区别如表1-1所示。

表1-1

项目	管理会计	财务会计
工作主体	局部、整体均可	企业整体
工作侧重点	对内报告	对外报告
作用时效	横跨过去、现在和未来	反映过去
遵循的原则、标准和依据	不受会计准则限制	公认的会计准则
信息载体	以没有统一格式、不固定报告日期和不对外公开的内部报告为信息载体	以具有固定格式和固定报告日期的可对外公开的财务报告为信息载体
方法体系	多种且灵活	单一且固定
工作程序	灵活性较强	执行固定的会计循环程序
体系的完善程度	体系尚不健全	体系相对成熟
观念的取向	注重心理和行为方面的影响	轻视心理和行为方面的影响
基本职能	经营型会计	报账型会计
信息属性	相对准确	准确、客观
人员素质	决策能力	核算能力

第四节 专业与思政融合——构建中国特色管理会计理论体系

2014年10月,财政部印发的《关于全面推进管理会计体系建设的指导意见》指出,推动加强管理会计基本理论、概念框架和工具方法研究,形成中国特色的管理会计理论体系。中国特色的管理会计理论体系根植于祖国大地,形成于我国企业管理会计实践,符合中国国情和实际。对这一科学务实的管理会计理论体系进行学习,有助于我们树立中国特色社会主义的制度自信和文化自信,并及时宣传管理会计理论研究成果,提升我国管理会计理论研究的国际影响力和国际传播力。

一、"十三五"时期会计改革与发展的主要任务

"十三五"时期是会计改革与发展推陈出新、成果丰硕、具有重要意义的五年。2016年10月,财政部发布了《会计改革与发展"十三五"规划纲要》,明确了"十三五"时期会计改革与发展的主要任务之一是推进管理会计广泛应用,具体措施如下。

(1) 加强管理会计指引体系建设。坚持经验总结和理论创新,加强政策指导,2018年底前基本形成以管理会计基本指引为统领、以管理会计应用指引为具体指导、以管理会计案例示范为补充的管理会计指引体系。制定发布系列分行业产品成本核算制度,推动企业切实改进和加强成本管理。加强管理会计国际交流与合作,不断提高我国在国际管理会计界的地位和影响力。

(2) 推进管理会计广泛应用。认真抓好管理会计指引体系实施,采取政策宣讲、经验交流、成果推广、人员培训、理论研讨等多种形式和措施,深入推动管理会计广泛应用。同时,加强管理会计理论研究、教学教材改革,支持管理会计创新中心建设。

(3) 提升会计工作管理效能。以深入实施管理会计指引体系为抓手,积极推动企业和其他单位会计工作转型升级,进一步发挥会计工作在战略管理、预算管理、成本管理、营运管理、投融资管理、绩效管理、风险管理等方面的职能作用,促进企业提高管理水平和经济效益,促进行政事业单位提高理财水平和预算绩效,更好地为经济社会发展服务。

二、《关于全面推进管理会计体系建设的指导意见》所指出的主要任务和措施

《关于全面推进管理会计体系建设的指导意见》所指出的主要任务和措施如下。

(1) 推进管理会计理论体系建设。推动加强管理会计基本理论、概念框架和工具方法研究,形成中国特色的管理会计理论体系。一是整合科研院校、单位等优势资源,推动形成管理会计产学研联盟,协同创新,支持管理会计理论研究和成果转化;二是加大科研投入,鼓励科研院校、国家会计学院等建立管理会计研究基地,在系统整合理论研究资源、总结提炼实践做法经

验、研究开发管理会计课程和案例、宣传推广管理会计理论和先进做法等方面，发挥综合示范作用；三是推动改进现行会计科研成果评价方法，切实加强管理会计理论和实务研究；四是充分发挥有关会计团体在管理会计理论研究中的具体组织、推动作用，及时宣传管理会计理论研究成果，提升我国管理会计理论研究的国际影响力。

(2) 推进管理会计指引体系建设。形成以管理会计基本指引为统领、以管理会计应用指引为具体指导、以管理会计案例示范为补充的管理会计指引体系。

(3) 推进管理会计人才队伍建设。推动建立管理会计人才能力框架，完善现行会计人才评价体系。

(4) 推进面向管理会计的信息系统建设。指导单位建立面向管理会计的信息系统，以信息化手段为支撑，实现会计与业务活动的有机融合，推动管理会计功能的有效发挥。

三、《管理会计基本指引》和《管理会计应用指引》的发布意义

2016年6月，财政部印发的《管理会计基本指引》中指出，管理会计指引体系包括基本指引、应用指引和案例库。基本指引作为应用指引的统领，为应用指引的制定确立了原则和框架。应用指引作为管理会计指引体系的一个重要组成部分，是贯彻落实指导意见和基本指引的具体体现，其制定将为单位如何正确、有效地选择和应用管理会计工具方法提供借鉴或参考。

为促进企业加强管理会计工作、提升内部管理水平、促进经济转型升级，财政部根据《管理会计基本指引》，于2017年9月29日制定发布了《管理会计应用指引第100号——战略管理》等首批22项管理会计应用指引，于2018年8月17日制定发布了《管理会计应用指引第202号——零基预算》等第二批7项管理会计应用指引，于2018年12月27日制定发布了《管理会计应用指引第204号——作业预算》等第三批5项管理会计应用指引。

四、"十四五"时期会计改革与发展的总体目标

"十四五"时期，会计改革与发展的总体目标是：主动适应我国经济社会发展客观需要，会计审计标准体系建设得到持续加强，会计审计业发展取得显著成效，会计人员素质得到全面提升，会计法治化、数字化进程取得实质性成果，会计基础性服务功能得到充分发挥，以实现更高质量、更加公平、更可持续的发展，更好地服务我国经济社会发展大局和财政管理工作全局。

学生在学习的初级阶段，往往只关注《会计改革与发展"十三五"规划纲要》《会计改革与发展"十四五"规划纲要》《关于全面推进管理会计体系建设的指导意见》《管理会计基本指引》的具体条款，因此，要经过讨论和引导，使他们逐步认识到中国特色社会主义的制度自信和文化自信是具体而实在的，中国特色的管理会计理论体系是其具体的体现；深刻体会到中国特色社会主义文化源于中华民族五千多年文明历史所孕育的中华优秀传统文化，熔铸于党领导人民在革命、建设、改革中创造的革命文化和社会主义先进文化，植根于中国特色社会主义伟大实践。坚定文化自信，就要以更加自信的心态、更加宽广的胸怀，广泛参与世界文明对话，大胆借鉴吸收人类文明成果，推动中华优秀传统文化的创造性转化、创新性发展，继承革命文

化，发展社会主义先进文化，在为新时代鼓与呼中滋养社会、铸造国魂，更好构筑中国精神、中国价值、中国力量，为人民提供精神指引。

制度自信始终伴随着中国革命、建设和改革的历史进程，推动着中国特色社会主义伟大事业的开启、发展和进步。我们要实现中华民族伟大复兴的梦想，就必须不断增强制度自信，倍加珍惜、始终坚持、不断发展中国特色社会主义制度。中国特色社会主义制度具有最大限度地整合社会资源、集中力量办大事的体制机制优势，具有最大限度地凝聚社会共识、形成共同理想、构建中华民族共有精神家园的思想优势。中国特色的管理会计理论体系具有广泛的社会共识，是中国会计从业人员的共同理想，弘扬了社会主义核心价值观。

■ 本章实训题 ■

实训 1-1：经济理论对管理会计的产生和发展的影响

古典组织理论(特别是科学管理理论)的出现促使现代会计分化为财务会计和管理会计，现代会计的管理职能得以表现出来。该阶段，管理会计以成本控制为基本特征，以提高企业的生产效率和工作效率为目的，其主要内容包括标准成本、预算控制和预算差异分析。为适应企业管理重心由提高生产和工作效率转为提高经济效益的需要，西方管理理论出现了行为科学、系统理论、决策理论，使得管理会计的理论体系逐渐完善、内容更加丰富，逐步形成了预测、决策、预算、控制、考核、评价的管理会计体系。随着市场竞争的日趋激烈，战略管理的理论有了长足发展，重视环境对企业经营的影响是企业战略管理的基本点。因而，战略管理会计运用灵活多样的方法，收集、加工、整理与战略管理相关的各种信息，并据此协助企业管理层确立战略目标、进行战略规划、评价管理业绩。

实训分析：

管理会计的发展历程证明，管理会计的形成和发展受社会实践及经济理论的双重影响：一方面，社会经济的发展要求加强企业管理；另一方面，经济理论的形成又使这种要求得以实现。管理会计在其形成和发展的各个阶段，无不体现着这两方面的影响：一方面，管理会计的理论和技术方法会随着管理理论的发展而发展；另一方面，只有新的管理会计的理论和技术方法得以发展，才能满足新的管理理论实践的需要。在经济理论与管理会计演化的历史长河中，经济理论历来揭示经济的本质及运行目标，而管理会计则为体现这种本质并为其顺利运行提供理论和技术方法上的保障。

■ 本章案例分析 ■

案例1-1：战略成本管理在实际中的应用

20 世纪 90 年代初，邯郸钢铁集团(以下简称"邯钢")率先在我国推行战略成本管理方法并取得巨大成功，由此掀起了全国学习邯钢经验的浪潮。邯钢以"模拟市场，成本否决"的经营管理方式，大大提高了生产效率，取得了良好的经济效益，其基本思想主要体现在以下四个方面。

(1) 模拟市场核算。这是运用战略成本管理思想最突出的体现，其基本思路如下：第一，进行市场调查预测，充分考虑能源、运费及供应商侃价能力等各方面的信息，从原料开始按成本逐步结转分步计算方法逐步推算，对其与市场价格差额较大的部分进行调整；第二，确定目标成本和分解目标成本，即在确保企业获得一定的目标利润的前提下，通过市场预测和企业内部挖潜来确定目标成本，然后通过目标成本分解使之细化，实现自我控制。在目标成本分解中，从总厂到二级分厂、车间、工段、岗位、个人，将各个部门联系起来，在全厂形成由上而下层层分解、由下而上逐级保证的纵横交叉的金字塔式的成本管理网络。也就是说，成本管理工作不再是仅仅着眼于短期目标和企业内部经营，而是从战略角度出发，将成本管理与供应商等外部环境变化挂钩，在各个部门间进行协调和合作，依靠全体员工进行成本控制。

(2) 实行成本否决。否决即"完不成成本指标，即使其他指标完成得再好，当月奖金全部否决，连续未完成成本指标的，还要否决内部升级"。也就是将成本管理与业绩评价和激励机制严格挂钩，促进目标成本达标活动的进行。关于业绩评价，邯钢为防止二级厂成本费用在各品种间乱分摊，总厂采取按不同品种分别制定、下达单位成本指标，按总成本进行考核的方法，避免严格的考核制度给成本的真实性带来影响。邯钢的业绩评价有一定标准，不仅以目标成本的实现为标准，还以相关修订或补充的指标作为评价标准，体现了动态变化的战略管理思想。关于激励机制也是如此，除了重奖重罚，邯钢还采用了灵活的操作方式激励员工。例如，采用按月考核、累计计算的方式，哪怕当月奖金被否决了，但只要不灰心，下月继续努力，完成目标，否决的奖金就可以补发80%。从实际的效果来看，邯钢的激励机制起到了显著作用。这说明在市场经济下，企业设置有效的激励机制是彻底打破"平均主义"，使企业重新焕发生机的重要举措。也正是这种机制的切实执行，才能提高企业员工的潜在创造力和成本管理意识。

(3) 技术改造上利用限额设计思想。"限额设计"是"模拟市场核算，实行成本否决"的低成本战略思想在管理技术上的应用创新。从战略角度考虑，一个企业中产品成本的决定因素不在生产阶段，而在科研设计阶段。邯钢在技术改造上提出限额设计的改造模式，即在计划部门下设投资管理科，由专门的技术人员负责定额，改造项目所需的设备型号和费用都先由技术人员经过市场调研和计算，确定投资限额，然后交至设计部门，设计部门在保证设计质量的前提下，按定额进行设计。1991—1996年，邯钢的产品成本每年降低6%以上。在钢铁行业效益大幅下降的背景下，邯钢利润连续多年超过7亿元，跻身行业前三。

(4) 塑造成本管理文化。邯钢在成本管理过程中，十分重视管理文化的塑造，注重全员参与。也就是说，将成本管理指标落实到人，其实质也就是将企业作业管理、行为管理和全员参与管理等理念在实际中真正贯彻实施，使每个员工都有"有家可当、有财可理、有责可负"的感觉，自觉提高自身的成本意识，形成节约成本的良好习惯。综上所述，邯钢的成功在一定程度上可以归因于战略成本管理的应用，它将成本研究的重心从企业内部经营的微观层面转移到了影响全局发展的市场，按市场需求进行成本改进，并对成本责任进行细分，使职工的责、权、利有效结合，为目标利润的实现及战略成本管理的有效实行提供了可靠保障。

当然，邯钢只是众多企业的一个缩影，从战略成本管理的初步试行到全面推广，还有漫长的路要走，在这期间，难免会出现一些阻力和困难。例如，企业高层官僚思想的束缚，不愿放权或不恰当授权，导致责任不能落实到个人，出现缺位。另外，组织结构的臃肿和职能交叉也会使成本分解出现权责不明确、相互推卸的现象，这些问题都需要在以后的发展过程中注意和防范。

要求：

请分析邯郸钢铁集团推行的战略成本管理方法。

案例分析：

邯郸钢铁集团推行了系统、完整、全面的战略成本管理方法，既有以市场变化为依据进行动态调整的战略管理思想、低成本战略思想，也有企业文化层面的战略管理思想，具体包括模拟市场核算、实行成本否决、利用限额设计思想和塑造成本管理文化，夯实了企业竞争的软实力，取得了亮丽的成绩。良好的成本管理，有利于企业市场份额和企业利润的增长。战略成本管理正是在分析内外部环境的基础上，基于企业经营战略制定成本管理模式，并及时对成本信息进行全面真实的反馈，它着眼于未来目标的实现和长期竞争优势的构建，在当今世界经济一体化、市场竞争愈演愈烈的大环境下，我们有理由相信，随着我国企业改革的进一步深化和法律法规体系的日臻完善，战略成本管理运作必将日趋规范，也必将有广阔的发展空间。

资料来源：李春献，高安吉，刘均敏. 战略成本管理的特点及其应用[J]. 企业改革与管理，2007(1): 16-17.

本章练习题

一、单选题

1. 《关于全面推进管理会计体系建设的指导意见》发布时间为(　　)年。
   A. 2014　　　　B. 2015　　　　C. 2016　　　　D. 2017
2. 《管理会计基本指引》作为应用指引的统领，为应用指引的制定确立了原则和框架，其发布时间为(　　)年。
   A. 2016　　　　B. 2018　　　　C. 2019　　　　D. 2020
3. 为提高会计人员职业道德水平，财政部研究制定了《会计人员职业道德规范》，其发布时间为(　　)年。
   A. 2020　　　　B. 2021　　　　C. 2022　　　　D. 2023
4. 下列项目中，不属于管理会计基本职能的是(　　)。
   A. 规划经营方针　　B. 参与经营决策　　C. 控制经济过程　　D. 核算经营成果
5. 管理会计的服务侧重于(　　)。
   A. 股东　　　B. 外部集团　　　C. 债权人　　　D. 企业内部的经营管理
6. 管理会计不要求(　　)的信息。
   A. 相对精确　　B. 及时　　C. 绝对精确　　D. 相关
7. 管理会计与财务会计的关系是(　　)。
   A. 起源相同、目标不同　　　　B. 目标相同、基本信息同源
   C. 基本信息不同源、服务对象交叉　　D. 服务对象交叉、概念相同
8. 下列各学派中，影响以预测、决策为基本特征的管理会计的是(　　)。
   A. 科学管理学派　　B. 官僚学派　　C. 行为科学　　D. 行政管理学派
9. 以成本控制为基本特征的管理会计阶段，支撑其发展的经济理论中，不包括(　　)。
   A. 官僚学派　　B. 科学管理学派　　C. 行政管理学派　　D. 行为科学

10. 下列选项中，能够作为管理会计原始雏形的标志之一，并于20世纪初在美国出现的是（　　）。

  A. 责任会计 B. 预测决策会计 C. 科学管理理论 D. 标准成本法

二、判断题

1. 管理会计的职能倾向于对未来的预测、决策和规划，财务会计的职能侧重于核算与监督。（　　）

2. 管理会计既可以提供反映企业整体情况的资料，又可以提供反映企业内部各责任单位经营情况的资料；财务会计以企业为会计主体，提供反映整个企业财务状况、经营成果和资金变动的会计资料。（　　）

3. 管理会计是会计的重要分支，主要服务于单位(包括企业和行政事业单位)内部管理需要，是通过利用相关信息，有机融合财务与业务活动，在单位规划、决策、控制和评价等方面发挥重要作用的管理活动。（　　）

4. 管理会计的形成与发展经历了三个阶段，其中，第二个阶段以成本控制为基本特征。（　　）

5. 财务会计多采用微积分、线性代数、概率论等现代数学方法和现代信息技术。（　　）

6. 管理会计多采用一般的数学方法，没有应用微积分、线性代数等现代数学方法。（　　）

7. 管理会计受会计准则、会计制度的制约，其处理方法可以根据企业管理的实际情况和需要确定。（　　）

8. 在狭义管理会计的范围内，管理会计既包括财务会计，又包括成本会计和财务管理。（　　）

9. 社会生产力的进步、市场经济的繁荣及其对经营管理的客观要求，是管理会计形成与发展的内在原因，现代管理科学理论起到了积极的促进作用。（　　）

10. 管理会计的目标是通过运用管理会计工具方法，参与企业的规划、决策、控制、评价活动并为之提供有用信息，推动企业实现战略规划。（　　）

三、思考题

1. 简要说明管理会计与财务会计的联系与区别。
2. 如何理解《管理会计基本指引》中四要素的内在逻辑关系？
3. 如何理解中国特色的管理会计理论体系？

能力点1.mp4

能力点2.mp4

专业与思政融合.mp4

习题答案与解析

第二章 变动成本法

📖 本章学习目标 >>>

- 了解成本的概念与分类。
- 熟悉固定成本、变动成本和混合成本的概念、特点与分类。
- 掌握成本性态分析的方法。
- 了解变动成本法与完全成本法的区别。

📖 本章知识点和能力点分解表 >>>

章	节	知识点	能力点	思政点
第二章 变动成本法	第一节 成本概述 第二节 成本性态分析 第三节 变动成本法与完全成本法 第四节 专业与思政融合——辩证看待固定成本和变动成本	成本的概念与分类；变动成本法与完全成本法的主要区别	混合成本的分解方法；完全成本法和变动成本法下利润不同的根本原因分析	辩证看待固定成本和变动成本

📖 本章导入 >>>

目前制造企业之间的竞争，已经不单单是企业之间的竞争，已经延伸到产业链及价值链的竞争，相应地，与产品价值创造相关联的各个环节，均可能成为成本管理的控制点，为此，美的集团财务一直追求基于业务财务一体化的价值创造目标，以不断挖潜业务价值，从而提升企业价值。美的集团主要通过"拉通四条业务线"进行供应链一体化的管控：一是拉通外销从订单到收款；二是拉通内销从商机到收款，通过精准的成本分析和毛利分析，锁定成本和毛利，事前算赢；三是拉通从采购到付款，规范透明交易结算；四是拉通计划到执行，提升运营效率。

资料来源：于跃. 美的新成本"实验"[J]. 新理财，2015，(Z1)：90-92.

宝钢集团的管理会计框架是以全面预算管理为基本方法、以成本管理为基础、以现金流量控制为核心、以信息技术为支撑形成的"四位一体"结构。在具体的实践当中，宝钢集团以全面预算管理体系对接战略与运营，综合运用成本管理工具推进精益成本管理，通过"三权集中"和"三维监控"降低资金使用成本并通过信息化建设持续提升成本竞争力。在管理会计框架指导下，宝钢集团推动其成本结构向更合理的方向发展。管理会计的应用也为宝钢实现成为全球最具竞争力的钢铁企业的战略目标提供了有力支持。

资料来源：管理会计在企业集团的 10 个应用案例大盘点. [EB/OL]. www.dongao.com. 作者有删改

第一节 成本概述

一、成本的概念与分类

(一) 成本的概念

从成本(cost)的内容来看，成本就是为生产一定数量，并达到一定质量标准的商品所发生的全部耗费的货币表现。它包括产品生产中耗费的活劳动和物化劳动的价值。产品成本指标是反映企业生产经营管理工作质量的综合性指标。这一指标对于加强企业经营管理、降低成本、提高经济效益有重要意义。企业管理当局决策的多样化直接导致了成本信息的多样化，即"不同目标，不同成本"。

从管理会计的角度来看，成本是指企业在生产经营过程中对象化的、以货币表现的、为达到一定目的而应当或可能发生的各种经济资源的价值牺牲或代价。

(二) 成本的分类

1. 成本按其核算的目标分类

成本按核算目标的不同可分为业务成本、责任成本和质量成本三大类。

2. 成本按其实际发生的时态分类

成本按其时态分类可分为历史成本和未来成本两类。区分历史成本和未来成本有助于合理进行事前成本的决策、事中成本的控制和事后成本的计算、分析和考核。

3. 成本按其相关性分类

成本的相关性是指成本的发生与特定决策方案是否有关的性质。以此为标准，成本可分为相关成本和无关成本两类。

4. 成本按其可控性分类

成本的可控性是指责任单位对其成本的发生是否可以在事先预计并落实责任、在事中施加影响，以及在事后进行考核的性质。以此为标准，成本可分为可控成本和不可控成本两类。

5. 成本按其可辨认性分类

成本的可辨认性是指成本的发生与特定的归集对象之间的联系，又称为可追溯性。以此为标准,成本可分为直接成本和间接成本两大类。

6. 成本按其经济用途分类

成本按其经济用途分类可分为生产成本和非生产成本两类。生产成本又称为制造成本,是指在生产过程中为制造产品而发生的成本,包括直接材料、直接人工和制造费用三个成本项目。非生产成本又称为非制造成本,是指生产成本以外的成本。

7. 成本按其可盘存性分类

按可盘存性进行分类,可将一定时期内发生的成本分为产品成本和期间成本。成本按可盘存性分类的意义在于能够指导企业准确地进行存货估价,正确计算损益。

二、成本性态

(一) 成本性态的概念

成本性态(cost behavior)是指成本总额与特定业务量(volume)之间在数量方面的依存关系,又称为成本习性。在最简单的条件下,业务量通常是指生产量或销售量。这里的成本总额主要是指为取得营业收入而发生的营业成本费用,包括全部生产成本和销售费用、管理费用、财务费用等非生产成本。

(二) 成本按其性态分类的结果

成本按其性态分类可分为固定成本、变动成本和混合成本三大类。

1. 固定成本

(1) 固定成本的定义:固定成本是指在一定条件下,其总额不随业务量发生任何数额变化的成本。

(2) 固定成本的特点:固定成本总额(用常数 a 表示)的不变性;单位固定成本(用 a/x 表示)的反比例变动性。

(3) 固定成本的进一步分类:约束性固定成本和酌量性固定成本。

① 约束性固定成本是指不受企业管理当局短期决策行为影响,用于维持企业基本的生产经营能力和组织机构运行而发生的成本,是一个企业为保持正常运转所必须负担的最低支出,如管理人员的工资、固定资产折旧费、保险费等。

控制方法:对于新增投资、设置机构、配备管理人员应慎重,从长远利益和全局考虑,切忌急功近利、鼠目寸光;采取一切有力措施使企业现有生产能力得到充分利用。

② 酌量性固定成本是指受企业管理当局短期决策行为的影响,可以在不同时期改变其数额的固定成本,如广告费、研究与开发费、职工培训费、经营性租赁费等。

控制方法:决策者应当以超越本人任期甚至生命的发展眼光来看待企业,要有远见,制定长期规划;要根据企业自身情况,合理、有效地控制成本支出,量力而行。

相关范围:在管理会计中,固定成本的水平一般是以其总额来表示的,但其总额并不是绝对固定的,它既与特定的计算时期相联系,又与某一特定业务量有关。因此,在研究固定成本问题时,必须注意其相关范围。

2. 变动成本

(1) 变动成本的定义：变动成本是指在一定条件下，其总额随业务量成正比例变化的成本。

(2) 变动成本的特点：变动成本总额(用 bx 表示)的正比例变动性；单位变动成本(用常数 b 表示)的不变性。

(3) 变动成本的进一步分类：技术性变动成本和酌量性变动成本。

① 技术性变动成本是指其单位成本受客观因素影响、消耗量由技术因素决定的变动成本。

② 酌量性变动成本是指其单耗受客观因素影响，其单位成本主要受企业管理部门决策影响的变动成本。

3. 混合成本

(1) 混合成本的定义：混合成本是指介于固定成本和变动成本之间，既随业务量变动又不成正比例的成本。混合成本的存在具有必然性。在企业生产经营过程中，存在着大量既不是固定成本，也不是变动成本的混合成本。

(2) 混合成本的分类：按照混合成本变动趋势的不同，可将混合成本进一步分为标准式混合成本、阶梯式混合成本、递延式混合成本和曲线式混合成本四种类型。

① 标准式混合成本。标准式混合成本又称为半变动成本，是指在有一定固定数额的基础上，随着业务量的变化而成正比例变动的成本，如图2-1所示。标准式混合成本的特点如下：通常有一个基数，一般保持不变，有固定成本的特点；基数之上的成本随业务量的增减成正比例增减，又有变动成本的特点。

② 阶梯式混合成本。阶梯式混合成本又称为半固定成本，是指在一定业务量范围内的发生额保持不变，但当业务量增长到一定限度，其发生额就会跃升到一个新的水平，以此循环而呈现的成本，如图2-2所示。阶梯式混合成本的特点如下：业务量在一定范围内增长，其发生额不变；当业务量的增长超过某一限度时，其发生额会突然跳跃上升，然后在业务量新的增长范围内，其发生额又保持不变，直到另一个新的跳跃，如此反复。

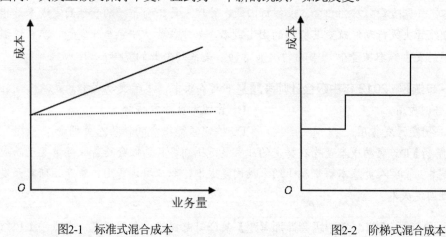

图2-1　标准式混合成本　　　　　　图2-2　阶梯式混合成本

③ 递延式混合成本。递延式混合成本又称为延期变动成本，是指在一定的业务量范围内有一个固定不变的基数，当业务量增长超出了这个范围，它就与业务量的增长成正比例变动，如图2-3所示。递延式混合成本的特点如下：在业务量增长的一定范围内，其发生额不变，有

固定成本的特点；当业务量的增长超过一定范围后，在上述基数之上的发生额则随业务量的增减成正比例增减，又有变动成本的特点。

④ 曲线式混合成本。曲线式混合成本通常有一个固定不变的初始量，在这个初始量的基础上，随着业务量的增加，成本也逐步变化，但它与业务量的关系是非线性的，如图2-4所示。曲线式混合成本可以进一步分为递增型和递减型两种。曲线式混合成本的特点如下：通常有一个基数，一般保持不变，有固定成本的特点；基数之上的成本随业务量的增加而增加，但不成正比例，又有变动成本的特点。

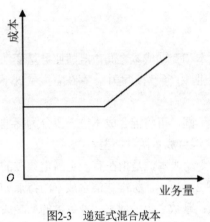

图2-3 递延式混合成本

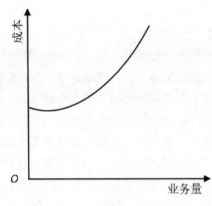

图2-4 曲线式混合成本

【例题1·单选题·2016年中级会计师考题】 根据成本性态，在一定时期一定业务量范围内，职工培训费一般属于( )。

A. 半固定成本 B. 半变动成本
C. 约束性固定成本 D. 酌量性固定成本

【答案与解析】 D。约束性固定成本是指管理当局的短期(经营)决策行动不能改变其具体数额的固定成本，如保险费、房租租金、设备折旧费、管理人员工资等。酌量性固定成本是指管理当局的短期经营决策行动能改变其数额的固定成本，如广告费、研究与开发费、职工培训费等。这些费用的发生额取决于管理当局的决策行动，关系到企业的竞争能力。

【例题2·单选题·2012年中级会计师考题】 下列各项中，属于变动成本的是( )。

A. 职工培训费用 B. 管理人员基本薪酬
C. 新产品研究开发费用 D. 按销售额提成的销售人员佣金

【答案与解析】 D。变动成本是指在特定的业务量范围内，其总额会随着业务量变动而成正比例变动的成本。管理人员基本薪酬属于约束性固定成本，职工培训费用、新产品研究开发费用属于酌量性固定成本。

【例题3·单选题·2014年中级会计师考题】 某公司电梯维修合同规定，当每年上门维修不超过3次时，维修费用为5万元，当超过3次时，则在此基础上按每次2万元付费，根据成本性态分析，该项维修费用属于( )。

A. 半变动成本 B. 半固定成本
C. 延期变动成本 D. 曲线变动成本

【答案与解析】C。延期变动成本是指在一定业务量范围内，成本总额保持不变，超过特定业务量范围则随业务量的变化而成正比例变化。本题中，当超过 3 次时，则在此基础上按每次 2 万元付费，应为延期变动成本，选项 C 正确。注意延期变动成本与半变动成本的区别：半变动成本是指通常有一个初始量，类似于固定成本，在这个初始量的基础上其余部分随业务量的增长而成正比例增长，又类似于变动成本。

【例题 4·多选题·2019 年中级会计师考题】在一定期间及特定的业务量范围内，关于成本与业务量的关系，下列说法正确的有(   )。
A. 变动成本总额随业务量的增加而增加
B. 单位固定成本随业务量的增加而降低
C. 固定成本总额随业务量的增加而增加
D. 单位变动成本随业务量的增加而降低

【答案与解析】AB。变动成本的基本特征：在特定的业务量范围内，变动成本总额因业务量的变动而成正比例变动，但单位变动成本不变。固定成本的基本特征：成本会与业务量成反方向变动。

(三) 相关范围对成本性态的影响

1. 相关范围的定义

在管理会计中，把不会改变固定成本和变动成本性态的有关期间、业务量的特定变动范围称为广义的相关范围，把业务量因素的特定变动范围称为狭义的相关范围。

2. 相关范围的意义

固定成本和变动成本相关范围的存在，使得各项成本的性态具有相对性、暂时性和可转化性的特点，因此，不应该对成本性态做绝对的理解。

第二节　成本性态分析

一、成本性态分析的概念

成本性态分析是指在明确各种成本性态的基础上，按照一定的程序和方法，最终将全部成本区分为固定成本和变动成本两大类，并建立相应成本函数模型 $y = a+bx$ 的过程。

二、成本性态分析的基本假设

成本性态分析的基本假设有相关范围假设和一元线性假设。
(1) 相关范围假设：在研究成本性态分析时，必须假定固定成本和变动成本总是处在相关范围之中。
(2) 一元线性假设：假定总成本可以近似地用一元线性方程 $y = a+bx$ 来描述。

三、成本性态分析的方法

成本性态分析的方法是指完成成本性态分析任务必须采取的技术手段。常用的成本性态分析方法包括技术测定法、直接分析法和历史资料分析法。

(一) 技术测定法

技术测定法又称为工程技术法，是指利用经济工程项目财务评价技术方法所测定的企业正常生产过程中投入与产出的关系，分析确定在实际业务量基础上其固定成本和变动成本水平，并揭示其变动规律的一种方法。

(二) 直接分析法

直接分析法又称为个别确认法，是指在事先已经掌握有关项目成本性态的基础上，在成本发生的当时对每项成本的具体性态进行直接分析，使其归属于变动成本或固定成本的一种方法。

(三) 历史资料分析法

历史资料分析法是指在获取若干期相关成本(y)和业务量(x)的历史资料的基础上，运用一定数学方法对其进行数据处理，从而确定常数 a 和 b 的数值，以完成成本性态分析任务的一种定量分析的方法，主要有以下几种。

1. 高低点法

高低点法又称为两点法，是指通过观察一定相关范围内的各期业务量与相关成本所构成的所有坐标点，从中选出高低两点坐标，记为$(x_1, y_1)(x_2, y_2)$，并据此来推算固定成本总额(或混合成本中的固定部分) a 和单位变动成本(或混合成本中变动部分的单位额) b 的一种成本性态分析方法。

$$b = \frac{最高业务量总成本 - 最低业务量总成本}{最高业务量 - 最低业务量} = \frac{y_1 - y_2}{x_1 - x_2}$$

$$a = 最高业务量总成本 - b \times 最高业务量$$

【例题5】某企业2022年1—6月份的设备维修费是混合成本，有关数据如表2-1所示。

表2-1

月份	机器工作时长/小时	维修费/元
1	800	11 000
2	840	11 200
3	1000	13 000
4	820	11 080
5	780	10 800
6	830	11 100

要求：试用高低点法分解维修费，并计算当 7 月份的机器工作时长为 1040 小时的维修费。

解：确定最高点(1000,13 000)和最低点(780,10 800)。

计算 b 和 a：

$$b = (13\,000 - 10\,800) \div (1000 - 780) = 10(元)$$
$$a = y_1 - bx_1 = 13\,000 - 10 \times 1000 = 3000(元)$$
$$y = a + bx = 3000 + 10x = 3000 + 1040 \times 10 = 13\,400(元)$$

2. 散布图法

散布图法又称为布点图法或目测画线法，是指将若干期业务量和成本的历史数据标注在坐标纸上，通过目测画一条尽可能接近所有坐标点的直线，并据此来推算固定成本(或混合成本中的固定部分)a 和单位变动成本(或混合成本中变动部分的单位额)b 的一种成本性态分析方法。

3. 一元直线回归法

一元直线回归法又称为最小二乘法或最小平方法，是指利用微分极值原理对若干期全部业务量与成本的历史资料进行处理，并据此来推算固定成本(或混合成本中的固定部分)a 和单位变动成本(或混合成本中变动部分的单位额)b 的一种成本性态分析方法。

$$b = \frac{n\sum X_i Y_i - \sum X_i \sum Y_i}{n\sum X_i^2 - (\sum X_i)^2}$$

$$a = \frac{\sum Y_i - b\sum X_i}{n}$$

【例题 6】某企业经营某种产品，2022 年 1—6 月份的有关资料如表 2-2 所示。

表2-2

月份	产量/件	制造费用/元
1	90	1600
2	60	1220
3	50	1120
4	70	1360
5	40	960
6	80	1480

要求：采用一元直线回归法进行成本分解。

解：根据一元直线回归法的计算公式进行计算。

$$b = (3\,151\,200 - 3\,018\,600) \div (162\,600 - 152\,100) = 12.63(元)$$
$$a = (7740 - 12.63 \times 390) \div 6 = 469.05(元)$$

【例题 7 · 单选题 · 2013 年中级会计师考题】下列混合成本的分解方法中，比较粗糙且带有主观判断特征的是(　　)。

  A. 高低点法　　　　B. 直线回归法　　C. 工业工程法　　D. 账户分析法

【答案与解析】D。账户分析法又称为会计分析法，其根据有关成本账户及其明细账的内容，结合其与产量的依存关系，判断其比较接近哪类成本，就将视其为哪类成本，这种方法的优点是简便易行，缺点是比较粗糙且带有主观判断。

第三节　变动成本法与完全成本法

一、变动成本法和完全成本法的概念

在现代管理会计中，按产品成本期间成本的划分口径和损益确定程序的不同进行分类，可将成本计算分为变动成本计算和完全成本计算，即变动成本法和完全成本法。

(一) 变动成本法的定义

变动成本法是指在进行常规的产品成本计算过程中，以成本性态分析为前提，只将变动生产成本作为产品成本的构成内容，而将固定生产成本及非生产成本作为期间成本，按贡献式损益确定程序计量损益的一种成本计算模式。

管理会计理论认为，在进行成本计算、界定产品成本与期间成本时，必须摆脱财务会计传统思维定式束缚，重新认识产品成本和期间成本的本质。按照重新解释的产品成本和期间成本的定义，产品成本应只包括变动生产成本，而不包括固定生产成本；固定生产成本必须作为期间成本处理。这就构成了变动成本法的理论前提。

(二) 完全成本法的定义

完全成本法是指在进行常规的成本计算过程中，以成本按其经济用途分类为前提条件，将全部生产成本作为产品成本的构成内容，只将非生产成本作为期间成本，并按传统式损益确定程序计量损益的一种成本计算模式。完全成本法认为，只要是与产品生产有关的耗费，均应从产品销售收入中得到补偿，固定制造费用也不例外。

二、变动成本法与完全成本法的区别

(一) 应用的前提条件不同

变动成本法的理论依据：固定制造费用与特定会计期间相联系，和企业生产经营活动持续经营期的长短成比例，并随时间的推移而消逝，其效益不应递延到下一个会计期间，而应在其发生的

当期，全额列入损益表，作为该期销售收入的一个扣减项目。变动成本法首先要求进行成本性态分析，把全部成本划分为变动成本和固定成本两大部分，尤其要把属于混合成本性质的制造费用按生产量分解为变动制造费用和固定制造费用两部分；完全成本法首先要求把全部成本按其发生的领域或经济用途分为生产成本和非生产成本。传统的完全成本法则强调成本补偿的一致性，其理论依据如下：固定制造费用发生在生产领域，与产品生产直接相关，其与直接材料、直接人工和变动制造费用的支出并无区别，应当将其作为产品成本的一部分，从产品销售收入中得到补偿。

(二) 产品成本及期间成本的构成内容不同

在变动成本法下，产品成本只包括变动生产成本，而固定生产成本和非生产成本则全部作为期间成本处理；在完全成本法下，产品成本则包括全部生产成本，只有非生产成本才作为期间成本处理。

(三) 销售成本及存货成本的水平不同

当期末存货量不为零时，在变动成本法下，固定制造费用被作为期间成本直接计入当期利润表，不可能转化为存货成本或销售成本；而在完全成本法下，固定制造费用被计入产品成本，并要在存货和销售之间进行分配，使一部分固定制造费用被期末存货吸收递延到下期，另一部分固定制造费用作为销售成本被计入当期利润表，这必将导致分别按两种成本法所确定的期末存货成本及销售成本的水平不同。

(四) 销售成本的计算公式不完全相同

在完全成本法下，本期销售成本的计算公式如下。

本期销售成本=期初存货成本+本期发生的生产成本-期末存货成本

在变动成本法下，本期销售成本的计算公式如下。

本期销售成本=单位变动生产成本×本期销售量

(五) 损益确定程序不同

在变动成本法下，只能按贡献式损益确定程序计量营业损益；而在完全成本法下则必须按传统式损益确定程序计量营业损益。由于两种成本计算法的损益确定程序不同，又派生出如下三点区别。

(1) 营业利润的计算方法不同。
(2) 编制的利润表格式及提供的核心指标有所不同。
(3) 计算出的营业利润有可能不同。

【例题8】某公司产销单一产品A，本期生产1000件，期初无库存，单价20元，成本构成如下。

直接材料：4元
直接人工：4元
变动制造费用：2元
固定制造费用：2元

变动推销管理费用：0.5 元

固定推销管理费用：1000 元

试根据不同情况，计算完全成本法与变动成本法下的营业利润。

情况一： 假设销售 1000 件

完全成本法：1000×(20-12)-(1000×0.5+1000)=6500(元)

变动成本法：1000×(20-10.5)-(1000×2+1000)=6500(元)

情况二： 假设销售 800 件

完全成本法：800×(20-12)-(800×0.5+1000)=5000(元)

变动成本法：800×(20-10.5)-(1000×2+1000)=4600(元)

(六) 所提供的信息用途不同

变动成本法是为满足面向未来决策、强化企业内部管理的要求而产生的。它能够提供科学反映成本与业务量之间、利润与销售量之间有关量的变化规律的信息，从而有助于企业加强成本管理，强化预测、决策、计划、控制和业绩考核等职能，促进以销定产，减少或避免因盲目生产而带来的损失。完全成本法是适应企业内部事后将间接成本分配给各种产品，反映生产产品发生的全部资金耗费，确定产品实际成本和损益，满足对外提供报表的需要而产生的。它提供的信息能够揭示外界公认的成本与产品在质的方面的归属关系，从而有助于企业扩大生产，刺激增产的积极性。

综上所述，变动成本法与完全成本法的区别如表 2-3 所示。

表2-3

区别		变动成本法	完全成本法
应用的前提条件不同		以成本性态分析为前提：将全部成本(费用)分为变动成本和固定成本两大类	以成本按经济用途分类为前提：将全部成本(费用)分为生产成本和非生产成本
成本的构成内容不同	产品成本	变动生产成本包括： ① 直接材料 ② 直接人工 ③ 变动制造费用	生产成本包括： ① 直接材料 ② 直接人工 ③ 制造费用
	期间成本	变动非生产成本包括： ① 变动销售费用 ② 变动管理费用 ③ 变动财务费用 固定成本包括： ① 固定制造费用 ② 固定销售费用 ③ 固定管理费用 ④ 固定财务费用	非生产成本包括： ① 销售费用 ② 管理费用 ③ 财务费用

(续表)

区别		变动成本法	完全成本法
销售成本的计算公式不同		本期销售成本=单位变动生产成本×本期销售量	本期销售成本=期初存货成本+本期发生的生产成本-期末存货成本
损益确定程序不同	主要公式	营业收入-变动成本=边际贡献 边际贡献-固定成本=营业利润	营业收入-营业成本=营业毛利 营业毛利-营业费用=营业利润
	核心指标	边际贡献	营业毛利
	利润表格式	贡献式利润表	传统式利润表
所提供信息的用途不同		主要满足内部管理的需要,利润与销售量之间有一定规律性联系	主要满足对外提供报表的需要,利润与销售量之间的联系缺乏规律性

三、两种成本法分期营业利润差额的变动规律

(一) 两种成本法分期营业利润差额的定义

某期分别按两种成本计算法确定的营业利润之差称为该期两种成本法营业利润的广义差额,不等于零的差额称为狭义差额。

(二) 两种成本法分期营业利润出现狭义差额的原因分析

两种成本法分期营业利润出现狭义差额的根本原因在于两种成本计算法计入当期利润表的固定生产成本的水平出现了差异,这种差异又具体表现为完全成本法下期末存货吸收的固定生产成本与期初存货释放的固定生产成本之间的差异。

(三) 广义营业利润差额的变动规律

1. 广义营业利润差额的一般规律

(1) 若完全成本法下期末存货吸收的固定生产成本等于期初存货释放的固定生产成本,则两种成本计算确定的营业利润差额必然为零,即它们的营业利润相等。

(2) 若完全成本法下期末存货吸收的固定生产成本大于期初存货释放的固定生产成本,则两种成本计算法确定的营业利润差额必然大于零,即按完全成本法确定的营业利润一定大于按变动成本法确定的营业利润。

(3) 若完全成本法下期末存货吸收的固定生产成本小于期初存货释放的固定生产成本,则两种成本计算法确定的营业利润差额必然小于零,即按完全成本法确定的营业利润一定小于按变动成本法确定的营业利润。

2. 广义营业利润差额的特殊规律

(1) 当期末存货量不为零,而期初存货量为零时,完全成本法确定的营业利润必然大于变动成本法确定的营业利润,即广义营业利润差额大于零。

(2) 当期末存货量为零，而期初存货量不为零时，完全成本法确定的营业利润必然小于变动成本法确定的营业利润，即广义营业利润差额小于零。

(3) 当期末存货量和期初存货量均为零(即产销绝对平衡)时，两种成本计算法确定的营业利润必然相等，即广义营业利润差额恒等于零。

(4) 当期末存货量和期初存货量均不为零，前后期固定生产成本和产量均不变，按完全成本法计算的单位期末存货中的固定生产成本与单位期初存货中的固定生产成本相等时，则广义营业利润差额的性质取决于期末存货量和期初存货量的数量关系(或产销平衡关系)。

四、变动成本法的优缺点及应用

(一) 变动成本法的优缺点

1. 变动成本法的优点

(1) 变动成本法能够揭示利润和业务量之间的正常关系，有利于促使企业重视销售工作，能够更好地适应企业内部管理的需要。

(2) 变动成本法可以提供有用的成本信息，便于划分企业各部门的经济责任，从而进行科学的成本分析和成本控制。

(3) 变动成本法提供的成本和收益资料符合"费用与收益相配比"的原则，有利于促使企业坚持"以销定产"，便于企业进行短期经营决策。

(4) 采用变动成本法可以简化成本核算工作，便于加强成本管理。

2. 变动成本法的缺点

(1) 变动成本法不是一种非常精确的计算方法，成本划分存在假设性。

(2) 变动成本法所计算出来的单位产品成本，不符合传统的成本观念的要求，不能适应对外报告的需要。

(3) 变动成本法不能适应长期决策和定价决策的需要。

(4) 采用变动成本法会对所得税产生一定的影响。

(二) 变动成本法的应用

第一种观点是采用"双轨制"，即在完全成本法的核算资料之外，设置一套变动成本法的核算系统，提供两套平行的成本核算资料，以分别满足不同的需要。

第二种观点是采用"单轨制"，即以变动成本法完全取代完全成本法，最大程度地发挥变动成本法的优点。

第三种观点是采用"结合制"，即将变动成本法与完全成本法结合使用。日常核算建立在变动成本法的基础之上，以满足企业内部经营管理的需要；期末对需要按完全成本反映的有关项目进行调整，以满足对外报告的需要。

第四节　专业与思政融合——辩证看待固定成本和变动成本

通过深入讲授成本性态,把管理的理念引入会计学习中,使学生了解管理会计思想的同时,培养其理智决策的能力,实现知识传授、价值塑造和能力培养的多元统一。培养创新思维,以新思维催生新思路,以新思路谋求新发展,以新发展推动新方法,以新方法解决新问题。注意分析主要矛盾和矛盾的主要方面,依照不同性态的成本进行管理决策。

一、全面看待约束性固定成本和酌量性固定成本

不同性质的固定成本要采取不同的管理方法,不能一概而论。认识上的片面性体现在不能全面地看问题,只看到事物的一个方面,而看不到另一个方面。对于固定成本的认识就要克服片面性,不能认为约束性固定成本就是固定成本的全部,也不能认为酌量性固定成本就是固定成本的全部,实际上固定成本包括约束性固定成本和酌量性固定成本。

(1) 约束性固定成本。约束性固定成本是指不受企业管理当局短期决策行为影响的固定成本。约束性固定成本具有刚性约束的特征,又称为经营能力成本,它最能反映固定成本的特性,对其进行管理要从企业经营的长远方向入手,充分利用生产经营能力,提高产品的产量,相对降低其单位成本。约束性固定成本支出额的大小,取决于生产经营能力的规模和质量。

(2) 酌量性固定成本。酌量性固定成本又称为可调整固定成本,是指受企业管理当局短期决策行为的影响,可以在不同时期改变其数额的固定成本,具有一定的弹性和伸缩性。一般是由管理当局在会计年度开始前,斟酌计划期企业的具体情况和财务负担能力,对这类固定成本项目的开支情况分别进行决策。酌量性成本并非可有可无,它关系到企业的竞争力,若要对其进行管理可以考虑降低其绝对额,要求在预算时精打细算编制出积极可行的费用预算,在执行时厉行节约,防止浪费和过度投资等。

二、固定成本和变动成本具有转化性

固定成本和变动成本具有转化性,因此,我们不能把固定成本和变动成本的分类绝对化,要学会辩证地看待它们。当相关范围发生变化时,固定成本可能就变成了变动成本。固定成本总额只有在一定时期和一定业务量范围内才是固定的。也就是说,固定成本的固定性是有条件的,这里所说的一定范围叫作相关范围。例如,超过一定业务量就需要增加生产设备的投资,从而导致其每月的固定折旧成本发生变化,每月的固定折旧成本就由固定成本变成变动成本了。变动成本与固定成本一样,变动成本与业务量之间的线性依存关系也是有条件的,当超出相关范围时,变动成本发生额可能成非线性变动。

客观事物在不断地运动变化,事物之间在互相转化。一个事物向另一个事物的转化就是矛盾的转化。矛盾的转化反映了事物性质的变化。由于固定成本与变动成本之间的划分界线并不

是非常明晰，有时可以通过相互转化达到降低成本的作用。例如，医院设备的维修费理论上是变动成本，随着使用时间和使用次数的增加，维修次数和维修金额都将上升，但有一部分维修费(如 CT 机、核磁共振仪等大型仪器的维护和修理费)不随设备的使用时间和使用次数的变化而变化，这部分维修费用可归入固定成本。

事物的联系和发展都采取量变和质变两种状态和形式。质是事物区别于其他事物的内在规定性，量是事物的规模、程度、速度等可以用数量表示的规定性。事物都是质和量的统一，度体现了事物质和量的统一。度是保持事物质的稳定性的数量界限。在认识问题和处理问题时应掌握适度的原则。量变和质变是事物变化的两种形式，两者是辩证统一的。量变是质变的必要准备；质变是量变的必然结果；量变和质变相互渗透。量变质变规律体现了事物发展的渐进性和飞跃性的统一。例如，武汉的士的服务收费如下：排量低于 2 升的的士起步价为 10 元，可乘坐 3 公里，超出部分每公里收费 1.8 元。在 3 公里范围内服务收费属于固定成本，一旦超过 3 公里，服务收费则变成了变动成本，3 公里就可看作相关范围，量变积累到一定程度就可引起质变，在 3 公里范围的度内，可以保持固定成本的稳定性，一旦突破 3 公里的数量界限，量变催生质变，固定成本变为变动成本。

又如，固定工资和计件工资的转化。固定工资不和工人生产的合格品的数量挂钩，按固定的数额支付工资，性质上属于固定成本。计件工资是按照工人生产的合格品的数量(或作业量)和预先规定的计件单价来计算报酬的一种工资形式。计件工资不是直接用劳动时间来计算，而是用一定时间内的劳动成果——产品数量或作业量来计算，因此，它是间接用劳动时间来计算的，是计时工资的转化形式，性质上属于变动成本。两种不同的工资形式代表两种不同性质的成本，劳动力供需双方在签订劳动合同时要协商好工资的性质，以保障各自的合法权益。

三、发展新质生产力，降低单位变动成本

改革开放以来，特别是进入新时代以来，我国经济社会的快速发展有了巨大的量的积累，正在发生从高速度到高质量的转型升级，这种转型升级包括量变和质变，涌现了以科技创新驱动、产业结构转型升级、生产要素创新配置为典型特征，能够催生新产业、新模式和新动能的新质生产力。新质生产力将科技创新视为一种相对独立的生产力形态，更加强调科技创新对生产要素融合的统领性作用。科学技术能够应用于生产过程，渗透到生产力诸要素中，从而转化为实际生产能力，促进并引起了生产力的深刻变革和巨大发展，新质生产力既是我国经济发展的趋势性现象，也是生产力实现新跃迁的目标。新质生产力可以促使企业加强技术研发和技术革新，提高企业全要素生产率，从而降低单位变动成本，使提供的新产品具有更好的性能。

四、变动成本法践行市场机制在资源配置中起决定性作用的理念

在完全成本法下，管理者为追求短期利润而盲目生产，这告诫我们要避免目光短浅，应树立科学发展、可持续发展的思维，即不能为当前的利益而给公司长远发展带来损害。变动成本法鼓励销售，践行市场机制在资源配置中起决定性作用的理念。市场决定资源配置是市场经济

的一般规律，市场经济本质上就是市场决定资源配置的经济。理论和实践都证明，市场配置资源是最有效率的形式。我们必须不失时机地加大改革力度，坚持社会主义市场经济改革方向，在思想上更加尊重市场决定资源配置这一市场经济的一般规律，在行动上大幅度减少政府对资源的直接配置，推动资源配置依据市场规则、市场价格、市场竞争实现效益最大化和效率最优化，让发展活力竞相迸发、社会财富充分涌流。市场决定资源配置的优势在于可以引导资源配置符合价值规律以最小投入(费用)取得最大产出(效益)的要求。市场决定资源配置的本质要求，是在经济活动中遵循和贯彻价值规律，使市场在资源配置中起决定性作用，其实质就是让价值规律、竞争和供求规律等市场经济规律起决定性作用。经济体制改革的核心问题仍然是处理好政府和市场的关系，要讲辩证法、两点论，把"看不见的手"和"看得见的手"都用好。两者关系处理得好，经济发展就会"琴瑟和鸣"；处理不好，经济发展就会"孤掌难鸣"。要坚持使市场在资源配置中起决定性作用，完善市场机制，打破行业垄断、进入壁垒、地方保护，增强企业对市场需求变化的反应能力和调整能力，提高企业资源要素配置效率和竞争力。若要更好地发挥政府作用，不是简单地下达行政命令即可，而是要在尊重市场规律的基础上，用改革激发市场活力，用政策引导市场预期，用规划明确投资方向，用法治规范市场行为。

五、透过现象看本质，观察成本计算方法对企业利润的影响

要善于透过现象看本质。现象是事物的表面特征和外部联系，可以被人的感官直接感知；本质是事物的根本性质和内在联系，不能被直接感知，只能通过理性思维把握。现象是个别的、具体的、多种多样的、易逝的；本质则是同类现象中一般的、共同的部分，相对稳定。完全成本法和变动成本法确定的营业净利润不相等的根本原因并非在于产销不平衡，而是计入当期损益表的固定制造费用数额存在差异。产销是否平衡仅是表象，对固定制造费用的处理态度不同才是本质。具体来说，体现在以下两个方面。

(一) 固定制造费用的性质

变动成本法：固定制造费用的性质是期间费用，处理的方法是"当期产，当期减"。

完全成本法：固定制造费用的性质是生产成本，随生产完结，变成存货或销售成本，处理的方法是"当期产，销售减"。

(二) 固定制造费用和产品的关系

变动成本法：固定制造费用数额不依附于产品，只和生产期间发生联系。

完全成本法：固定制造费用数额依附在产品身上，随产品实体而流动。

■ 本章实训题 ■

实训2-1：
某公司将2021年12个月中最高业务量与最低业务量情况下的制造费用总额摘录如表2-4所示。

表2-4

项目	低点(4月)	高点(8月)
业务量/小时	2000	2800
制造费用总额/元	3850	4450

上述制造费用中包括变动成本、固定成本和半变动成本三类，该公司管理部门曾对4月的制造费用做过分析，各类成本的具体情况如下。

变动成本总额：800元
固定成本总额：2050元
半变动成本总额：1000元
制造费用合计：3850元

要求：

(1) 采用高低点法将该公司的半变动成本分解为变动成本与固定成本，并写出半变动成本的计算公式。

(2) 若该公司计划2022年1月的业务量达2500小时，则该公司的制造费用总额为多少？

解：公司的总成本 = (纯)固定成本+(纯)变动成本+半变动成本

$y = a_0$；$y = b_1 x$；$y = a_2 + b_2 x$

(1) $y = a_0 + b_1 x + a_2 + b_2 x$

$y = a_0 = 2050$

高点的变动成本：

$y = b_1 x$，$b_1 = 800 \div 2000 = 0.4$

$y = b_1 \times 2800 = 0.4 \times 2800 = 1120(元)$

高点的固定成本：2050元

则高点半变动成本总额为：4450−1120−2050=1280(元)

半变动成本高点(2800, 1280)，半变动成本低点(2000, 1000)

$b_2 = (1280 - 1000) \div (2800 - 2000) = 0.35$

$a_2 = 1000 - 0.35 \times 2000 = 300(元)$

$y = a_2 + b_2 x = 300 + 0.35 x$

(2) 当 $x = 2500$ 时，$y = 300 + 0.35 \times 2500 = 1175(元)$

总成本 = 变动成本 + 固定成本 + 半变动成本
     = $2500 \times 0.4 + 2050 + 1175 = 4225(元)$

实训分析：

该公司的总成本实际上由三部分构成，即单纯的固定成本、单纯的变动成本和半变动成本。首先应该明确上述总成本的构成，否则此问题就无法解决。然后写出总成本的计算方程，根据题目交代的隐含信息，可以先把 a_0 和 b_1 求解出来。最后将高点的半变动成本分解出来，结合题目已经交代的低点的半变动成本，利用高低点法的基本计算公式，可以把 a_2 和 b_2 求出来。至此，此问题得到彻底解决。此题综合性极强，将成本性态和高低点法的知识点和能力点巧妙地结合在一起，因此，我们必须完全掌握相关理论和方法才能完美解决此问题。

实训2-2：

某企业生产某产品，年产量为1000件，销量为500件，全年直接材料费为10 000元，直接人工费为20 000元，变动制造费用为5000元，固定制造费用为5000元，变动销售及管理费用为10 000元，固定销售及管理费用为10 000元，产品销售单价为200元。

要求：分别用完全成本法和变动成本法计算损益。

解：

(1) 采用完全成本法计算的损益如下。

根据资料可知，该产品全年完全生产成本为10 000+20 000+5000+5000=40 000(元)，单位完全生产成本为40 000÷1000=40(元)。

销售收入=500×200=100 000(元)

销售成本=期初存货成本+本期生产成本-期末存货成本=0+40 000-500×40=20 000(元)

销售毛利=100 000-20 000=80 000(元)

期间成本=变动销售及管理费用+固定销售及管理费用=10 000+10 000=20 000(元)

净利润=80 000-20 000=60 000(元)

(2) 采用变动成本法计算的损益如下。

根据资料可知，该产品全年变动生产成本为10 000+20 000+5000=35 000(元)，单位变动生产成本为35 000÷1000=35(元)。

销售收入=500×200=100 000(元)

变动成本=变动生产成本(已销售产品)+变动销售及管理费用=35×500+10 000=27 500(元)

边际贡献=100 000-27 500=72 500(元)

固定成本=固定制造费用+固定销售及管理费用=5000+10 000=15 000(元)

净利润=72 500-15 000=57 500(元)

实训分析：

采用两种方法计算的损益相差2500元，原因在于企业年产量1000件只销售500件，完全成本法下剩余500件的成本为40×500=20 000(元)，变动成本法下剩余500件的成本为35×500=17 500(元)，因此出现了差异。

实训2-3： 采用变动成本法和完全成本法计算企业的利润，结果为何会有差异？

1. 分析原因

变动成本法是一种只计算产品变动成本的成本计算方法，变动成本包括在生产过程中所消耗的直接材料、直接人工和变动制造费用，而全部的固定制造费用作为期间成本直接计入当期损益，不计入产品成本，计算出的产品成本只包括变动成本，不包括固定成本。完全成本法是指在计算产品成本时，将直接材料、直接人工、变动制造费用和固定制造费用都计入产品成本的方法。

2. 找出规律

结论一：当产销一致时，两种方法计算出的税前利润完全一致。

结论二：当产大于销，期末库存大于期初库存时，按完全成本法计算出的税前利润大于按变动成本法计算出的税前利润。两者利润的差额=(期末库存数×本期单位固定生产成本)-(期初库存数×上期单位固定生产成本)。

结论三：当期初存货大于期末存货时，按完全成本法计算出的税前利润小于按变动成本法计算出的税前利润。两者的差额=(期初库存数×上期单位固定生产成本)-(期末库存数×本期单位固定生产成本)。

3. 实操计算

A企业只生产经营一种产品，2022年产量为500件，销量为300件，期初存货为0，期末存货量为200件，销售单价为100元。当期发生的有关成本资料如下。

直接材料	6000元	变动销售费用	600元
直接人工	4000元	固定销售费用	1000元
变动制造费用	1000元	变动管理费用	300元
固定制造费用	5000元	固定管理费用	2500元
		固定财务费用	500元

要求：分别按完全成本法和变动成本法计算税前净利润并分析原因。

解：

按完全成本法计算的税前净利润如下。

单位产品的生产成本=(6000+4000+1000+5000)÷500=32(元)

销售收入=100×300=30 000(元)

销售成本=0+16 000-32×200=9600(元)

销售毛利=30 000-9600=20 400(元)

期间成本=1000+600+2500+300+500=4900(元)

税前净利润=20 400-4900=15 500(元)

按变动成本法计算的税前净利润如下。

单位产品的生产成本=(6000+4000+1000)÷500=22(元)

销售收入=100×300=30 000(元)

变动成本=22×300+600+300=7500(元)

边际贡献=30 000-7500=22 500(元)

固定成本=5000+1000+2500 +500=9000(元)

税前净利润=22 500-9000=13 500(元)

这两种方法计算的损益差是15 500-13 500=2000(元)，主要体现在存货200件包含的固定制造费用2000元。

■ 本章案例分析 ■

案例2-1：变动成本法和完全成本法的应用

从2020年开始，某公司的销售量与利润开始下降，并且一直没有好转的迹象。到2021年6月，公司董事会要求总经理孔亮必须在下半年扭转局面。孔亮采取了各种改进管理的措施，却没有取得很好的成效。从目前的情况来看，生产能力只利用了55%，成本已降至最低限度，但是销售量和利润并没有增加的迹象。照此发展,董事会的要求似乎无法完成了。有一天,孔亮突然想到,公司的会计核算采用的是完全成本法。于是,孔亮下达了新的指令:将产量扩大一倍,以充分利用生产能力。这一措施连续实施一段时间后,奇迹出现了。尽管公司的销售情况并没有改善,但2021年下半年的收益却显著增加了。孔亮顺利地完成了董事会交给的任务,得到了一笔丰厚的奖金,并获得了到海外度假的机会。不过,孔亮深知他采取的这种方法带来的利润增长是暂时的,所以便递交辞呈,另谋高就了。

要求:

(1) 为什么孔亮采取的措施能使公司的收益大幅增加?

(2) 孔亮所采取的措施为什么只能带来暂时的利润增长?这种做法将给公司带来什么样的负面影响?

(3) 公司的业绩计量和评价方式存在什么问题?应如何改进?

案例分析:

(1) 完全成本法下的产品生产成本=直接材料+直接人工+制造费用。在完全成本法下,单位产品成本受产量的直接影响,产量越大,单位产品成本越低,从而提高了企业生产产品的积极性。孔亮将产量扩大一倍,公司单位产品成本就下降了50%,这样公司的总成本也就降低了,从而提高了公司的收益。

(2) 在产销不平衡的情况下,采用完全成本法计算出的当期税前利润,往往不能真实反映企业当期实际发生的费用,从而导致企业片面追求高产量,进行盲目生产。另外,采用这种方法不便于管理者进行预测分析、参与决策,以及编制弹性预算等。

(3) 存在的问题:完全成本法强调了生产环节对企业利润的贡献。在完全成本法下,固定制造费用作为产品成本的一部分参与期末成本的分配,因此,已销产品、库存产成品及在产品均"吸收"了一定份额的固定制造费用。

改进方案:公司应当采用变动成本法,变动成本法强调销售环节对企业利润的贡献。它将制造费用中的固定部分(即固定制造费用)视作当期的期间费用,随同财务费用、管理费用和销售费用等传统期间费用一同全额扣除,而与期末是否有存货结余无关,产品成本中只包含直接人工、直接材料和变动制造费用。这样,营业利润随销售量的增加或减少而升降,突出了销量对企业效益的影响,避免企业产生盲目扩大产量的冲动。

资料来源:郭晓梅. 高级管理会计理论与实务[M]. 2版. 大连:东北财经大学出版社,2017.

本章练习题

一、单选题

1. 将全部成本分为固定成本、变动成本和混合成本依据的分类标准是( )。
   A. 成本的性态　　B. 成本的相关性　C. 成本的可控性　　D. 成本的可盘存性

2. 下列成本可以用模型 $y=bx$ 表示的是( )。
   A. 半固定成本　　B. 延伸变动成本　C. 混合成本　　　D. 变动成本

3. 下列成本可以用模型 $y=a+bx$ 表示的是(　　)。
   A. 半固定成本　　B. 延伸变动成本　　C. 半变动成本　　D. 阶梯式变动成本
4. 下列费用中属于约束性固定成本的是(　　)。
   A. 广告费用　　B. 照明费用　　C. 员工培训费　　D. 业务招待费
5. 在历史资料分析法的具体应用中，计算结果最不准确的方法是(　　)。
   A. 高低点法　　B. 散布图法　　C. 一元直线回归法　　D. 直接分析法
6. 在历史资料分析法的具体应用中，计算结果最精确的方法是(　　)。
   A. 高低点法　　B. 散布图法　　C. 一元直线回归法　　D. 直接分析法
7. 在变动成本法下，其利润表所提供的核心指标是(　　)。
   A. 营业毛利　　B. 变动成本　　C. 边际贡献　　D. 期间成本
8. 在完全成本法下，其利润表所提供的核心指标是(　　)。
   A. 边际贡献　　B. 税后净利润　　C. 营业毛利　　D. 期间费用
9. 企业的边际贡献总额超出企业的固定成本总额的部分就是(　　)。
   A. 利润　　B. 保本额　　C. 安全边际额　　D. 保本量
10. 当期初存货量不为零，而期末存货量为零时，完全成本法确定的营业利润(　　)变动成本法下确定的营业利润。
    A. 大于　　B. 小于　　C. 等于　　D. 不可确定

二、判断题

1. 固定成本的"固定性"不是绝对的，而是有限定条件的，叫作"相关范围"，表现为一定的期间范围和一定的空间范围。(　　)
2. 酌量性固定成本也称为选择性固定成本或任意性固定成本，是指管理当局的决策可以改变其支出数额的固定成本。这些成本的基本特征是其绝对额的大小直接取决于企业管理当局根据企业的经营状况而做出的判断。(　　)
3. 房屋及设备租金和行政管理人员的薪金属于酌量性固定成本。(　　)
4. 职工教育培训费和业务招待费属于约束性固定成本。(　　)
5. 变动成本法先将制造成本按成本性态划分为变动制造费用和固定制造费用两类，再将变动制造费用计入产品成本，而将固定制造费用与非制造成本一起列为期间成本。(　　)
6. 完全成本法应用的前提条件是把全部成本按其发生的领域或经济用途分类。(　　)
7. 完全成本法强调固定制造费用和变动制造费用在成本补偿方式上的一致性，强调生产环节对企业利润的贡献。(　　)
8. 变动成本法强调销售环节对企业利润的贡献。损益对销量的变化更为敏感，在客观上有促进销售的作用。(　　)
9. 在完全成本法和变动成本法下，导致营业利润出现差异的根本原因是对固定制造费用的处理方式不同。(　　)
10. 历史资料分析法是指根据企业若干期成本与业务量的相关历史资料，运用数学方法进行数据处理，以完成成本性态分析任务的一种定性分析方法。(　　)

三、思考题

1. 如何理解混合成本？
2. 请简述完全成本法和变动成本法的主要区别。
3. 分析完全成本法和变动成本法下损益计算出现差异的原因。

能力点.mp4　　　　专业与思政融合1.mp4　　　专业与思政融合2.mp4　　　习题答案与解析

第三章 本量利分析

📖 本章学习目标 >>>

- 了解本量利分析的概念、基本假定及相关因素。
- 掌握单一品种和多品种条件下的本量利分析方法。
- 掌握保本点与保利点的计算公式及其应用。

📖 本章知识点和能力点分解表 >>>

章	节	知识点	能力点	思政点
第三章 本量利分析	第一节 本量利分析概述 第二节 单一品种的本量利分析 第三节 盈利条件下的本量利分析 第四节 本量利关系图 第五节 多品种条件下的本量利分析 第六节 专业与思政融合——把握量变与质变的辩证关系	本量利分析的基本假定；保本点与保利点的基本定义	了解计算利润的基本公式	以量变与质变的辩证关系认识保本点；多品种条件下本量利分析方法的应用；化未知为已知

📖 本章导入 >>>

　　某公司所从事的工程施工项目一般都是通过投标取得的，工程项目一旦中标，项目收入和工程量就基本确定了，而公司的盈利水平与工程量、收入有着密切的关系。公司为了保证每个施工项目都达到一个合理的盈利水平，从不盲目投标，任何一个招标项目在收到招标文件时，都要立即启动保本分析程序，组织工程技术人员和财务人员对项目开展保本分析。工程技术部门经过认真分析提供工程量和工程质量要求等方面的资料；财务部提供相同或类似工程施工历史成本资料，包括固定成本和变动成本资料。在对所搜集的资料进行分析、整理和筛选后，建立保本分析模型，分别计算出保本工程量和达到公司盈利水平要求的工程量，并交由公司总经理参考决策。对于总经理决定参加投标的项目，由技术部门和财会部门协同编制投标书。投标书要求紧贴招标文件，要做到投标价格合理、计算依据充分、附件资料齐全、售后服务周到。

第一节 本量利分析概述

一、本量利分析的概念

本量利分析(cost-volume-profit analysis)是成本—业务量—利润关系分析的简称,也可称为CVP分析,本量利分析是指以成本性态分析和变动成本法计算为基础,运用数学模型和图式,对变动成本、固定成本、销量、销售单价和利润等因素之间的数量依存关系进行分析,发现其相互影响、相互制约的规律性,为企业进行预测、决策、计划和控制等活动提供支持的一种方法。

二、本量利分析的基本假定

本量利分析所建立和使用的有关数学模型和图形以下列基本假定为前提条件。

(一) 成本性态分析的假定

假定成本性态分析工作已经完成,全部成本已经被分为变动成本与固定成本两部分,有关的成本性态模型已经建立。

(二) 相关范围及线性假定

假定在一定时期内,业务量总是在保持成本水平和单价水平不变的范围内变化,从而使得固定成本总额的不变性和变动成本单位额的不变性在相关范围内能够得以保证,成本函数表现为线性方程($y=a+bx$)。

(三) 产销平衡和品种结构稳定的假定

假定在只安排一种产品生产的条件下,生产出来的产品总是可以找到市场,可以实现产销平衡;在安排多品种产品生产的条件下,假定在以价值形式表现的产销总量发生变化时,原来的各种产品的产销额在全部产品产销总额中,所占的比重并不发生变化。

(四) 变动成本法的假定

假定产品成本是按变动成本法计算的,即产品成本中只包括变动生产成本,而所有的固定成本(包括固定制造费用在内)均作为期间成本处理。

(五) 目标利润的假定

在西方管理会计学本量利分析中,利润通常是指"息税前利润"。我们通常从营业利润、利润总额或净利润三个指标中选一个,考虑到营业利润与成本、业务量的关系比较密切,因此,在本量利分析中，除了特殊说明，利润因素一般是指营业利润。

三、本量利分析的相关因素

本量利分析所考虑的相关因素主要包括固定成本(用 a 表示)、单位变动成本(用 b 表示)、产量或销售量(用 x 表示)、单价(用 p 表示)、销售收入(用 px 表示)和营业利润(用 P 表示)等。

在本量利分析中，边际贡献(contribution margin)是一个十分重要的概念。边际贡献又称为贡献边际、贡献毛益、边际利润或创利额，是指产品的销售收入与相应变动成本之间的差额。

第二节 单一品种的本量利分析

一、保本点的相关内容

(一) 保本及保本点的定义

保本(breakeven)就是指企业在一定时期内所处的收支相等、盈亏平衡、不盈不亏、利润为零的状态。企业首先要实现保本，然后才能发展壮大，保本是企业得以持续经营的基本条件，长期亏损的企业势必难以为继。

保本点(breakeven point)，又称为盈亏临界点、损益平衡点，是指能使企业达到保本状态的业务量的总称，即在某业务量水平上，企业的边际贡献总额等于其固定成本，利润为零。

(二) 保本点的表现形式

单一品种的保本点有两种表现形式：一是保本点销售量，简称保本量；二是保本点销售额，简称保本额。它们都是反映企业达到收支平衡、实现保本的销售业务量指标。

(三) 单一品种保本点的确定方法

单一品种的保本点可以通过图解法、基本等式法或边际贡献法等确定。

1. 图解法

图解法(graphic approach)是指通过绘制保本图来确定保本点位置的一种方法，其原理是当总收入等于总成本时，企业恰好处于保本状态。

2. 基本等式法

基本等式法又称为方程式法(equation method)，是指在本量利关系基本公式的基础上，根据保本点的定义，先求出保本量，再推算保本额的一种方法，其基本公式如下。

$$保本量(x_0) = 固定成本 \div (单价 - 单位变动成本)$$

3. 边际贡献法

边际贡献法(contribution margin method)是指利用边际贡献与业务量、利润之间的关系直接计算保本量和保本额的一种方法。它是在方程式法的基础上发展起来的，其基本公式如下。

$$保本量 = 固定成本 \div 单位边际贡献$$

$$保本额 = 固定成本 \div 边际贡献率$$

边际贡献首先补偿固定成本，再为企业创造利润。由于销售收入包括变动成本和边际贡献两部分，因此边际贡献率与变动成本率之和等于 1。

二、企业经营安全程度的评价指标

(一) 安全边际率指标

许多企业在计算保本点的基础上，还要考虑企业经营的安全程度，确定安全边际指标。

安全边际(margin of safety)包括安全边际量和安全边际额。安全边际量是指现有或预计的销售量与保本量之间的差额。安全边际额是指现有或预计的销售额与保本额之间的差额，它标志着企业的销售额下降多少仍不致发生亏损。安全边际量和安全边际额的计算公式如下。

$$安全边际量 = 现有(或预计)销售量 - 保本量$$

$$安全边际额 = 现有(或预计)销售额 - 保本额$$

安全边际率是指安全边际量(额)与现有(或预计)销售量(额)之间的比率，一般用来评价企业经营的安全程度，便于不同规模企业之间进行比较。安全边际率的计算公式如下。

$$安全边际率 = 安全边际量(额) \div 现有(或预计)销售量(额) \times 100\%$$

(二) 保本作业率指标

某些西方企业不考核安全边际率指标，而是利用"保本作业率"指标来评价企业的经营安全程度。保本作业率的计算公式如下。

$$保本作业率 = 保本量 \div 现有(或预计)销售量 \times 100\%$$

(三) 安全边际率与保本作业率的关系

安全边际率与保本作业率之间存在以下关系。

$$安全边际率 + 保本作业率 = 1$$

【例题 1·计算题】调节器厂 2020 年全年生产调节器 1000 只，每只售价 5 万元，每只调节器的变动成本为 3 万元，年固定成本总额为 500 万元。为扩大利润，厂部决定 2021 年降低单位变动成本 10%，压缩固定成本 20%。

要求：

(1) 计算调节器厂 2020 年的调节器生产的单位边际贡献、边际贡献总额和边际贡献率。

(2) 假设 2021 年的调节器产销量不变，售价不变，计算出在单位变动成本下降 10%，固定成本下降20%情况下的单位边际贡献和边际贡献总额。

解：(1) 单位边际贡献=5-3=2(万元)

边际贡献总额=1000×2=2000(万元)

边际贡献率=2÷5×100%=40%

(2) 单位边际贡献=5-3×(1-10%)=2.3(万元)

边际贡献总额=1000×2.3=2300(万元)

【例题2·单选题】某产品保本量为1000台，实际销售量为1500台，单位边际贡献为10元，则实际获利额为( )元。

  A. 15 000   B. 10 000   C. 25 000   D. 5000

【答案与解析】D。利润=安全边际量×单位边际贡献=(1500-1000)×10=5000(元)。

【例题3·计算题】甲企业为生产和销售单一产品的企业，某产品单价为80元，单位变动成本为50元，固定成本总额为60 000元，预计正常销售量为4000件。

要求：(1) 计算盈亏临界点销售量和销售额。

(2) 计算安全边际量、安全边际额及安全边际率。

(3) 计算企业预计可实现的利润。

解：
(1) 盈亏临界点销售量=60 000÷(80-50)=2000(件)

盈亏临界点销售额=2000×80=160 000(元)

(2) 安全边际量=4000-2000=2000(件)

安全边际额=2000×80=160 000(元)

安全边际率=2000÷4000×100%=50%

(3) 利润=2000×(80-50)=60 000(元)

第三节 盈利条件下的本量利分析

保本分析以利润为零、企业不盈不亏为前提条件。经过抽象处理，可以简化本量利分析过程，便于建立定量化模型。但是本量利分析不应停留在如此简单的水平上。

保本分析是特殊条件下的本量利分析，在此基础上本节将进一步讨论企业处于盈利条件下的本量利关系，重点研究保利点、保净利点等指标。

一、保利点

(一) 保利点的定义

保利点是指在单价和成本水平确定的情况下，为确保预先确定的目标利润能够实现，而应达到的销售量和销售额的统称。因此,保利点也称为实现目标利润的业务量,具体包括保利量(记作 x')和保利额(记作 y')两项指标。

(二) 保利点的计算

根据本量利分析的基本公式,可推导出如下保利点的计算公式。

保利量(x')=(固定成本+目标利润)÷(单价-单位变动成本)
　　　　　=(固定成本+目标利润)÷单位边际贡献
保利额(y')=单价×保利量=px'
　　　　　=(固定成本+目标利润)÷边际贡献率
　　　　　=(固定成本+目标利润)÷(1-变动成本率)

二、保净利点

(一) 保净利点的定义

保净利点又称为实现目标净利润的业务量。目标净利润即税后目标利润,是企业在一定时期缴纳所得税后实现的利润目标。

(二) 保净利点的计算

根据保利点的计算公式,可推导出如下保净利点的计算公式。

保净利量(x'')=[固定成本+目标净利润÷(1-所得税税率)]÷(单价-单位变动成本)
保净利额(y'')=[固定成本+目标净利润÷(1-所得税税率)]÷边际贡献率

【例题 4·计算题】 某企业生产甲产品,其有关的成本资料如下:销售单价为 10 元,单位变动成本为 6 元,固定成本总额为 40 000 元。

要求:
(1) 计算盈亏临界点销售量和销售额。
(2) 若该公司税前目标利润为 20 000 元,则目标销售量和目标销售额应为多少?
(3) 若该公司税后目标利润为 35 000 元(税率为 25%),则目标销售量和销售额应为多少?
解:
(1) 盈亏临界点销售量=40 000÷(10-6)=10 000(件)
　　盈亏临界点销售额=40 000÷[(10-6)÷10]=100 000(元)
(2) 目标销售量=(40 000+20 000)÷(10-6)=15 000(件)
　　目标销售额=15 000×10=150 000(元)
(3) 目标销售量=[40 000+35 000÷(1-25%)]÷(10-6)=25 000(件)
　　目标销售额=25 000×10=250 000(元)

> **提示：**
> 从有关公式可见，不论是保本分析还是盈利分析，在计算有关销售量指标时，均以单位边际贡献为分母；在计算有关销售额指标时，都以边际贡献率为分母(也可以用单价乘以相关销售量)。这是它们的共性之处，但这些公式的分子有所不同。

第四节　本量利关系图

本量利不仅可以通过模型表达，还可以通过图形演示。在本量利关系图中，可以描绘出影响利润的因素，如单价、销售量、单位变动成本、固定成本等。因此，借助本量利关系图不仅可以得出达到盈亏平衡状态的销售量和销售额，还可以清晰地观察到相关因素变动对利润的影响，从而有助于管理者进行各种短期经营决策。

本量利关系图有很多种类型，下面主要介绍传统式本量利关系图、边际贡献式本量利关系图和利润—业务量式本量利关系图。

一、传统式本量利关系图

(一) 传统式本量利关系图的定义

传统式本量利关系图是一种用于分析当固定成本、单位变动成本及单价变化时，保本点变化情况的图形，如图3-1所示。

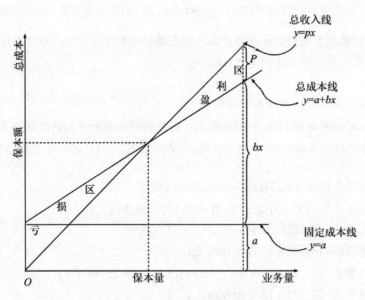

图3-1　传统式本量利关系图

(二) 传统式本量利关系图的特点

第一,在保本点不变的情况下,产品销售超过保本点一个单位的业务量,即可获得一个单位边际贡献的盈利,业务量越大,能实现的盈利就越多。

第二,在业务量不变的情况下,保本点越低,盈利区的三角形面积就越大,亏损区的三角形面积就越小,这反映了产品的盈利性有所提高,能实现更多的盈利或更少的亏损。

二、边际贡献式本量利关系图

(一) 边际贡献式本量利关系图的定义

边际贡献式本量利关系图是一种将固定成本置于变动成本线之上,能直观地反映边际贡献、固定成本及利润之间关系的图形,如图3-2所示。

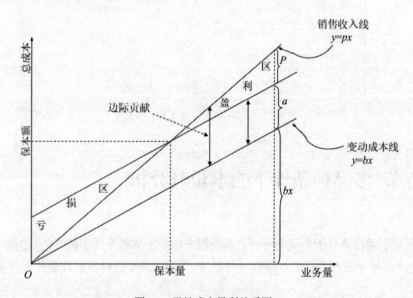

图3-2 贡献式本量利关系图

(二) 边际贡献式本量利关系图的特点

在边际贡献式本量利关系图中,销售收入线与变动成本线都从原点出发,均与业务量成正比例变化,两线之间的垂直距离是边际贡献,在边际贡献与固定成本相等处所对应的业务量为保本点。

三、利润—业务量式本量利关系图

(一) 利润—业务量式本量利关系图的定义

利润—业务量式本量利关系图是一种横轴代表业务量,纵轴代表利润或边际贡献,能直观地反映业务量与边际贡献、固定成本及利润之间关系的图形,如图3-3所示。

(二) 利润—业务量式本量利关系图的特点

在利润—业务量式本量利关系图中,业务量既可以用销售量表示,也可以用销售收入反映。

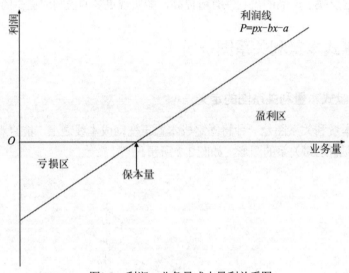

图3-3 利润—业务量式本量利关系图

第五节 多品种条件下的本量利分析

前面所讨论的保本分析和保利分析,都是假定在单一品种条件下进行的。但是在实际经济生活中,绝大多数企业都不只生产经营一种产品,因此,还要进行多品种条件下的本量利分析。

一、多品种条件下本量利分析的方法

在多品种条件下,用于进行本量利分析的方法主要包括综合边际贡献率法、顺序法、联合单位法、分算法和主要品种法等。

(一) 综合边际贡献率法

综合边际贡献率法是指在确定企业综合边际贡献率的基础上分析多品种条件下本量利关系的一种方法。该方法不要求分配固定成本,而是将各种产品所创造的边际贡献视为补偿企业全部固定成本和利润的来源。

综合边际贡献率法是计算多品种盈亏平衡点最常用的方法,此方法的计算步骤如下。

(1) 计算全部产品的销售总额。

销售总额=Σ(各产品的销售单价×各产品的销售量)
(2) 计算各产品的销售比重(权重)。
　　　某种产品的销售比重=该产品的销售额÷销售总额
(3) 计算各产品综合边际贡献率(借鉴单一品种保本的思维)。
　　　综合边际贡献率=Σ(各产品的边际贡献率×各产品的销售比重)
(4) 计算整个企业的综合保本额(整体)。
　　　综合保本额=固定成本总额÷综合边际贡献率
(5) 计算各产品的保本额和保本量(还原)。
　　　某产品保本额=综合保本额×该产品的销售比重
　　　某产品保本量=该产品保本额÷该产品单价

【例题5·计算题】 大生电器厂生产甲、乙、丙三种电器,其单价分别为500元、400元、250元,单位变动成本分别为300元、200元、150元。生产甲、乙、丙三种产品的固定成本总额为44 000元,甲、乙、丙三种电器的销售额分别为200 000元、200 000元和100 000元。
要求:
(1) 计算甲、乙、丙三种产品的综合边际贡献率和综合保本销售额。
(2) 计算甲、乙、丙三种产品的保本销售量和保本销售额。
(3) 计算甲、乙、丙三种产品的安全边际量和安全边际率。
解:
(1) 三种产品的销售比重分别为40%、40%、20%;边际贡献率分别为40%、50%、40%。
综合边际贡献率=40%×40%+40%×50%+20%×40%=44%
综合保本销售额=44 000÷44%=100 000(元)
(2) 甲产品的保本销售额=100 000×40%=40 000(元)
乙产品的保本销售额=100 000×40%=40 000(元)
丙产品的保本销售额=100 000×20%=20 000(元)
甲产品的保本销售量=40 000÷500=80(件)
乙产品的保本销售量=40 000÷400=100(件)
丙产品的保本销售量=20 000÷250=80(件)
(3) 甲产品的安全边际量=200 000÷500-80=320(件)
乙产品的安全边际量=200 000÷400-100=400(件)
丙产品的安全边际量=100 000÷250-80=320(件)
甲产品的安全边际率=320÷400=80%
乙产品的安全边际率=400÷500=80%
丙产品的安全边际率=320÷400=80%

(二) 顺序法

顺序法是指按照事先规定的品种顺序,依次用各种产品的边际贡献补偿整个企业的全部固定成本,进而完成多品种条件下本量利分析任务的一种方法。顺序法一般按各产品边际贡献率的高低进行排序,可分为列表法和图示法。

(三) 联合单位法

联合单位法是指在事先掌握多品种之间客观存在的相对稳定产销实物量比例的基础上,确定每一联合单位的单价和单位变动成本,进行多品种条件下本量利分析的一种方法。

【例题 6·计算题·2020 年中级会计师考题】甲公司生产销售 A、B、C 三种产品,采用联合单位法进行本量利分析,由 2 件 A 产品、1 件 B 产品和 2 件 C 产品构成一个联合单位。已知固定成本总额为 72 000 元,产品产销量、单价和单位变动成本数据如表 3-1 所示。

表3-1

项目	A产品	B产品	C产品
产销量/件	2000	1000	2000
单价/元	60	90	75
单位变动成本/元	40	60	50

要求:
(1) 计算联合单价。
(2) 计算联合单位变动成本。
(3) 计算联合盈亏平衡点的业务量。
(4) 计算 A 产品盈亏平衡点的业务量。
(5) 计算三种产品的综合边际贡献率。

解:
(1) 联合单价=60×2+90+75×2 =360(元)
(2) 联合单位变动成本=40×2+60+50×2=240(元)
(3) 联合盈亏平衡点的业务量=72 000÷(360-240)=600(件)
(4) A 产品盈亏平衡点的业务量=600×2=1200(件)
(5) 三种产品的综合边际贡献率
=[2000×(60-40)+1000×(90-60)+2000×(75-50)]÷(2000×60+1000×90+2000×75)=33.33%

【解析】本题目考查多品种条件下本量利分析中的联合单位法,该方法将多种产品盈亏平衡点的计算问题转换为单一产品盈亏平衡点的计算问题。

(四) 分算法

分算法是指在一定条件下,先将全部固定成本按一定标准在各种产品之间进行分配,再对每一个品种分别进行本量利分析的方法。

(五) 主要品种法

主要品种法是指在特定条件下,通过在多种产品中确定一种主要品种,完成多品种条件下本量利分析任务的一种方法。

【例题 7·单选题·2017 年中级会计师考题】对于生产多种产品的企业而言，如果能够将固定成本在各种产品之间进行合理分配，则比较适用的综合保本分析方法是(　　)。

A. 联合单位法　　　B. 顺序法　　　C. 分算法　　　D. 加权平均法

【答案及解析】C。分算法是在一定条件下，先将全部固定成本按一定标准在各种产品之间进行合理分配，确定每种产品应补偿的固定成本数额，再对每种产品按单一品种条件下的情况分别进行本量利分析的方法。

二、敏感性分析

(一) 敏感性分析的必要性

敏感性分析就是分析当某一因素发生变化时，会引起目标值发生何种变化及变化程度的一种方法或技术。管理会计进行预测分析和决策分析，必须依据一系列关键的定量指标，这些指标计算精度的高低直接关系到预测和决策结论的可信度和有用性。本量利的敏感性分析是指分析当影响利润的某一因素发生变化时，会引起利润发生何种变化及变化程度的一种方法或技术。

(二) 敏感性分析的基本假设

在进行敏感性分析时，通常以下列假设条件的存在为前提。

1. 有限因素的假定

在现实经济生活中，任何一个相对重要的经济指标都不可避免地受到大量因素直接或间接的影响。

2. 因素不相关的假定

因素不相关假定也称为因素单独变动假定。在实际情况下，影响指标的诸多因素之间往往存在着相互制约的关系。

3. 相同变动幅度的假定

在实际经济生活中，不仅影响指标的各因素变动的可能性不同，而且它们各自变动的幅度也不一样。

4. 影响效果相同的假定

在影响特定关键指标的诸多因素中，即使它们的变动方向和变动幅度完全一样，对指标的影响也不可能相同。

(三) 敏感性分析的应用范围

从敏感性分析的原理看，在预测分析和决策分析中，凡受到两个或两个以上因素影响的重要指标都可以进行敏感性分析。

三、有关因素变动对相关指标的影响

尽管我们假定在进行本量利分析时诸因素均不变动,但实际情况下这种静态平衡是不可能维持长久的。下面讨论有关因素变动对相关指标的影响,以便把握其中的规律,用于指导经营实践。

(一) 因素变动对保本点和保利点的影响

1. 单价单独变动时

由于单价变动会引起单位边际贡献或边际贡献率向同方向变动,使得有关保本量和保利量的计算公式的分母发生改变,从而会改变保本点和保利点。

2. 单位变动成本单独变动时

单位变动成本的变动会引起单位边际贡献或边际贡献率向反方向变动,从而使得保本点和保利点的变动趋势恰好同单价变动的情况相反。

3. 固定成本单独变动时

固定成本的变动会改变保本量和保利量的计算公式的分子,显然,固定成本增加会使保本点和保利点提高,使企业向不利方向发展;反之则情况相反。

4. 目标利润单独变动时

目标利润的变动只会影响保利点的计算,不会影响保本点的计算。

5. 销售量单独变动时

销售量的变动既不会影响保本点的计算,也不会影响保利点的计算。

(二) 因素变动对安全边际的影响

1. 单价单独变动时

单价变动会引起保本点向反方向变动,因此,在销售业务量既定的条件下,会使安全边际向同方向变动。

2. 单位变动成本单独变动时

单位变动成本的变动会引起保本点向同方向变动,因此,在销售业务量既定的条件下,会使安全边际向反方向变动。

3. 固定成本单独变动时

固定成本单独变动时,对安全边际的影响同单位变动成本变动的影响一样。

4. 销售量单独变动时

销售量单独变动会使安全边际向同方向变动。

(三) 因素变动对利润的影响

1. 单价单独变动时

单价单独变动可通过改变销售收入而从正方向影响利润。

2. 单位变动成本单独变动时

单位变动成本单独变动可通过改变变动成本总额而从反方向影响利润。

3. 固定成本单独变动时

固定成本单独变动会直接从反方向改变利润。

4. 销售量单独变动

销售量单独变动可通过改变边际贡献总额而从正方向影响利润。

综上，可以进行如下概括。

(1) 单价提高，单位边际贡献提高，保本点降低，保利点降低，安全边际提高。

(2) 单位变动成本提高，单位边际贡献降低，保本点提高，保利点提高，安全边际降低。

(3) 固定成本提高，单位边际贡献不变，保本点提高，保利点提高，安全边际降低。

(4) 销售量提高，单位边际贡献不变，保本点不变，保利点不变，安全边际提高。

综合来看，单价、销售量上升，利润上升；单位变动成本、固定成本上升，利润下降。

【例题8·计算题·2020年中级会计师考题】 甲公司2019年A产品产销量为3万件，单价为90元，单位变动成本为40元，固定成本总额为100万元。预计2020年A产品的市场需求持续增加，甲公司面临以下两种情形。

情形一：A产品单价保持不变，产销量将增加10%。

情形二：A产品单价提高10%，产销量将保持不变。

要求：

(1) 根据情形一计算：①利润增长百分比；②利润对销售量的敏感系数。

(2) 根据情形二计算：①利润增长百分比；②利润对单价的敏感系数。

(3) 判断甲公司是否应当提高A产品单价。

【答案及解析】

(1) ①2019年的利润=3×(90-40)-100=50(万元)

2020年的利润=3×(1+10%)×(90-40)-100=65(万元)

利润增长百分比=(65-50)÷50×100%=30%

②利润对销售量的敏感系数=30%÷10%=3

(2) ①2020年的利润=3×[90×(1+10%)-40]-100=77(万元)

利润增长百分比=(77-50)÷50×100%=54%

②利润对单价的敏感系数=54%÷10%=5.4

(3) 提高A产品单价导致的利润增长百分比高于提高销量导致的利润增长百分比，因此，应当提高A产品的单价。

注意：

敏感系数=利润变动百分比÷因素变动百分比

利润=单位边际贡献×销售量-固定成本

第六节 专业与思政融合——把握量变与质变的辩证关系

一、以量变与质变的辩证关系认识保本点

在学习保本点的过程中体会量变与质变的辩证关系,明确保本点是分水岭。在保本点附近,销量增加一点点,企业的经营态势将由亏损转变为盈利;销量减少一点点,企业的经营态势将由盈利转变为亏损。通过讲解与练习,帮助学生形成建模思维,即将复杂的事物进行提炼、抽象、升华,以达到集中反映事物原型的目的。例如,影响企业保本的因素很多,上升到模型层面,可以归集为固定成本、业务量、单价、单位变动成本和利润五大要素,保本问题就是五大要素相互影响、协同作用的结果。理解边际贡献和保本点的关系,也有助于学生体会量变与质变的辩证关系,边际贡献由负转正,转变点恰好在保本点上,边际贡献反映了产品为企业做贡献的能力,边际贡献能不能补充固定成本至关重要,部分补偿为亏损,全部补偿后有余额为盈利。保本点之前企业的经营为亏损状态,保本为不盈不亏状态,保本点之后企业的经营为盈利状态,业务量的积累引起保本状态质的飞跃。

二、多品种条件下本量利分析方法的应用:化未知为已知

从某种意义上来说,人类认识活动的基本任务就是化未知为已知。已知和未知是对立统一的,它们既有明确的严格界限、互相对立,又互相依存、互为前提,并在一定条件下相互转化。在多品种保本分析中,应培养学生利用已知单一品种保本分析的知识解决未知多品种保本分析问题的能力。各种多品种保本分析方法的本质都可以归集和落脚在单一品种保本分析上。

综合边际贡献率法的思想是把企业生产的多种产品按照权重不同视为一个个大产品,进而按单一品种保本分析的方法来解决。操作流程是先计算综合边际贡献率和综合保本额,再按销售比重还原保本额,最后结合各产品的单价就能计算出各产品的保本量。

在顺序法下,可以将"按照事先规定的顺序依次补偿全部固定成本"理解为逐一补偿固定成本,这也是单一品种保本的主体思路。

联合单位法的思想也是把产品的结构看成一个整体,从而寻求单一品种保本的突破。

分算法是将固定成本分配到各个产品上,化整为零,把复杂的多品种保本分析分解为若干单一品种保本分析。

主要品种法是矛盾分析法的具体应用,抓主要品种就是抓主要矛盾和矛盾的主要方面。若以边际贡献额为标志确定主要品种,则边际贡献额占绝对优势的品种成为主要矛盾,承担起补偿全部固定成本的大任,抓住了主要品种就是抓住了主要矛盾。矛盾分析法是指运用矛盾的观点观察、分析事物内部的各个方面及其运动的状况,以达到认识客观事物的方法。矛盾分析法是马克思主义社会学的基本方法之一,对研究社会现象具有普遍适用性。它不仅能说明现在,而且能预测未来。尤其对于宏观、复杂的社会现象和社会问题的研究具有独到的作用。

▉ 本章实训题 ▉

实训3-1：

某公司只生产和销售一种产品，单位售价为10元，每月销售量为2000件，单位变动成本为8元，每月固定成本为3000元。为了增加利润，有两个方案可供选择：方案一，将售价降低0.5元，销售量可增加35%；方案二，不降低售价，每月花费500元做广告，销售量可增加20%。请问哪个方案更好？

实训分析：

比较标准是两种方案下预计利润的大小。

方案一：销售单价=10-0.5=9.5(元)

销售量=2000×(1+35%)=2700(件)

单位变动成本为8元

固定成本为3000元

预计利润=2700×(9.5-8)-3000=1050(元)

方案二：销售单价为10元

销售量=2000×(1+20%)=2400(件)

单位变动成本为8元

固定成本=3000+500=3500(元)

预计利润=2400×(10-8)-3500=1300(元)

比较两种方案的预计利润可知，方案二的预计利润比方案一的预计利润高出250元，所以方案二更好。

实训3-2：

公司生产销售A产品，产销平衡，目前单价为60元，单位变动成本为24元，固定成本总额为72 000元，目前销售量水平为10 000件，计划期决定降价10%，预计产品销售量将提高20%，计划单位变动成本和固定成本总额不变。

要求：

(1) 计算当前A产品的单位边际贡献和边际贡献率。

(2) 计算计划期A产品的盈亏平衡点的业务量和盈亏平衡作业率。

实训分析：

(1) 单位边际贡献=单价-单位变动成本=60-24=36(元)

边际贡献率=单位边际贡献÷单价=36÷60=60%

(2) 计划期单位边际贡献=60×(1-10%)-24=30(元)

计划期总销量=10 000×(1+20%)=12 000(件)

盈亏平衡点的业务量=固定成本÷(单价-单位变动成本)=72 000÷30=2400(件)

盈亏平衡作业率=盈亏平衡点销售量÷正常销售量=2400÷12 000=20%

实训3-3：

某企业生产甲、乙、丙三种产品，固定成本总额为20 000元，其他有关数据如表3-2所示。

表3-2

产品	单位售价/元	单位变动成本/元	销售量/件
甲产品	25	15	1000
乙产品	18	10	5000
丙产品	16	8	300

要求：

分析计算该企业产品的综合边际贡献率、综合保本额，以及各个产品的保本额。

实训分析：

可以运用加权平均法计算出综合边际贡献率。综合边际贡献率=Σ(某种产品的边际贡献×该产品的销售比重)。

甲、乙、丙三种产品的边际贡献率及其销售比重分别如下。

甲：边际贡献率=(25-15)÷25=40%，销售比重=25×1000÷(25×1000+18×5000+16×300)=21%

乙：边际贡献率=(18-10)÷18=44.44%，销售比重=18×5000÷(25×1000+18×5000+16×300)=75%

丙：边际贡献率=(16-8)÷16=50%，销售比重=16×300÷(25×1000+18×5000+16×300)=4%

综合边际贡献率=40%×21%+44.44%×75%+50%×4%=43.73%

综合保本额=20 000÷43.73%=45 735.2(元)

甲产品的保本额=45 735.2×21%=9604.4(元)

乙产品的保本额=45 735.2×75%=34 301.4(元)

丙产品的保本额=45 735.2×4%=1829.4(元)

实训3-4：

某公司的固定成本总额为9900元，生产A、B、C三种产品。这三种产品的单价分别为200元、50元、100元，单位变动成本分别为160元、30元、70元，销售额分别为12 000元、1500元和6500元。

要求：

(1) 计算A、B、C三种产品的综合边际贡献率。

(2) 计算A、B、C三种产品的保本销售额和保本销售量。

实训分析：

(1) 首先计算三种产品的销售比重，再计算三种产品的边际贡献率，最后计算综合边际贡献率。

A产品的销售比重=12 000÷(12 000+1500+6500)=60%

B产品的销售比重=1500÷(12 000+1500+6500)=7.5%

C产品的销售比重=6500÷(12 000+1500+6500)=32.5%

A产品的边际贡献率= (200-160)÷200=20%

B产品的边际贡献率= (50-30)÷50=40%

C产品的边际贡献率= (100-70)÷100=30%

综合边际贡献率=60%×20%+7.5%×40%+32.5%×30%=24.75%

(2) 综合保本销售额=9900÷24.75%=40 000(元)
A 产品的保本销售额=40 000×60%=24 000(元)
B 产品的保本销售额=40 000×7.5%=3000(元)
C 产品的保本销售额=40 000×32.5%=13 000(元)
A 产品的保本销售量=40 000×60%÷200=120(件)
B 产品的保本销售量=40 000×7.5%÷50=60(件)
C 产品的保本销售量=40 000×32.5%÷100=130(件)

■ 本章案例分析 ■

案例3-1：金辉建材商店多产品本量利分析

金辉建材商店是一个乡镇企业，位于镇政府所在地，自1994年营业以来，一直经营各种建材和日杂用品。该商店因物美价廉、服务热情颇受当地消费者的信赖。近年来，其商品销售量占整个市场销售量的75%，经营效益在周边同业中位于首位，并与众多厂家建立了固定的协作关系，赢得了厂家的信任。2013年年初，几个大厂家派人找到该商店的经理金辉，希望将金辉建材商店作为厂家指定的代卖点。希望与其合作的厂家有：长岭乡石棉瓦厂，该厂的石棉瓦质量好，价格合理，近年来一直是消费者的首选；长春市第二玻璃厂，该厂的玻璃十分畅销；双阳鼎鹿水泥厂，该厂的水泥非常优质，年年热销。这些厂家均可先将货物送上门，待到销售后付款，如果货物剩余，厂家还可将货物取回。了解了以上情况后，经理金辉开始进行市场调查。

金辉建材商店位于镇政府所在地，交通便利，近年来随着社会主义新农村建设的发展，本镇居民生活水平不断提高，生活观念和消费意识也发生了转变，人们都想将原有的草房、砖房重建成砖房、楼房，充分改善居住环境。据统计，在过去的两年中，本镇每年就有400余户新建房舍，而且现在仍有上升的趋势。同时，本镇刚刚由乡转变成镇，镇企业规划办决定，在5年内，将原有乡镇企业的办公场所(包括办公楼和用于生产的车间、仓库)进行改造、扩建，同时还要新建几家企业。加上外镇的需求，预测每年需石棉瓦 45 000 块，水泥 18 000 袋，玻璃 9000 平方米，而且它们的需求是成比例的，一般比例为5∶2∶1。由于厂家送货到镇上，一是货源得以保证；二是节约了运费，降低了成本；三是树立了企业形象。在巩固市场占有率70%的同时，预计可扩大市场占有率5%以上。

厂家提供商品的进价是石棉瓦12元/块，水泥14元/袋，玻璃8.5元/平方米；行业平均加价率为9.3%。金辉建材商店在市价平均价位以下制定售价：石棉瓦13元/块，水泥15.2元/袋，玻璃9.2元/平方米。

如果将商店作为代卖点，还需要租仓库两间，月租金为750元；招临时工一名，月工资为450元；每年支付税金5000元(工商部门估税)。

金辉经过一个月的调查，核算出过去几年经营石棉瓦、水泥和玻璃每年可获利润20 000元，他要重新预测代卖3种商品后的利润再进行决策。

问题：
(1) 计算出维持原有获利水平的销售量并判断是否可以与各厂家协作。

(2) 如果与各厂家协作，那么年获利水平如何？

(3) 若想获利40 000元可行吗？

案例分析：

此案例可采用多产品本量利分析法，在建筑过程中，石棉瓦、水泥、玻璃的耗用比例基本是稳定的，因此，石棉瓦、水泥、玻璃3种商品的销售量比例稳定在5：2：1。在这种情况下，可以采用联合单位法进行分析，假定以玻璃为标准产品，则具体分析如下。

将石棉瓦、水泥、玻璃3种商品作为联合产品，则：

联合单位变动成本=Σ(每种产品的销售量比例×该种产品的单位变动成本)

$\qquad\qquad\qquad$ =5×12+2×14+1×8.5=96.5(元)

联合单价=Σ(每种产品的销售量比例×该种产品的单价)

$\qquad\qquad$ =5×13+2×15.2+1×9.2=104.6(元)

固定成本=年租金+临时工年工资+年税金

$\qquad\qquad$ =(750+450)×12+5000=19 400(元)

联合保利量=(固定成本+目标利润)÷(联合单价-联合单位变动成本)

$\qquad\qquad\quad$ =(19 400+20 000)÷(104.6-96.5)=4864

(1) 维持原有利润20 000元的联合单位销售量如下。

石棉瓦销售量=石棉瓦销售量比例×联合保利量=5×4864=24 320(块)

水泥销售量=水泥销售量比例×联合保利量=2×4864=9728(袋)

玻璃销售量=玻璃销售量比例×联合保利量=1×4864=4864(平方米)

根据调查可预测金辉建材商店3种商品的年销售量如下。

石棉瓦：45 000×75%=33 750(块)

水泥：18 000×75%=13 500(袋)

玻璃：9000×75%=6750(平方米)

3种商品的销售量大于实现20 000元利润的销售量，所以可以与各厂家协作。

(2) 预计年获利水平如下。

预计利润=(联合单价-联合单位变动成本)×预计销售量-固定成本

$\qquad\quad$ =(104.6-96.5)×6750-19 400

$\qquad\quad$ =35 275(元)

(3) 对于是否可以获利40 000元，可进行以下分析。

① 降低单位变动成本。经与各厂家商议，单位变动成本(即各厂家送货价格)已不能再下降，因此，通过降低单位变动成本来提高利润不可行。

② 降低固定成本。由于厂家集中送货，厂家考虑运输成本，只能批量送货，在这种情况下必须租仓库，且租金不能下调；工人工资也不能下降；税金由税务机关依据相关法规核定，同样不可更改，即想通过降低固定成本实现利润40 000元不可行。

③ 提高价格。商店现有定价低于市场平均价格，有一定的弹性空间，但必须保证提高价格后仍不超过市场平均价格或行业允许加价额度，否则将会影响市场销售。

单位目标值=(固定成本+目标利润)÷预计销售量+联合单位变动成本

$\qquad\qquad$ =(19 400+40 000)÷6750+96.5=105.3(元)

低于市场平均价格 105.47(96.5×109.3%)元,不会影响销售量,所以将联合单价提高到 105.3 元就可实现目标利润 40 000 元,即

石棉瓦单价=12×105.3÷96.5=13.09(元)

水泥单价=14×105.3÷96.5=15.28(元)

玻璃单价=8.5×105.3÷96.5=9.28(元)

④ 扩大销售量。该商店预计销售量达到整个市场的 75%,已经是比较乐观的占有率,若要达到更多的市场占有率,就必须追加较高的费用,因此,通过扩大销售量实现目标利润 40 000 元也是不可行的。

通过上述分析,只有提高售价才能实现目标利润 40 000 元。

资料来源:吴大军. 管理会计习题与案例[M]. 4 版. 大连:东北财经大学出版社,2017.

本章练习题

一、单选题

1. (   )是本量利分析最基本的假设,是本量利分析的出发点。
   A. 相关范围假设   B. 模型线性假设
   C. 产销平衡假设   D. 品种结构不变假设

2. 安全边际额=实际销售额-(   )。
   A. 边际贡献   B. 保本销售额   C. 变动成本   D. 预计销售额

3. 下列有关边际贡献率与其他指标关系的表达式中,正确的是(   )。
   A. 边际贡献率+保本作业率=1   B. 贡边际献率+变动成本率=1
   C. 边际贡献率+安全边际率=1   D. 边际贡献率-保本作业率=1

4. 下列选项中,不受现有销售量变动影响的是(   )。
   A. 营业利润   B. 安全边际率   C. 安全边际量   D. 保本量

5. 在下列指标中,可直接作为判定企业经营安全程度指标的是(   )。
   A. 保本量   B. 边际贡献   C. 保本额   D. 保本作业率

6. 利润=安全边际量×(   )。
   A. 单价   B. 单位边际贡献   C. 边际贡献率   D. 保本作业率

7. 利润=单位边际贡献×(   )。
   A. 变动成本率   B. 安全边际量   C. 边际贡献率   D. 安全边际额

8. 销售收入为 20 万元,边际贡献率为 60%,其变动成本总额为(   )万元。
   A. 8   B. 12   C. 4   D. 16

9. 销售收入为 10 万元,变动成本率为 50%,其边际贡献总额为(   )万元。
   A. 5   B. 6   C. 7   D. 8

10. 生产多品种产品企业测算综合保本销售额=固定成本总额÷(   )。
    A. 单位边际贡献   B. 边际贡献率
    C. 单价-单位变动成本   D. 综合边际贡献率

二、判断题

1. 本量利分析是运用数学模型或图式揭示企业的变动成本、固定成本、销量、销售单价和利润等有关因素在数量上相互影响、相互制约的关系。（　）

2. 保本点是指企业经营达到收支相等、不盈不亏的状态，此时企业的边际贡献总额大于其固定成本。（　）

3. 盈亏临界点的贡献在于：说明该产品在什么状态下盈利；说明该产品在同行业竞争中所处的状态；是经营决策的基础。（　）

4. 边际贡献首先必须用来补偿固定成本，若有余额才能为企业创造利润。（　）

5. 在盈亏临界图中，收入线与成本线之间的垂直距离为边际贡献总额。（　）

6. 安全边际量是指正常销售量或现有销售量与盈亏临界点销售量的差额。（　）

7. 当企业的边际贡献总额等于利润时，该企业的固定成本总额等于零。（　）

8. 若单价、销售量上升，则利润上升。若单位变动成本、固定成本上升，则利润下降。（　）

9. 企业在采用综合边际贡献率法时，应积极采取措施，努力提高边际贡献率水平较高的产品的销售比重，降低边际贡献率水平较低的产品的销售比重，从而提高企业的综合边际贡献率水平。（　）

10. 联合单位法是指在事先掌握多品种之间客观存在的相对稳定产销实物量比例的基础上，确定每一联合单位的单价和单位变动成本，进行多品种条件下本量利分析的一种方法。（　）

三、计算题

某公司只生产和销售一种产品，2022 年单位变动成本为 6 元，变动成本总额为 840 元，变动成本率为 50%，营业利润为 240 元。要求：计算 2022 年该公司的保本量、保本额、安全边际量和安全边际额。

四、思考题

1. 研究盈亏临界点的意义是什么？
2. 请从不同维度归纳利润的计算公式。

能力点.mp4

专业与思政融合.mp4

习题答案与解析

第四章 经营预测

📖 本章学习目标 >>>

- 掌握经营预测的各种具体方法和适用条件。
- 理解销售预测在经营预测中的重要地位。
- 理解销售预测与成本预测、利润预测、资金需要量预测的关系。
- 理解和掌握成本预测、利润预测的具体方法。
- 掌握销售百分比法的基本原理。

📖 本章知识点和能力点分解表 >>>

章	节	知识点	能力点	思政点
第四章 经营预测	第一节 经营预测概述 第二节 销售预测 第三节 利润预测 第四节 成本预测 第五节 资本需要量预测 第六节 专业与思政融合——培养科学预测能力	经营预测的概念；销售预测、利润预测、成本预测、资金需要量预测的方法	掌握指数平滑法的基本原理及应用	培养科学预测能力

📖 本章导入 >>>

经营预测是企业进行财务决策和预算管理的重要依据。企业将实际销售数据与预测数据进行比较，计算误差率和标准偏差等指标来评估预测准确性。企业通常使用定性和定量的预测方法，通过比较不同方法的结果，可以提高预测准确性。某物流中心引入销售预测系统仅半年，销售预测的准确性就有了较大提高，产品到货率由原来的 80% 左右提升至 95% 左右，库存天数由原来的 25 天左右下降至目标值以下。尤为重要的是，引入该系统后，销售预测的稳定性有了巨大的提升，销售预测的准确性不会随着产品种类、门店和促销项目的增多而产生波动，也不会因为工作人员的离职或心理波动而受到影响。

第一节 经营预测概述

一、经营预测的概念和基本程序

预测即预先推测,是人们对未来状况做出的估计。预测分析就是根据经济活动的有关历史资料和现实情况,结合未来变化的要求,采用一系列科学计算方法和技术方法,对预测对象的未来状况或发展趋势所进行的预计和推测。预测分析不可能完全准确,从表面上看,不准确的预测只能导致不准确的计划,从而使预测和计划失去意义,其实并非完全如此。预测给人们展现了未来各种可能的前景,促使人们制订相应的应急计划。预测和计划的过程是超前思考的过程,其结果并不仅仅是一个数字,还包括对未来各种可能前景的认识和思考。预测分析可以提高企业对不确定事件的应变能力,减少不利事件带来的损失,增加有利机会带来的收益。

开展预测分析的基本程序如下。

(1) 明确预测对象和要求。
(2) 收集和整理资料。
(3) 运用适当的预测方法和预测模型进行预测。
(4) 定期检查验证结果。

二、经营预测分析的基本方法

随着预测科学的发展,预测的方法已多达 150 种以上,据美国斯坦福研究所统计,被广泛使用的方法有 31 种,经常使用的有 12 种。这些方法可分为两类,即定性预测分析法和定量预测分析法。在实际工作中,为提高预测分析的科学性和准确性,多种定性预测分析法和定量预测分析法常常结合使用,它们构成了一个较为完善的预测分析方法体系。

(一) 定性预测分析法

定性预测分析法是指由专业人员根据实践经验,对预测对象的未来状况或发展趋势做出预测的一种分析方法。需要指出的是,定性预测分析法的优点是,在资料不足的情况下可以加快预测速度,但其科学依据不足,准确性、可靠性较差。人们经常使用的定性预测分析法有专家预测法和市场调查法等。

1. 专家预测法

专家预测法也称为德尔菲法,是指充分利用专家的知识和经验,在对过去的经济活动及其资料进行综合分析的基础上,对企业的有关经济指标进行预测。专家预测法的形式有召开专家会议进行讨论、向一些专家分别征求意见等。

征求专家意见的基本做法如下:提出预测的目标,对专家提出答复的要求;收集、整理专家意见(即收集专家各自提出的意见、论据和预测结果),把不同意见集中整理,准备进一步研究所需的资料；再次征求意见，即将经过整理和说明的意见及补充材料再发给相关专家征求意见，让专家对自己原先的预测进行进一步的论证或修改；确定预测结果，即要求专家在经过反复修改、论证后，提出最后的预测结果及其依据。

这种预测方法采用背靠背的形式，与召开专家会议相比，其优点在于：各位专家可以各抒己见，充分发表自己的见解；企业可以收集有关专家的意见，了解不同的看法，在将各种不同意见整理后，与专家进行交流，相互启发，拓展思路，取长补短；对专家意见进行综合分析，有助于克服预测中的主观判断，减少随意性，提高预测的可靠性。这种方法的不足之处在于：责任相对分散，耗时较多。它主要适用于企业对资金需要量、产品市场销售量等方面的预测。

【例题 1·单选题·2016 年注册会计师考试真题】甲公司是一家计划向移动互联网领域转型的大型传统媒体企业。为了更好地了解企业转型中存在的风险因素，甲公司聘请了 20 位相关领域的专家，根据甲公司面临的内外部环境，针对六个方面的风险因素，反复征询每个专家的意见，直到所有专家不再改变自己的观点、达成共识为止。该公司采取的这种风险管理方法是(　　)。

A. 德尔菲法　　　B. 情景分析法　　　C. 因素分析法　　　D. 头脑风暴法

【答案与解析】A。专家预测法又称为德尔菲法，是在一组专家中取得可靠共识的程序，其基本特征是专家单独、匿名表达各自的观点，同时随着过程的进展，他们有机会了解其他专家的观点。德尔菲法采用背对背的通信方式征询专家小组成员的意见，专家之间不得互相讨论，不发生横向联系，只能与调查人员发生关系，通过反复填写问卷，搜集各方意见，达成共识。

2. 市场调查法

市场调查法是指通过对选取与预测对象相关的市场主体、市场客体和市场要素的调查，掌握预测对象的基本状况和发展变化趋势。市场主体、市场客体和市场要素涉及面广、量大，要想全面调查几乎是不可能的。因此，市场调查法以统计抽样原理为基础，采用的是典型调查的方法，在充分考虑调查目的和要求的基础上，选择调查单位和调查项目，通过对客观现象的周密调查、仔细分析，在较短的时间内取得具有代表性的资料。市场调查法的形式有走访用户、召开有关人员会议、电话咨询等。

(二) 定量预测分析法

定量预测分析法是运用数学方法，对与预测对象有关的各种经济信息进行科学的加工处理，并建立相应的数学模型，得出预测结论的一种分析方法。

定量预测的具体方法很多，应用比较广泛的有时间序列预测法和因果预测法两大类。时间序列预测法是将时间作为制约预测对象变化的自变量，把未来作为过去和现在的延续，由此对预测对象的未来状况或发展趋势做出预测的一种分析方法，主要包括算术平均法、移动平均法、加权平均法、指数平滑法等。因果预测法是根据预测变量与其相关联的变量之间的因果关系，建立相应的因果预测模型，由此对预测对象的未来状况或发展趋势做出预测的一种分析方法，主要包括回归分析法和经济计量法等。

下面以涉及企业经营活动的销售预测、利润预测、成本预测和资金需要量预测为例，说明定量预测分析法的具体应用。

第二节 销售预测

销售预测是指在一定的市场环境下,运用一定的方法,对某种产品在一定区域和期间内的销售量和销售额所进行的科学预计和推测。

一、销售预测的意义

在市场经济条件下,实行以销定产,市场决定着企业的生存和发展,因此,销售预测处于先导地位。

(一) 销售预测是企业经营预测的起点和基础

企业的各项经营活动与商品的销售密切相关。因此,销售预测是经营预测的起点和基础。无论是利润预测、成本预测,还是资金需要量预测,都不可避免地与销售预测的内容密切相关。只有做好销售预测,才能相互衔接开展其他各项经营预测。销售预测准确性直接或间接地关系到其他各项经营预测的质量。

(二) 销售预测为企业经营决策提供最重要的依据

做好销售预测,不仅有利于提高企业经营决策的科学性,而且直接关系到企业的经济效益。销售预测是企业制定经营决策最重要的依据。

二、销售预测分析的方法

在实际工作中,企业预测计划期的销售量或销售额,可采用的定量预测方法主要有算术平均法、移动平均法、加权平均法、移动加权平均法、直线回归分析法、指数平滑法等。定性分析和定量分析相结合的方法有产品生命周期分析法等。

(一) 算术平均法

算术平均法又称为简单平均法,是指以企业过去若干期的销售量(额)的算术平均数作为计划期的销售预测数的一种预测方法,一般适用于每期销售量波动不大的产品的销售预测。该方法的计算公式如下。

$$\text{计划期销售预测数} = \frac{\text{各期销售量(销售额)之和}}{\text{期数}} = \frac{\sum X_i}{n}$$

(二) 移动平均法

1. 正常移动平均

移动平均法是指从企业过去若干时期(n 期)的实际销售资料中选取一组 m 期($m < n \div 2$)的数

据作为观察值,求其算术平均数,并逐期推移,连续计算其平均数,以最后移动期观察值的平均数作为计划期销售预测数的方法。该方法的计算公式如下。

$$计划期销售预测数 = 最后移动期销售量(额)的平均数 = \frac{\sum 最后移动期销售量(额)}{m}$$

2. 修正移动平均

为了使预测数更好地反映销售量(额)的变化趋势,可以对上述计算结果按趋势值进行修正,其计算公式为如下。

$$计划期销售预测数 = 最后移动期销售量(额)的平均数 + 趋势值$$

$$趋势值 = 最后移动期销售量(额)的平均数 - 上一个移动期销售量(额)的平均数$$

移动平均法强调了近期实际销售量(额)对计划期预测数的影响,计算比较简便,但由于只选用历史资料中的部分数据作为计算依据,因此代表性较差,该方法适用于销售情况略有波动的产品。

【例题2】 甲公司2013—2020年的产品销售量资料如表4-1所示。

表4-1

年度	2013	2014	2015	2016	2017	2018	2019	2020
销售量/吨	3250	3300	3150	3350	3450	3500	3400	3600

请使用移动平均法预测甲公司2021年的销售量。

解:

假设2021年的预测值主要受最近3期销售量的影响,从8期(2013—2020年)的销售量中选取3期(m数值固定,且$m<8\div2=4$)数据作为样本值,求这3期的算术平均数,并不断向后移动计算其平均值,以最后一个3期(2018—2020年)的平均数作为未来第9期(2021年)销售预测值,即:

$$Y_{2021} = \frac{X_{2018} + X_{2019} + X_{2020}}{3} = \frac{3500 + 3400 + 3600}{3} = 3500(吨)$$

修正移动平均:

2021年的修正预测值为:$\overline{Y}_{2021} = Y_{2021} + (Y_{2021} - Y_{2020})$

Y_{2021}是指站在2020年视角,运用正常移动平均法所预测的2021年销售量。

Y_{2020}是指站在2019年视角,运用正常移动平均法所预测的2020年销售量。

即$Y_{2021} - Y_{2020}$是两年预测值之差。

代入数据:

先计算预测销售量:$Y_{2021} = (3500 + 3400 + 3600) \div 3 = 3500(吨)$

$Y_{2020} = (3450 + 3500 + 3400) \div 3 = 3450(吨)$

修正后预测销售量:$\overline{Y}_{2021} = 3500 + (3500 - 3450) = 3550(吨)$

(三) 加权平均法

加权平均法是指在掌握若干期数据的基础上,根据观察期各数据重要性的不同,分别给予不同的权数,并据以计算加权平均数的一种方法,其特点是所求得的平均数已包含了长期趋势变动。

(四) 移动加权平均法

移动加权平均法是根据过去若干期的数据距预测期的远近,给予不同的权数,然后将各期的数据资料与各自的权数之积加总,除以权数之和,求得加权平均数作为预测期预测值的一种方法。

在移动加权平均法中,权数的确定方法有自然权数法和饱和权数法。权数的确定原则是近大远小。

移动加权平均法既考虑了时间推移对预测值的影响,又考虑了在观察期内各期的实际资料对预测值的不同作用。距预测期越近,作用越大;反之,作用越小。

(五) 直线回归分析法

直线回归分析法是根据企业过去若干时期的实际销售资料,确定可以反映销售变动趋势的一条直线,建立直线回归方程,近似计算计划期销售预测数的方法。直线回归方程如下。

$$y = a + bx$$

$$b = \frac{n\sum X_i Y_i + \sum X_i \sum Y_i}{n\sum X_i^2 - (\sum X_i)^2}$$

$$a = \frac{\sum Y_i - b\sum X_i}{n}$$

式中:Y_i 是指第 i 期的资产或负债;X_i 是指第 i 期的营业收入。

当 x 是时间变量时,相邻各期是等距的,由于实际数据资料的个数(n)有奇偶数,因此可以分四种情况对 n 取值,从而使计算简化。

(1) 当 n 为奇数时。设中间一期 x 为 0,其前后各期各减 1 和加 1。在计算计划期预测数时,也按此规律对计划期 x 取值后再代入直线回归方程。

(2) 当 n 为偶数时。设中间两期 x 分别为 -1 和 1,其前后各期逐期减 2 和加 2。在计算计划期预测数时,也按此规律对 x 取值后再代入直线回归方程。

【例题 3】假定产品销售量只受广告费支出大小的影响,2021 年预计广告费支出 155 万元,往年的广告费支出及销售量的资料如表 4-2 所示。请采用直线回归分析法预测 2021 年的销售量。

表4-2

年度	2013	2014	2015	2016	2017	2018	2019	2020
销售量/吨	3250	3300	3150	3350	3450	3500	3400	3600
广告费/万元	100	105	90	125	135	140	140	150

根据上述资料列表计算,如表4-3所示。

表4-3

年度	广告费支出X/万元	销售量Y/吨	XY	X^2	Y^2
2013	100	3250	325 000	10 000	10 562 500
2014	105	3300	346 500	11 025	10 890 000
2015	90	3150	283 500	8100	9 922 500
2016	125	3350	418 750	15 625	11 222 500
2017	135	3450	465 750	18 225	11 902 500
2018	140	3500	490 000	19 600	12 250 000
2019	140	3400	476 000	19 600	11 560 000
2020	150	3600	540 000	22 500	12 960 000
$n=8$	$\sum X=985$	$\sum Y=27\,000$	$\sum XY=3\,345\,500$	$\sum X^2=124\,675$	$\sum Y^2=91\,270\,000$

$$b = \frac{n\sum X_i Y_i - \sum X_i \sum Y_i}{n\sum X_i^2 - (\sum X_i)^2} = \frac{8 \times 3\,345\,500 - 985 \times 27\,000}{8 \times 124\,675 - 985^2} = 6.22$$

$$a = \frac{\sum Y_i - b\sum X_i}{n} = \frac{27\,000 - 6.22 \times 985}{8} = 2609.16$$

将a和b代入公式,得出结果,即2021年的产品预测销售量如下。

$$y = a + bx = 2609.16 + 6.22x = 2609.16 + 6.22 \times 155 = 3573.26(吨)$$

(六) 指数平滑法

指数平滑法是指在综合考虑有关前期预测销售量和实际销售量信息的基础上,利用事先确定的平滑系数预测未来销售量的一种方法。即根据各期实际资料对预测期预测值影响程度不同的原理,以预测期的前一期的预测值和该期的实际资料为依据,导入平滑系数,来预测未来产销水平。指数平滑法的计算公式如下。

预测期销售量=平滑系数×前期实际销售量+(1−平滑系数)×前期预测销售量

指数平滑法的关键在于平滑系数α的确定。α的值一般为0.3~0.7。α的值越小,平滑作用越大;α的值越大,平滑作用越小。

平滑系数越大,则近期实际值对预测结果的影响越大;平滑系数越小,则近期实际值对预测结果的影响越小。因此,当各期数据波动较大或进行短期预测时,α的值可大一些;而当各期数据波动较小或进行长期预测时,α的值可小一些。

指数平滑法的优点如下：平滑系数 α 可根据预测期的长短和企业的实际情况任意设定，比较灵活方便；该方法在不同程度上反映了以往各期的数据资料，比较全面；预测的结果比较稳妥，比较符合实际。

指数平滑法的缺点如下：在运用该方法时要求预测工作具有一定的连续性，如果不连续，预测工作将无法顺利进行；在确定平滑系数 α 时，应力戒主观随意性，否则预测结果将会大相径庭。

【例题4】企业2022年度6月份实际销售量为800公斤，原来预测该月的销售量为840公斤。请运用指数平滑法在以下不同假定条件下，预测7月份的销售量，并分析差别。假定：(1)平滑系数α=0.4；(2)平滑系数α=0.7。

解：(1) 7月份销售量预测数=0.4×800+(1-0.4)×840=824(公斤)

(2) 7月份销售量预测数=0.7×800+(1-0.7)×840=812(公斤)

上月实际销量和上月预测销量对当月预测量的影响程度随平滑系数α取值的大小而改变。

(七) 产品生命周期分析法

在销售预测分析中，还常常运用产品生命周期分析法，它是利用产品销售量在不同生命周期阶段的变化趋势，进行销售预测的一种预测分析方法。该方法本身就是定性分析和定量分析方法的结合。产品从投入市场到退出市场，一般要经过萌芽期、成长期、成熟期和衰退期四个阶段(即产品生命周期)。在这一发展过程中，产品销售量的变化呈一条曲线，称为产品生命周期曲线。这一曲线在产品生命周期的各个阶段有以下特点。

(1) 萌芽期。产品刚进入市场，顾客对其性能、质量还不太了解，销售量一般比较小。

(2) 成长期。随着企业广告费的投入，产品已经在市场上占有一定份额，销售量迅速增长。

(3) 成熟期。产品的市场销售量趋于稳定，增长速度减缓并可能趋于下降。

(4) 衰退期。由于新产品的出现，原有产品将被替代，销售量急剧下降。

产品处于以上哪个阶段，可采用销售增长率指标进行判断。一般情况下，处于萌芽期的产品的销售增长率不太稳定，成长期的产品的销售增长率最大，成熟期的产品的销售增长率比较稳定，衰退期的产品的销售增长率为负数。了解产品所处的生命周期阶段有助于正确选择预测方法。例如，在萌芽期，由于历史资料缺乏，可运用定性分析法进行预测；在成长期，可运用回归分析法进行预测；在成熟期，由于销售量比较稳定，可运用各种平均法进行预测。目前，随着市场的发展，产品的生命周期不断缩短，企业在销售预测中，应该灵活掌握和运用各种预测方法，以提高预测的准确性。

这里需要指出的是：销售预测的具体方法同样适用于其他经营预测；要针对不同的预测对象，根据所掌握资料的特点，选择适宜的预测方法；预测分析中要运用数学方法不要搞数字游戏。我们必须将定性预测和定量预测的方法结合起来加以运用，才能取得良好的预测效果。任何数学方法都是以历史资料作为基础来预测的，如果不考虑预测期间在政治、经济、市场和政策等方面可能发生的重大变化，预测结果就会脱离客观实际。

第三节 利润预测

利润预测是按照企业经营目标的要求,通过对影响利润变化的各种因素进行综合分析,对企业未来一定时期内可能达到的利润水平和变化趋势所进行的科学预计和推测。

一、利润预测的意义

做好利润预测不仅有利于规划企业的目标利润,而且有利于企业寻求增加盈利的途径。

(一) 有利于规划企业的目标利润

利润预测的主要目的是预测目标利润。目标利润是企业在未来一定时期内所要实现的利润指标,它是企业经营活动必须考虑的重要战略目标之一。目标利润预测是根据企业经营目标的要求,在市场预测的基础上,根据企业的具体情况,采用一定的预测方法合理地测定目标利润的过程。科学的利润预测有利于规划企业的目标利润。

(二) 有利于企业寻求增加盈利的途径

影响利润变动的因素是多方面的,如销售量、价格、成本费用、相关税费等。通过利润预测,认真分析各种因素的影响方向和影响程度,有利于企业在生产经营活动中有的放矢,寻求增加盈利的途径。

二、利润预测分析的方法

利润预测分析的方法主要有本量利分析法、直接预测法、比例法和运用经营杠杆预测利润等。本章主要介绍直接预测法、比例法和运用经营杠杆预测利润的方法。

(一) 直接预测法

直接预测法是指根据有关资料直接推算出计划期的利润总额。在进行预测时,可以分别预测利润总额各组成部分的数额,然后将各组成部分的预测数加总,得到利润总额的预测数。直接预测法的计算公式如下。

预计利润总额=预计营业利润+预计营业外收入-预计营业外支出

式中,预计营业利润=预计营业收入(预计主营业务收入和预计其他业务收入)-预计营业成本(预计主营业务成本和预计其他业务成本)-预计税金及附加-预计销售费用-预计管理费用-预计财务费用-预计资产减值损失+预计公允价值变动收益+预计投资收益

(二) 比例法

比例法就是根据有关利润率指标来预测计划期产品销售利润的一种方法。常用的利润率指标主要有销售利润率、成本利润率、产值利润率和资金利润率。

(1) 根据销售利润率预测，其计算公式如下。

$$预计产品销售利润=预计产品销售收入×销售利润率$$

式中，销售利润率可根据以前年度的产品销售利润占产品销售收入的比重求得。

(2) 根据成本利润率预测，其计算公式如下。

$$预计产品销售利润=预计产品销售成本×成本利润率$$

式中，成本利润率可根据以前年度的产品销售利润占产品销售成本的比重求得。

(3) 根据产值利润率预测，其计算公式如下。

$$预计产品销售利润=预计产品总产值×产值利润率$$

式中，产值利润率可根据以前年度的产品销售利润占产品总产值的比重求得。

(4) 根据资金利润率预测，其计算公式如下。

$$预计产品销售利润=预计资金平均占用额×资金利润率$$

式中，资金利润率可根据以前年度的产品销售利润占资金平均占用额的比重求得。

(三) 运用经营杠杆预测利润(这里指息税前利润)

通过成本性态分析可知，在其他条件不变的情况下，产销量的增加虽然不会改变固定成本总额，但会降低单位固定成本，从而提高单位利润，使利润的增长率大于产销量的增长率。反之，产销量的减少会提高单位固定成本，降低单位利润，使利润的下降率大于产销量的下降率。在有关因素不变的情况下，只要存在固定成本，利润的变动幅度就将大于销售量的变动幅度，这一规律称为经营杠杆。对经营杠杆进行计量最常用的指标是经营杠杆系数。

经营杠杆系数是指利润变动率占销售量(额)变动率的倍数，其计算公式如下。

$$经营杠杆系数=利润变动率÷销售量(额)变动率$$

上述公式是计算经营杠杆系数的理论公式，但利用该公式必须以已知变动前后的相关资料为前提，比较麻烦。通过推导，经营杠杆系数还可以按以下简化公式计算。

$$经营杠杆系数=基期边际贡献总额÷基期利润$$

利用上式确定企业的经营杠杆系数后，如果销售变动率也已测定，那么，在目前利润水平的基础上，可以按照下面的公式来预测未来的利润。

$$利润预测数=基期利润×(1+利润变动率)$$
$$=基期利润×(1+销售变动率×经营杠杆系数)$$

经营杠杆系数不仅可以用来预测利润，还可以反映经营风险的大小。经营杠杆扩大了市场和生产等不确定因素对利润变动的影响。经营杠杆系数越高，利润变动越激烈，企业的经营风险就越大。一般来说，在其他因素不变的情况下，固定成本越高，经营杠杆系数就越大，经营风险也越大。

【例题5·多选题·2012年注册会计师考试真题】下列各项中,导致经营风险下降的有( )。
A. 产品销量提高
B. 产品销售价格下降
C. 固定经营成本下降
D. 利息费用提高

【答案与解析】AC。根据经营杠杆系数计算公式可以看出,选项A、C会使经营杠杆系数下降,从而导致经营风险下降;选项B会使经营杠杆系数上升,从而导致经营风险提高;选项D影响财务杠杆系数,而不影响经营杠杆系数,因此不影响经营风险。

【例题6·单选题·2020年注册会计师考试真题】某企业2023年经营杠杆系数为3,2022年边际贡献总额为75万元,若预计2023年的销售收入增长15%,则2023年的息税前利润为( )万元。
A. 43.5　　　　B. 41.25　　　　C. 36.25　　　　D. 34.375

【答案与解析】C。"2023年经营杠杆系数为3"是"2022年的边际贡献总额为75万元"除以"2022年的息税前利润"的结果。即75÷利润=3,得出2022年的利润为25万元,这一步是经营杠杆系数的反运用。

接着我们通过公式来预测。经营杠杆系数=利润变动率÷销售收入变动率,利润变动率=3×15%=45%,2023年息税前利润=25×(1+45%)=36.25(万元)。

【例题7·单选题】下列各项中,将会导致经营杠杆效益最大的情况是( )。
A. 实际销售额等于目标销售额
B. 实际销售额大于目标销售额
C. 实际销售额等于盈亏临界点销售额
D. 实际销售额大于盈亏临界点销售额

【答案与解析】C。经营杠杆系数=基期边际贡献总额÷基期利润。当实际销售额等于盈亏临界点销售额时,盈亏临界点的利润为0,即公式中的分母为0。此时,经营杠杆系数趋于无穷大,所以选项C正确。

【例题8·单选题·2018年注册会计师考试真题】甲公司2018年边际贡献总额为300万元,经营杠杆系数为3。假设其他条件不变,如果2019年营业收入增长20%,那么息税前利润预计为( )万元。
A. 100　　　　B. 120　　　　C. 150　　　　D. 160

【答案与解析】A。经营杠杆系数=基期边际贡献总额÷基期利润,2018年基期利润=基期边际贡献总额÷经营杠杆系数=300÷3=100(万元),经营杠杆系数=利润变动率÷销售收入变动率,2019年利润变动率=销售收入变动率×经营杠杆系数=20%×3=60%,因此预计息税前利润=100×(1+60%)=160(万元)。

【例题9·多选题·2021年注册会计师考试真题】下列关于经营杠杆的说法中,正确的有( )。
A. 如果不存在固定经营成本,就不存在经营杠杆效应
B. 经营杠杆的大小由固定经营成本与息税前利润共同决定
C. 其他条件不变,降低单位变动成本可以降低经营杠杆系数
D. 固定经营成本不变的情况下,营业收入越大,经营杠杆效应越大

【答案与解析】ABC。经营杠杆系数=(息税前利润+固定经营成本)÷息税前利润=1+固定经营成本÷息税前利润,营业收入越大,息税前利润越大,进而降低经营杠杆效应,选项D错误。

【提示】在其他条件相同的情况下,可以将各种杠杆系数的影响因素理解为:成本费用高,风险大;收入、利润高,风险小。

第四节 成本预测

成本预测是指根据企业未来发展目标和有关资料,对企业未来一定时期内的成本水平及其发展趋势所进行的科学预计和推测,具体包括产品成本水平及趋势的预测、各种因素变化对成本影响的预测、成本降低幅度的预测、质量成本的预测,以及使用成本的预测等。产品成本水平及趋势的预测,主要是指产品在正常生产状况下应达到的成本水平及其变化趋势的预测,产品成本水平主要是通过测算目标成本来预测的;各种因素变化对成本影响的预测,具体包括直接材料、直接人工、制造费用等成本项目的变化对成本影响程度的预测;成本降低幅度的预测,主要是对可比产品成本降低额和可比产品成本降低率等指标进行预测;质量成本的预测,是指企业为了保证和提高产品质量对所发生的费用的预测;使用成本的预测,是指企业购入产品后,为了保证正常使用或因质量问题而发生的有关保修等费用的预测。

一、成本预测的意义

做好成本预测对提高企业成本管理水平具有重要意义。

(一) 成本预测是进行成本决策的基础

产品成本是决定企业竞争力的重要因素之一。因此,现代成本管理不仅要分析成本升降的原因,还要重视未来的成本规划,对企业的产品成本水平和变化趋势做出科学的预测。预测是为决策服务的,成本预测是成本决策的前提。成本计划是成本决策的具体化,通过成本预测可以为成本决策和计划提供科学的依据,使其建立在客观实际的基础之上。

(二) 做好成本预测有利于提高经济效益

做好成本预测工作,不仅可以帮助企业选择成本最低、经济效益最好的产品,充分发挥企业的优势,而且便于加强对成本的事前控制,克服盲目性,增强预见性,尽可能消除生产经营活动中可能发生的损失和浪费,达到提高经济效益的目的。

二、成本预测分析的方法

成本预测分析的具体方法很多,分别用于进行目标成本、期中成本和成本趋势等方面的预测分析。

(一) 目标成本预测分析的方法

目标成本是指在一定时期内有效经营条件下企业为实现目标利润应达到的成本水平,它是成本控制的依据。预测目标成本的方法包括倒挤法、基数法和因素变动预测法等。

1. 倒挤法

倒挤法又称为倒扣法,即在产品价格、销售量、目标利润既定的基础上,倒算出目标成本的一种方法,其计算公式如下。

目标成本=预计单位产品售价×预计产品销售量-预计产品销售税金及附加-产品目标销售利润

式中,预计单位产品售价可以根据市场上同类产品的价格资料和市场发展趋势来确定;预计产品销售量需根据用户对本企业同类型产品的需求和购买意向的变化情况来确定,尽量做到预测准确、可靠;预计产品销售税金及附加需根据国家规定的税种、税率、计税办法等计算确定;产品目标销售利润可以用预计产品销售收入乘以同类企业平均销售利润率或同类企业先进水平的销售利润率来确定,也可以结合企业自身实际情况及各因素变动的影响,在上年产品销售利润的基础上,考虑一定的增长率来确定。

运用倒挤法预测目标成本是建立在销售预测和利润预测基础上的。将确定的目标成本按可控性原则层层分解,落实到企业每个责任单位及责任人,从而调动全体员工努力降低成本的积极性,确保决策目标的实现。倒挤法在实际工作中得到了广泛的运用。

2. 基数法

基数法是根据本企业上年实际平均单位成本和实现企业经营目标要求的成本,测算目标成本的一种方法,其计算公式如下。

单位产品目标成本=上年实际平均单位成本×(1-计划期预计成本降低率)

目标成本=单位产品目标成本×预计销售量

需要注意的是,这种方法仅适用于可比产品。

3. 因素变动预测法

因素变动预测法是基数法的一个特例,是指在各种影响企业目标成本的因素的基础上进行的预测,其计算公式如下。

目标成本=(上年实际单位成本-各因素变动导致的成本降低额)×预计产品销售量

预测的产品成本降低率的计算公式如下。

成本降低率=各因素变动导致的成本降低额÷上年实际单位成本×100%

(二) 期中成本预测分析的方法

期中成本预测是指企业为了适应成本管理和决策的要求,定期根据生产经营活动中通过原始记录形成的材料领用、工时统计、产品产量、产品质量、有关费用支出等各项数据,对一定期间成本计划完成情况进行的一种成本预测。它直接根据日常掌握的资料进行预测，在时间上可以是 5 天、10 天、15 天、20 天等，不受会计结账期的限制，时效性强。

(三) 成本趋势预测分析的方法

成本趋势预测是指利用企业的历史成本资料，运用一定的技术方法，对成本变化趋势进行的预测。常用的方法有加权平均法、直线回归分析法和因素变动分析法等。其中，加权平均法和直线回归分析法均建立在成本性态分析基础之上。

第五节 资金需要量预测

资金需要量预测是以预测企业生产经营规模的发展和资金利用效果的提高等为依据，在分析有关历史资料、技术经济条件和发展规划的基础上，运用一定的数学方法，对计划期资金需要量所进行的科学预计和推测。

一、资金需要量预测的意义

做好资金需要量预测，在提高企业经营管理水平和企业经济效益方面具有重要意义。

(一) 资金需要量预测为筹资决策提供依据

由于资金来源渠道的多元化，以及受筹资规模、时间、结构、方式、成本等因素的影响，筹资风险客观存在。因此，筹资决策正确与否至关重要，而做好资金需要量预测可以为筹资决策提供依据。

(二) 资金需要量预测关系到企业的经济效益

企业筹资规模是否适度直接关系到筹资成本和投资收益，是企业市场竞争力强弱的明显标志，对企业的生存和发展有着决定性的影响。企业筹集的资金数量应根据生产经营活动的正常需要确定，即筹资规模要适度。筹资过多会造成闲置浪费；筹资不足则影响生产经营活动的正常进行。因此，做好资金需要量预测对保证资金供应、合理组织资金运用、提高资金利用效果有重要意义。

二、资金需要量预测分析的方法

资金需要量预测分析的方法主要有销售百分比法和资金习性预测法。

(一) 销售百分比法

销售百分比法是比率预测法的一种。比率预测法主要是以一定财务比率为基础来预测未来的资金需要量,可以预测的比率比较多,如资金与销售额的比率、存货周转率、应收账款周转率等,最常用的是资金与销售额的比率。以资金与销售额的比率为基础,预测未来资金需要量的方法,就是销售百分比法。即根据资金与销售额之间的依存关系,按照计划期销售额的增长情况来预测需要相应追加多少资金。

具体的计算方法有两种:一种是根据销售总额预计资产、负债和所有者权益的总额,确定追加资金需要量;另一种是根据销售增加额预计资产、负债和所有者权益的增加额,确定追加资金需要量。

在实际工作中,在运用销售百分比法进行资金需要量预测时,应充分重视市场价格因素和资产实际运营状况的影响,有必要根据企业内外部因素的影响对预测结果做出修正,以提高预测的准确性。

【例题10·判断题】采用销售百分比法预测资金需要量的前提条件是公司所有资产及负债与销售额保持稳定的百分比关系。( )

【答案与解析】×。销售百分比法是假设敏感性资产和负债与销售额存在稳定的百分比关系(而并非所有资产与负债),根据这个假设预计外部资金需要量。

【例题11·单选题】某企业2020年末经营资产总额为3000万元,经营负债总额为1500万元。该企业预计2021年度的销售额比2020年度增加10%(即增加400万元),预计2021年度留存收益的增加额为60万元,则该企业2021年度外部融资需求量为( )万元。
   A. 0   B. 210   C. 150   D. 90

【答案与解析】D。400÷基期销售收入=10%,计算得出基期销售收入=4000(万元),经营资产销售百分比=3000÷4000=75%,经营负债销售百分比=1500÷4000=37.5%,外部融资需求量=400×(75%−37.5%)−60=90(万元)。或者直接用简便方法:外部融资需求量=(3000−1500)×10%−60=90(万元)。

【例题12·单选题·2016年中级职称考试真题】根据资金需要量预测的销售百分比法,下列负债项目中,通常会随销售额变动而呈正比例变动的是( )。
   A. 短期融资券   B. 短期借款   C. 长期负债   D. 应付票据

【答案与解析】D。本题考查的是销售百分比基本原理中的敏感程度假设。随销售额呈正比例变动的项目属于敏感项目。根据题目的四个选项可判断本题考查的是敏感性负债,具体包括应付票据、应付账款等项目,不包括短期借款、短期融资券、长期负债等筹资性负债,选项D正确。

【例题13·单选题】当采用销售百分比法预测资金需求量时,下列各项中,属于非敏感性项目的是( )。
   A. 现金   B. 存货   C. 长期借款   D. 应付账款

【答案与解析】C。本题考查的是销售百分比法的基本原理。典型的敏感性资产包括:现金、应收账款、存货；敏感性负债包括：应付票据、应付账款。长期借款属于筹资性的长期债务，因此选项 C 正确。

【例题 14·计算题】 甲公司 2020 年 12 月 31 日的简要资产负债表及相关信息如表 4-4 所示。假定甲公司 2020 年销售额为 10 000 万元，销售净利率为 10%，利润留存率为 40%。2021 年销售额预计增长 20%，公司有足够的生产能力，无须追加固定资产投资。请计算甲公司 2021 年的外部融资总需求。

表4-4

资产	金额/万元	占销售额百分比/%	负债与权益	金额/万元	占销售百分比/%
现金	500	5	短期借款	2500	N
应收账款	1500	15	应付账款	1000	10
存货	3000	30	预提费用	500	5
固定资产	3000	N	公司债券	1000	N
—	—	—	实收资本	2000	N
—	—	—	留存收益	1000	N
合计	8000	50	合计	8000	15

【解析】 根据资产负债表及各经营项目占销售额的百分比，可以计算出融资总需求。

方法 1：融资总需求 =(500+1500+3000)×20%-(1000+500)×20%=700(万元)

外部融资总需求 = 融资总需求 - 增加的留存收益

=700-10 000×(1+20%)×40%×10%=220(万元)

方法 2：融资总需求 =50%×10 000×20%-15%×10 000×20%=700(万元)

外部融资总需求 = 融资总需求 - 增加的留存收益

=700-10 000×(1+20%)×40%×10%=220(万元)

【例题 15·2018 年中级会计师考试真题】 戊公司是一家设备制造商，公司基于市场发展进行财务规划，有关资料如下。

资料一：戊公司 2017 年 12 月 31 日的资产负债表及相关信息如表 4-5 所示。

表4-5

资产	金额/万元	占销售额百分比/%	负债与权益	金额/万元	占销售百分比/%
现金	1000	2.5	短期借款	5000	N
应收票据	8000	20.0	应付票据	2000	5.0
应收账款	5000	12.5	应付账款	8000	20.0
存货	4000	10.0	应付债券	6000	N
其他流动资产	4500	N	实收资本	20 000	N
固定资产	23 500	N	留存收益	5000	N
合计	46 000	45.0	合计	46 000	25.0

资料二：戊公司 2017 年销售额为 40 000 万元，销售净利率为 10%，利润留存率为 40%。预计 2018 年销售增长率为 30%，销售净利率和利润留存率保持不变。

要求：

根据资料一和资料二，计算戊公司 2018 年下列各项金额：①因销售增加而增加的资产额；②因销售增加而增加的负债额；③因销售增加而需要增加的资金量；④预计利润的留存增加额；⑤外部融资需求量。

【解析】

本题考查的是资金需要量测算的销售百分比法。

① 因销售增加而增加的资产额=40 000×30%×45%=5400(万元)
② 因销售增加而增加的负债额=40 000×30%×25%=3000(万元)
③ 因销售增加而需要增加的资金量=5400−3000=2400(万元)
④ 预计利润的留存增加额=40 000×(1+30%)×10%×40%=2080(万元)
⑤ 外部融资需要量=2400−2080=320(万元)

(二) 资金习性预测法

资金习性预测法是指根据资金习性预测企业未来资金需要量的一种方法。资金习性，是指资金的变动与产销量之间的依存关系。按照资金和产销量之间的依存关系，可以把资金分为不变资金、变动资金和半变动资金。

不变资金，是指在一定的产销量范围内，不随产销量变动，保持固定不变的那部分资金，如为维持营业间占用的最低数额的现金，原材料的保险储备，厂房、机器设备等固定资产占用的资金。

变动资金，是指随产销量的变动而呈同比例变动的那部分资金，如构成产品实体的原材料、外构件等占用的资金，最低储备以外的现金、存货和应收账款等。

半变动资金，是指受产销量变动的影响，但不成同比例变动的资金，如一些辅助材料占用的资金等。半变动资金可采用一定的方法划分为不变资金和变动资金两个部分。因此，进行资金习性分析就是将企业的资金最终划分为不变资金和变动资金两部分，从数量上掌握资金与产销量之间的规律性，从而准确地预测资金的需要量。

资金习性预测法包括直线回归法和高低点法。

直线回归法主要是根据资金总额与销售额的关系来进行预测，它借助直线回归分析这一数理统计方法，根据历史上若干期企业资金总额与销售额之间的关系，把资金划分为不变资金和变动资金两部分，然后结合预计的销售额来预测企业的资金需要量。

在预测资金需要量时，以销售额作为自变量，以资金总额作为因变量，根据一定数量的自变量和因变量的对应资料建立直线回归方程：$y = a + bx$。

式中，x 为销售额；y 为资金总额；a 为资金中的固定部分(即不受销售额增减变动影响，保持不变的部分)；b 为变动资金率(即每增加一元销售额需要增加的资金)。

已知过去若干年(n)的销售额 x 和资金总额 y 的资料，经过计算，可求出 a 和 b 的值。根据直线回归方程 $y = a + bx$，就可预测出未来一定时期为完成预计销售额所需要的资金数额。

在实际工作中，运用直线回归法进行资金预测，应注意以下四个问题。

(1) 坚持连贯的原则和类推的原则。如果所拥有的资料数据很不稳定，经常出现突然变化，则不便据以进行预测。

(2) 销售额和资金需要量两个变量之间的线性关系的假定要符合实际情况。

(3) 应利用预测年度前连续若干年的历史资料计算 a 和 b 的值，选择的历史跨度越长，预测结果越准确。

(4) 在具体运用时，应充分考虑市场价格等因素变动对资金需要量的影响，并根据有关因素的影响对预测结果做出必要的修正，以减少预测误差，提高预测准确性。

高低点法是以过去某一会计期间的总资金占用量和业务量资料为依据，从中选取业务量最高点和业务量最低点建立方程组，求出 a 和 b 的值，将资金占用量进行分解。

【例题 16·计算题】甲公司 2015—2020 年的产销量和资金变化情况如表 4-6 所示。

表4-6

年度	产销量X/万件	资金占用Y/万元	XY	X^2
2015	1200	1000	1 200 000	1 440 000
2016	1100	950	1 045 000	1 210 000
2017	1000	900	900 000	1 000 000
2018	1200	1000	1 200 000	1 440 000
2019	1300	1050	1 365 000	1 690 000
2020	1400	1100	1 540 000	1 960 000
$n=6$	$\sum X=7200$	$\sum Y=6000$	$\sum XY=7\,250\,000$	$\sum X^2=8\,740\,000$

假设 2021 年预计销售量为 1800 万件，运用直线回归法预计 2021 年的资金需要量。

【解析】根据公式：

$$b = \frac{n\sum X_i Y_i - \sum X_i \sum Y_i}{n\sum X_i^2 - (\sum X_i)^2} = 0.5$$

$$a = \frac{\sum Y_i - b\sum X_i}{n} = 400$$

将 $a=400$ 和 $b=0.5$ 代入 $y=a+bx$

解得：$y=400+0.5x$

将 2021 年预计销售量 1800 万件代入上式，即可得出 2021 年的资金需要量。

$400+0.5\times1800=1300$(万元)

【例题 17·单选题】某企业 2016—2019 年的产销量和资金变化情况如表 4-7 所示，若该企业预计 2020 年的销售量为 400 万件，采用高低点法预测其资金需要量是(　　)万元。

  A. 85　　　　　　B. 90　　　　　　C. 95　　　　　　D. 100

表4-7

年份	2016	2017	2018	2019
产销量/万件	270	280	350	250
资金占用/万元	65	75	80	70

【答案与解析】A。本题考查的是资金需要量预测的资金习性预测法(高低点法)。需要注意的是，高低点法要选择业务量最低和最高的数据，即选择2018年和2019年这两期的数据，$b=(80-70)\div(350-250)=0.1$，$a=80-0.1\times350=45$，因此$y=45+0.1x$。如果2020年的销售量为400万件，则2020年的资金需要量$=45+0.1\times400=85$(万元)，因此选项A正确。

【例题18·单选题】某公司2013—2016年度营业收入和资金占用的历史数据(单位：万元)分别为(800, 18)、(760, 19)、(1000, 22)、(1100, 21)，当运用高低点法分离资金占用项目中的不变资金与变动资金时，应采用的两组数据是(　　)。

A. (760, 19)和(1000, 22)　　　　B. (760, 19)和(1100, 21)
C. (800, 18)和(1000, 22)　　　　D. (800, 18)和(1100, 21)

【答案与解析】B。采用高低点法来计算资金占用项目中不变资金和变动资金的数额，应该采用营业收入的最大值和最小值作为最高点和最低点，故应该选择(760, 19)和(1100, 21)，选项B正确。

【例题19·单选题】在应用高低点法进行成本性态分析时，选择高点坐标的依据是(　　)。

A. 最高点业务量　　　　　　　B. 最高的成本
C. 最高点业务量和最高的成本　　D. 最高点业务量或最高的成本

【答案与解析】A。在资金习性预测法中，高低点法是以过去某一会计期间的总资金占用量和业务量资料为依据，从中选取业务量最高点和业务量最低点，将资金占用量进行分解。在这种方法下，选择高点和低点坐标的依据是最高点的业务量和最低点的业务量。

第六节　专业与思政融合——培养科学预测能力

把"具体问题具体分析"这一哲学思想融入经营预测中，培养学生科学预测的能力和解决具体问题的能力。在知识经济与信息技术时代，每个人都面临着如何有效地吸收、理解和利用信息的挑战。那些能够有效利用工具，从数据中提炼信息、发现知识的人，最终往往成为各行各业的强者。

预测就是根据过去和现有的信息，运用一定的科学手段和方法，预计和推测事物未来发展趋势。预测是决策的基础，它为决策提供有关未来的信息，从而为决策提供科学依据。

一、预测的理论依据包含唯物辩证法的思想

(一) 可知性原理

可知性原理也称为规律性原理。任何预测对象的未来发展趋势和状况都是可以预知的，只要人们掌握了事物的发展变化规律，就可以预测事物的未来发展状况，可知性原理是人们自觉、主动地从事预测活动的重要理论基础。一切预测活动都基于可知性原理。可知性原理也揭示了主观认识客观规律的过程。事物发展的规律是客观存在的，不以人的意志为转移。只有认识事物的客观规律，才能把握事物的发展方向。尊重客观规律是正确发挥主观能动性的前提。只有充分发挥主观能动性，才能正确认识和利用客观规律。尊重事物发展的规律与发挥人的主观能动性是辩证统一的。实践是客观规律性与主观能动性统一的基础。预测的过程就是主观认识客观规律实践的过程。

(二) 可能性原理

作为预测对象的任何事物，其未来发展趋势和状况，必然在内外因共同作用下出现。它可能具有多种可能性，事物的发展都是在内外因多种因素的共同作用下呈现的一种可能结果，外因和内因存在辩证关系，外因必须通过内因才能促使事物发展变化。毛泽东在《矛盾论》中指出，唯物辩证法认为外因是变化的条件，内因是变化的根据，外因通过内因而起作用。正是因为预测对象的发展结果存在多样性，才能体现预测的必要性和重要性。

(三) 连续性原理

未来是过去和现在的延伸，了解过去和现在是预测未来的基础和出发点。事物处于普遍联系中，过去、现在和未来是一个统一的整体，事物的发展呈现周期性的特征，依据过去可以预测未来。站在时间的角度来说，过去在成为过去之前它也曾经是未来和现在，只是时间的发展使人们对一个时间点的称呼发生了改变。正是由于过去、现在和未来具有统一性，人们才可以利用连续性原理开展预测，发现事物发展的规律性。

(四) 可控性原理

预测对象未来的发展变化有着自身的规律，人们在掌握其规律性的情况下，可以使事物朝着符合人们愿望的方向发展，预测活动的实际意义来源于此。人们在掌握规律后可以促进事物的发展方向朝着有利的方向演进，避免朝着不利的方向转化。事物的主要矛盾方面决定了事物的性质，抓住事物的主要矛盾方面，才能抓住事物的本质，揭示事物发展的普遍规律，不被表面现象所迷惑，更好地理解偶然与必然之间的关系。可控性原理要求：抓住预测对象的主要矛盾，认清其性质，根据其发展规律控制其发展方向和发展进程。

二、具体情况具体分析，采用适当的预测方法

人们认识事物既要注意其普遍性的一面，也不能忘记其特殊性的一面。因为如果只注意事

物的普遍性而不掌握其特殊性，就不能认识任何具体的事物，论证时就会生搬硬套基本原理，造成疏漏，产生错误。因此，在认识事物和解决问题时，既要注意共性，也要注意个性，必须坚持具体问题具体分析的原则。

在进行经营预测时，要坚持具体情况具体分析的观点，根据销售变化的规律，采用适当的预测方法。例如，在销售比较稳定的情况下，可以采用算术平均法，而当产品销售呈现某种上升或下降的趋势时，则应采用加权平均法或指数平滑法。当外部环境发生变化时，要适当调整预测参数变量的取值，以适应这种变化。例如，根据管理的不同要求，平滑系数 α 的取值为 0.3～0.7，这就是灵活应用指数平滑法的表现。在指数平滑法中，平滑系数 α 的取值具有明显的调节作用，可以改变上期预测值和上期实际值在预测时的比重和影响程度，不能绝对地说上期预测值重要或上期实际值重要，要根据外部环境和条件的变化，调整平滑系数 α 的取值。在采用指数平滑法时，如果用于近期预测，平滑系数 α 的取值应偏大；若用于远期预测，平滑系数 α 的取值则应偏小。

三、开展科学预测，培养科学精神

我们要培养科学精神，运用科学的方法做出科学的预测。科学精神是指科学实现其社会文化职能的重要形式，包括自然科学发展所形成的优良传统、认知方式、行为规范和价值取向。集中表现在：主张科学认识来源于实践，实践是检验科学认识真理性的标准和认识发展的动力；重视以定性分析和定量分析作为科学认识的一种方法；提倡怀疑、批判、不断创新进取的精神。科学精神也是反映科学发展内在要求并体现在科学工作者身上的一种精神状态，如科学探索者的信念、勇气、意志、工作态度、理性思维、人文关怀和牺牲精神等，内涵极为丰富，互相贯通性和可塑性很强。

经营预测的教学通常以销售预测为起点，销售预测是其他预测的起点，做好销售预测，才能相互衔接地开展其他各项经营预测。在进行销售预测的过程中，需要坚持系统的、全面的、发展的观点，综合考虑各种因素，如政治经济形势变动、消费倾向、市场前景、自身生产经营特点等。

■ 本章实训题 ■

实训4-1：指数平滑法的应用

某公司 2022 年 1—6 月的销售量情况如表 4-8 所示。

表4-8

月份	1	2	3	4	5	6
销售量/台	1200	1000	1300	1200	1170	1350

设平滑系数为 0.3，2022 年 1 月份的销售量预测值为 1250 台。

要求：

求 2022 年 7 月的销售量预测值。

实训分析：

指数平滑法是指在综合考虑有关前期预测销售量和实际销售量信息的基础上，利用事先确定的平滑系数预测未来销售量的一种方法。指数平滑法的计算公式如下。

$S_t = \alpha Y_{t-1} + (1-\alpha) S_{t-1}$

式中，S_t 表示时间 t 的平滑值；

Y_{t-1} 表示时间 $t-1$ 的实际值；

S_{t-1} 表示时间 $t-1$ 的预测值；

α 表示平滑系数，其取值范围为[0.3, 0.7]。

各月销量预测值：

2 月的销售量预测值=(0.3×1200+0.7×1250)=1235(台)

3 月的销售量预测值=(0.3×1000+0.7×1235)=1165(台)

4 月的销售量预测值=(0.3×1300+0.7×1165)=1206(台)

5 月的销售量预测值=(0.3×1200+0.7×1206)=1204(台)

6 月的销售量预测值=(0.3×1170+0.7×1204)=1194(台)

7 月的销售量预测值=(0.3×1350+0.7×1194)=1241(台)

所以，2017 年，7 月的销售量预测值是 1241 台。

本章案例分析

案例4-1：酷V饮料为何昙花一现

甲公司是一家销售饮料的企业，短短几个月，甲公司的员工经历了一场大喜大悲。资料显示，该公司推出的新产品——酷 V 饮料，是甲公司在茶饮料、果汁饮料横行市场的情况下，精心策划推出的一款运动型饮料。酷 V 饮料一亮相就以其独特而前卫的定位、包装、广告语，以及大手笔的广告活动在市场上独领风骚。从公共汽车上青少年的手中、批发商门前堆砌的酷 V 饮料的箱子，以及零售店的货架上就能看出酷 V 饮料的风靡程度。酷 V 饮料刚刚推出两个月，月出货量就达到了 40 万箱，这令甲公司的员工欣喜无比。可是只过了 4 个月，产品库存量已达到了 7.3 万箱，瓶子成品 6 万箱，累计达到 13.3 万箱。而库存的饮料专用瓶坯数量达到 22.51 万支，折算为成品大约 150 万箱，折算金额约为 1210 万元，若要做成产品，则金额高达 4650 万元。

销售的火爆令甲公司始料未及，而市场的需求大大超出了甲公司当初的产能规划，导致在一些区域市场出现过断货。甲公司为了满足市场需求，紧急采购和运输，加班生产，调整生产过程，结果产品口味出现偏酸、偏苦等问题，影响了消费者的忠诚度和口碑。而在看到市场初期异常火爆之后，甲公司的管理者信心满满，准备在下一年度大干一场，采购部门甚至采购了可以耗用一季度的酷 V 饮料原材料。而与此形成强烈反差的是，酷 V 饮料在一些社区终端由于走货慢、出货少，竟遭到店主们的无情清退。这一缺一退，使酷 V 饮料在很短的时间内遭到了消费者无情地抛弃。

要求:

请结合销售预测的定量、定性分析方法,指出应该从哪些方面提高销售预测的准确性。

案例分析:

我们应该从技术、管理和 IT 三个方面来提高销售预测的准确性。

(1) 从技术上提高销售预测的准确性的核心在于降低销售预测的复杂性。销售预测是一件非常复杂的工作,由于影响销售预测的因素太多,从技术上降低销售预测的复杂性非常重要,主要措施包括减少产品规格、缩短预测时间和简化预测模型等。对比分析销售预测与实际销售结果,我们会发现产品销售总量的预测准确率较高,而产品大类、产品小类和 SKU(存货管理单位)的预测准确性依次降低。因此,减少产品规格是提高销售预测准确性的有效手段。减少产品规格所带来的另一个好处是可以推迟产品定制时间,避免造成有的规格积压、有的规格缺货的不平衡局面。对于快速消费品,尤其是饮品而言,缩短预测时间,会大大降低预测的难度,提高预测的准确性。因为时间越短,市场波动越小,趋势也越明显,预测就会越准确。而企业往往因为预测体系不完整、预测结果统计时间长,而不得不用中长的预测代替短期预测,降低了预测的准确性,造成库存的积压。快速消费品的销量受很多因素的影响,如天气状况、地区差异、口味喜好、消费群体、促销活动等。在构建预测模型时,如果考虑因素太多,预测的准确性反而难以保证。因此,找到影响自身产品销量的核心因素,不断优化预测模型,是提高预测准确性的有效手段。

(2) 从管理上提高销售预测准确性的核心在于建立预测的激励机制。在管理上建立由下至上,再由上至下的长期、中期和短期的预测体系是很重要的,其中最关键的是建立预测的激励机制。以下是可以考虑的具体措施。

第一,销售人员在进行预测时,除了给出一连串数字,还需要给出预测的理由,进行科学的预测,而不是凭感觉。

第二,对销售预测结果进行跟踪,与实际销售情况对比,与销售人员的薪资或佣金挂钩,对于客户可建立销售预测准确性的返点制度,以激励其提高销售预测的准确性。

第三,对销售预测结果不断进行总结,每月甚至每周分析总结上月或上周的销售预测准确性情况,以不断总结和积累经验,同时共享这些经验。

总之,通过建立相应的激励机制,使销售预测的结果与责任人的利益挂钩,提高各级销售及市场人员对市场预测的重视程度。在此基础上形成相应的制度措施,提高整个公司的预测水平。

(3) 利用 IT 提高销售预测准确性的核心在于获得准确的终端数据。获得准确的终端数据是提高预测准确性和确定最终供货计划的基础,这需要不断提高信息系统覆盖的广度和深度。在渠道上应用的信息系统一般包括支持经销商应用的供销存系统和终端 POS 系统。一般而言,如果不是非常强势的厂商要推广这样的系统是非常困难的。因为大的经销商都有自己的系统或者已经应用了更强势厂商的系统。在这种情况下,首先要在自营渠道中建立系统,其次与大卖场和超市的系统建立接口,最后设法向尚未建立系统的经销商推广自己的系统,就像占领产品市场一样占领信息系统的掌控权。

建立系统之后,需要对历史销售数据按品种、按规格进行记录,并对数据进行有效的汇总与分析。通过集中数据处理,不仅可以减少数据的重复采集和反复加工,还可以自动化生成常用的报表，将相关人员从低效率的重复劳动中解放出来，使高层管理人员能迅速获得完整、准确的决策支持信息。

信息系统的应用说起来容易，做起来困难，需要仔细地进行规划，包括系统功能、应用方式和推广策略等方面，在这些方面国内外一些知名厂商的做法都值得学习和推广。

提高销售预测的准确性是一个不断完善和提高的艰苦努力的过程。只要企业有决心，从技术、管理和 IT 方面"三位一体"地进行系统推进，完全可以攻克销售预测不准确这一难题。当然，从整个供应链管理的角度讲，提高销售预测的准确性只是万里长征走完了第一步，还需要在其他环节采取相应的措施，但其核心是在数据分析的基础上建立评价指标，并落实到相应的责任人，建立激励和考核措施。只有建立这种持续优化的机制，才能提高整个供应链的管理和控制水平。提高销售预测准确性乃至供应链的管理水平是企业长期努力的方向。

资料来源：酷 V 饮料为何昙花一现. 新浪网[EB/OL]. https://www.sinA.com.cn/. 作者有删改

本章练习题

一、单项选择题

1. 下列方法中，不属于定量分析法的是(　　)。
   A. 判断分析法　　B. 算术平均法　　C. 回归分析法　　D. 指数平滑法
2. 下列方法中，不属于时间序列预测法的是(　　)。
   A. 移动平均法　　B. 加权平均法　　C. 指数平滑法　　D. 回归分析法
3. 下列方法中，属于因果预测法的是(　　)。
   A. 经济计量法　　B. 算术平均法　　C. 指数平滑法　　D. 移动平均法
4. 在采用指数平滑法进行预测时，平滑系数的一般取值范围是(　　)。
   A. 0<平滑系数<0.3　　　　　　　B. 0.3<平滑系数<0.7
   C. 0.7<平滑系数<1　　　　　　　D. 0<平滑系数<1
5. 根据指数平滑法进行销售量预测时，预测期销售量表述正确是(　　)。
   A. 预测期销售量=平滑系数×上期实际销售量+(1+平滑系数)×上期预测销售量
   B. 预测期销售量=平滑系数×上期实际销售量+(1-平滑系数)×上期预测销售量
   C. 预测期销售量=平滑系数×上期预测销售量+(1-平滑系数)×上期实际销售量
   D. 预测期销售量=平滑系数×上期实际销售量+(1+平滑系数)×上期实际销售量

二、判断题

1. 德尔菲法采用背对背的通信方式征询专家小组成员的意见，专家之间不得互相讨论，不发生横向联系，只能与调查人员发生关系。　　　　　　　　　　　　　　　　(　　)
2. 专家预测法的形式有召开专家会议讨论、向一些专家分别征求意见等。　　(　　)
3. 市场调查法是指通过对选取与预测对象相关的市场主体、市场客体和市场要素的调查，掌握预测对象的基本状况和发展变化趋势。　　　　　　　　　　　　　　　(　　)
4. 定性预测分析法的优点是，在资料不足的情况下可以加快预测速度，但其科学依据不足，准确性、可靠性较差。   （ ）

5. 时间序列预测法是将时间作为制约预测对象变化的自变量，把未来作为过去和现在的延续，由此对预测对象的未来状况或发展趋势做出预测的一种分析方法。   （ ）

6. 因果预测法是根据预测变量与其相关联的变量之间的因果关系，建立相应的因果预测模型，由此对预测对象的未来状况或发展趋势做出预测的一种分析方法。   （ ）

7. 平滑系数 α 的取值越大，则近期实际销售量对预测结果的影响越大；α 的取值越小，则近期实际销售量对预测结果的影响也越小。   （ ）

8. 产品生命周期分析法是利用产品销售量在不同生命周期阶段的变化趋势进行销售预测的一种预测分析方法，该方法属于定量分析方法。   （ ）

9. 企业筹集的资金数量应根据生产经营活动的正常需要确定，即筹资规模要适度。筹资过多会造成闲置浪费；筹资不足则影响生产经营活动的正常进行。   （ ）

10. 资金需要量预测分析的方法主要有销售百分比法和资金习性预测法。   （ ）

三、思考题

1. 专家预测法的优缺点有哪些？
2. 指数平滑法的特点有哪些？

能力点.mp4

专业与思政融合.mp4

习题答案与解析

第五章 经营决策

本章学习目标

- 理解和掌握经营决策的意义、特征、基本程序和分类等。
- 熟练掌握各种经营决策方法的应用程序、内容和原理。
- 熟练掌握存货的经济订货批量模型,并能够结合实际运用经营决策的相关内容。

本章知识点和能力点分解表

章	节	知识点	能力点	思政点
第五章 短期经营决策	第一节 经营决策概述 第二节 经营决策分析方法 第三节 生产决策 第四节 定价决策 第五节 存货决策 第六节 专业与思政融合——沉没成本与个人全面成长	相关成本与无关成本的划分;确定型决策的一般方法	相关成本与无关成本的辨析;了解生产决策的原则	理性对待沉没成本,全面规划人生;全面看待亏损产品,透过现象看本质

本章导入

现代管理理论认为,管理的重心在于经营,经营的重心在于决策。正确的决策对于企业的生存与发展至关重要,决策的正确与否直接关系着企业的兴衰成败。大量实践已经证明,企业的盛衰、成败、生存、发展,主要取决于企业采取的方针、决策是否正确,所确定的目标是否适应企业的外部环境。

第一节 经营决策概述

决策是在客观条件下,通过预测、分析、对比、判断等科学方法和理论,从若干个经济活动的备选方案中做出恰当选择的过程。决策的实质是对未来经营活动进行事先控制,目的是引导人们走向未来目标,有效利用人力、物力和财力资源,实现最佳经济效益。

一、经营决策的意义与特征

经营决策是企业经营活动的基本行为。事实上,经营决策正确与否不仅影响企业的经济效益,甚至关系到企业的生死存亡。企业经营目标的实现依赖各个职能部门和活动环节的协调配合,正确决策可以充分调动员工的主观能动性和积极性,协调各部门工作,确保经营目标的实现。

经营决策的特征主要有三点:一是目标性,决策目标是决策的起点;二是预测性,预测是决策的前提,科学的预测是正确决策的前提条件;三是评价性,决策是在若干个备选方案中选择最优方案的过程,要对备选方案进行比较和评价。

二、经营决策的基本程序

经营决策一般需要经过提出问题、确定目标,搜集相关信息,拟订方案、评选方案、考虑非计量因素及择优选定方案等程序。

(1) 提出问题。本程序需要找出企业经营需要决策的关键问题和急需解决的主要矛盾,这是经营决策的基础。

(2) 确定目标。本程序需要确定决策对象所要达到的预期目标,该目标应具有明确性、定量性和易测量性,以利于决策方案的选择和今后考评工作的开展。

(3) 搜集相关信息。完备的信息是科学决策的基础,信息越完备,看问题就越全面,方案选择范围就越广。有针对性地搜集数据和资料,可以提高决策的正确性。

(4) 拟订方案。本程序根据已加工、整理的信息资料,提出实现目标的各种可行方案。这些方案应力求在技术上具有先进性,在经济上具有合理性。

(5) 评选方案。本程序首先应选择合理、恰当的决策方法,然后进行定量分析、相互比较,做出科学的鉴别和全面的评价,最后为备选方案排序。

(6) 考虑非计量因素。非计量因素通常包括国内外政治与经济形势的变化、国家政策、法律法规、大众心理习惯和地区差异等。这些因素往往对决策有重要影响。

(7) 择优选定方案。本程序通过比较各备选方案的经济效益,综合考虑非计量因素和社会效益,权衡利弊得失,最终择优选定方案并拟订计划,付诸实施。

三、经营决策的分类

根据不同的分类标准,可以对经营决策进行分类。

(一) 短期经营决策和长期投资决策

按照涉及时间的长短,经营决策可分为短期经营决策和长期投资决策。短期经营决策通常是指对收益期在一年或一个营业周期内的业务所进行的决策,它只影响当期收支,一般包括生产决策、存货决策和定价决策等。长期投资决策也称为资本支出决策,是指收益期超过一年或一个营业周期,并在较长时期内对企业盈亏产生影响的决策,将对获利能力产生深远影响。

(二) 生产决策、存货决策、定价决策和投资决策

按照决策内容的不同,经营决策可分为生产决策、存货决策、定价决策和投资决策。

生产决策是指围绕产品生产进行的,从经济效益角度对产品进行分析的决策,如生产何种产品、生产多少数量及采取何种生产方式等方面的决策。生产决策的目的是以最合理的资源配置取得最大效益。

存货决策是指在满足正常生产经营需要的前提下,运用科学的分析方法确定存货的最优水平,从而达到存货成本与存货效益最佳平衡所进行的决策。

定价决策是指在流通领域中围绕如何确定商品的销售价格水平而进行决策,即根据产品成本和市场供求关系等因素对产品售价的影响,兼顾销售价格对产品的销售量和利润等方面的影响所制定的能使企业获得最大经济效益的售价决策。

投资决策是针对在长时间内影响企业经营获利能力的项目所进行的决策,一般包括固定资产的新建、改建、扩建,新产品的研究和开发,等等。

(三) 确定型决策、风险型决策和非确定型决策

按照决策条件的确定程度,经营决策可分为确定型决策、风险型决策和非确定型决策。在进行决策分析时,如果影响决策的因素都是确定的、已知的,并且每个方案只有一个确定的结果,这类决策就是确定型决策。但实际上,大部分的决策信息都具有一定的不确定性,每个方案都可能出现两种或两种以上不同的结果,只能借助相关数据预测这些结果出现的概率,此时的决策就是风险型决策。当影响决策的因素无法确定,并且对结果出现的概率也无法预测时,决策者只能根据其主观判断做出决策,这种情况下的决策则为非确定型决策。

四、经营决策中的成本概念

成本因素是选择经营决策方案时应考虑的关键因素。经营决策中涉及的成本一般是成本计算制度之外的成本,具有特定的经济含义,是用于评价可行性方案的经济性所必需的各种形式的未来成本。

(一) 差量成本

差量成本有广义和狭义之分。广义的差量成本是指不同备选方案之间的成本差额。狭义的差量成本仅限于由于生产能力利用程度不同所引起的成本差额，一般表现为变动成本和受生产能力影响的部分固定成本的差额。差量分析法是通过差量收入与差量成本的比较得出结论。

(二) 边际成本

边际成本是指在生产能力范围内，业务量变动一个单位所引起成本变动的数额。在生产能力范围内，边际成本表现为产品的单位变动成本。例如，如果企业的最大生产能力为100件，生产100件产品的总成本为5000元，生产101件产品的总成本为5040元，则所增加一个产品的成本为40元，即边际成本为40元。边际成本可用于判断增减产量在经济上是否可行。当生产能力未被充分利用时，只要售价高于边际成本，增产方案即可行。

(三) 机会成本

机会成本是与实际成本相对应的一个成本概念，可将其理解为选择某一方案所付出的代价，是指在决策分析过程中，由于选择某个方案而放弃其他方案所丧失的"潜在收益"(择机代价)。例如，企业现有的生产线若不生产新产品，就可将其出租，每年租金收入为5万元，若要生产新产品，就损失了5万元的租金收入，所损失的5万元就是生产新产品的机会成本。可见，机会成本并不是通常意义上的成本，而是丧失的"潜在收益"。在进行决策分析时，只有考虑机会成本的存在，并对其进行计量，才能全面、正确地评价各方案的优劣。

(四) 假计成本

假计成本是指需要估算的使用某种经济资源的代价，它不是企业的实际支出，但又与具体的经济活动相关联。实际上，假设成本是机会成本的一种特殊表现形式，需要特殊计量。

假计成本通常表现在企业对自有资金的使用上。作为流动性最强的资产，货币资金的用途最广泛。企业使用自有资金时不需要向任何其他单位或个人支付资金的使用费用，但会放弃其他能够带来收益的各种机会，我们将放弃的这部分收益称为假计成本。

(五) 沉没成本

沉没成本是指过去已经发生且无法由现在或将来的任何决策所改变的成本，可将该项成本理解为企业在过去的经营活动中已经支付的资金，并在现在或将来经营期间内应计入成本费用的项目，如固定资产和无形资产的账面净值和存货的历史成本。

例如，某企业拟购入一条价值50万元的新生产线，旧生产线的账面净值为10万元，旧生产线的收购价为8万元，以现金支付42万元。在售旧购新方案中，旧生产线的账面净值10万元属于沉没成本；8万元属于旧生产线的重置成本；而差价42万元属于付现成本。

(六) 重置成本

重置成本是指以目前的市场价格取得相同的现有资产所需付出的成本，也称为现时成本或现行成本。存货项目的重置成本是指以市场价格重新购置相同的原材料、产品等所需支付的金额。固定资产项目的重置成本是指现在重新建造或购置相同的厂房、设备所需的成本，再按原厂房、设备的成新率折算后的金额，并非原厂房、设备的完全重置成本(全新的成本)。

(七) 现金支付成本

现金支付成本是指过去或现在实际发生现金流出并计入账册的成本，如待摊费用等。由于实际成本已在过去被确认为成本支出，因此，它对未来决策没有任何影响，在决策时可不予考虑。

(八) 专属成本与共同成本

专属成本是指能够明确归属于特定备选方案的固定成本项目，通常是为弥补生产能力的不足而发生的，如租入设备的租金成本和新设备的购置成本等。

共同成本是指应由多个方案共同负担的固定成本，没有具体、明确的归属对象，如行政管理人员的工资和厂房的取暖费等。也就是说，共同成本与特定方案的选择无关，在决策中可不予考虑。

(九) 可避免成本与不可避免成本

可避免成本是指通过管理者的某项决策可改变其发生时间及其数额的成本。如果企业实施某项方案，则与之相应的成本也会随之发生或改变，如果企业不实施该方案，该成本就不会发生或改变，那么这种成本就是可避免成本。

不可避免成本是指管理者的任何决策都不能改变其发生时间及其数额的成本，即该项成本的发生或数额的改变与决策无关，无论决策是否被采纳该项成本都会发生。

方案取舍主要应考虑可避免成本，也就是构成方案的差别成本。例如，某企业拟接受一项特殊订货，需购置一台专属设备，如果该企业接受这项特殊订货，必然发生专属设备折旧费与产品生产的材料费，若一年后该产品停产，其材料成本为零，这属于可避免成本，但仍要计提已购置的专属设备折旧费，折旧费不会随生产与否而改变，属于不可避免成本。

(十) 可延缓成本与不可延缓成本

如果某方案的推迟实施不会影响企业正常的生产经营活动，则该方案的成本为可延缓成本，也称为可延迟成本，如为改善办公环境所发生的成本。

若某一方案的实施刻不容缓，否则将对企业的生产经营造成不利影响，那么该方案的成本是不可延缓成本，也称为不可延迟成本，如关键设备急需的维修成本。对于不可延缓成本，企业几乎没有选择余地，因此，在决策时一般不予考虑。

(十一) 相关成本与不相关成本

根据是否影响决策，成本可分为相关成本和不相关成本。

相关成本是指与某方案相联系、能对决策产生重大影响的有关成本。决策应着重考虑相关成本，并将其纳入相应的决策分析过程。相关成本主要包括差量成本、边际成本、机会成本、假计成本、重置成本、现金支付成本、专属成本、可避免成本、可延缓成本等。

不相关成本是指不与某方案相联系、不会对决策产生重大影响的有关成本。决策中无须考虑不相关成本，也不必将其纳入决策的分析过程。不相关成本主要包括共同成本、不可避免成本、不可延缓成本、沉没成本等。

【例题1·多选题·2022年注册会计师考试真题】甲企业计划生产M产品，现有旧设备一台，原值5000万元，已提折旧3500万元，账面价值1500万元。若使用旧设备生产M产品，则需对其进行技术改造，追加支出1000万元。企业也可购入新设备生产M产品，新设备市价2000万元，可将旧设备作价1200万元以旧换新。假设不考虑所得税等相关税费的影响，下列关于企业改造旧设备或购买新设备的决策中，正确的有(　　)。

  A. 旧设备的已提折旧与决策无关　　　B. 旧设备的账面价值属无关成本
  C. 旧设备的以旧换新作价与决策无关　D. 改造旧设备比购买新设备多支出200万元

【答案与解析】ABD。旧设备的已提折旧和账面价值是沉没成本，与决策无关，选项A和B正确。旧设备的以旧换新作价是继续使用旧设备的机会成本，与决策相关，选项C错误。改造旧设备的相关成本有：机会成本1200万元和付现成本1000万元。购买新设备的相关成本为付现成本2000万元。改造旧设备比购买新设备多支出200万元，选项D正确。

第二节　经营决策分析方法

按照管理者掌握的信息特点，经营决策分为确定型决策、风险型决策和非确定型决策三类。不同的决策类型所采用的决策分析方法不同。

一、确定型决策分析方法

确定型决策分析常用的方法有差量分析法、边际贡献分析法和成本无差别点分析法。

(一) 差量分析法

差量分析法是指在不同方案预期收入和预期成本之间差量的基础上，从中选取最佳方案的方法。差量分析法通常用于两个方案的比较。差量收入是指两个备选方案预期收入之差。差量成本是指两个备选方案预期成本之差。差量利润是指差量收入与差量成本之差。

差量分析法在实务中多用于产品品种的选择、零部件自制还是外购、亏损产品停产还是生产等决策。当进行利润比较时，决策应采用"最大化"原则；当进行成本比较时，决策应采用"最小化"原则。

【例题2·计算题】幸福公司有一台设备可以生产A产品，也可以生产B产品，有关资料如表5-1所示。要求：为幸福公司做出生产A产品还是生产B产品的决策。

表5-1

项目	A产品	B产品
预计产销量/件	12 000	15 000
单价/元	18	10
单位变动成本/元	12	8

解：根据题意，编制如表5-2所示的差量损益分析表。

表5-2

项目	生产A产品	生产B产品	差异额
相关收入/元	216 000	150 000	66 000
相关成本/元	144 000	120 000	24 000
差别损益/元	—	—	42 000

可以看出公司生产A产品将比生产B产品多得利润42 000元，因此公司应该选择生产A产品。

(二) 边际贡献分析法

边际贡献分析法是通过比较不同方案边际贡献的大小来选择最佳方案的决策方法。采用边际贡献分析法时，首先要确定各方案的总收入，进而确定各备选方案的总变动成本，总收入与总变动成本之差为边际贡献总量。将边际贡献总量除以耗用资源数量即可得到单位边际贡献。边际贡献分析法适用于收入成本型(收益型)方案的择优决策。

【例题3·计算题】A企业使用一台设备可生产甲、乙两种产品。该设备最大生产能力为40 000工时，生产甲产品每件需4工时，生产乙产品每件需5工时。两种产品的固定成本总额为60 000元，销售单价和单位变动成本如表5-3所示。甲、乙两种产品均可利用现有设备生产，固定成本总额不变。

表5-3

项目	甲产品	乙产品
销售单价/元	20	30
单位变动成本/元	12	25

要求：根据上述资料，用边际贡献分析法分析生产哪种产品较为有利。

解析：根据边际贡献分析法，计算得到相关产品资料如表5-4所示。

表5-4

项目	甲产品	乙产品
最大产量/件	10 000	8000
销售单价/元	20	30
单位变动成本/元	12	25
单位边际贡献/元	8	5
边际贡献总额/元	80 000	40 000

由上表可知，甲产品的边际贡献总额大于乙产品的边际贡献总额，因此，应选择生产甲产品。

(三) 成本无差别点分析法

成本无差别点是指在某业务量水平上，两个不同方案的总成本相等，但当高于或低于该业务量水平时，不同方案就具有了不同的业务量优势区域。利用不同方案的不同业务量优势区域进行最优化方案选择的方法称为成本无差别点分析法。该方法适用于只涉及成本而不涉及收入(即成本型方案)的决策。

二、风险型决策分析方法

风险型决策是指未来环境或自然状态不能完全确定，但可以预估其出现或发生的可能性的决策。风险型决策的决策者无法确定某事项的未来发展的可能性，但是可以通过调查研究或凭借实践经验，估计有关事项的发生概率，据此进行决策。

三、非确定型决策分析方法

非确定型决策分析常用的方法有大中取大决策法、大中取小决策法、小中取大决策法。

(一) 大中取大决策法

大中取大决策法也称为乐观决策法，是以乐观进取的态度选择方案的一种决策方法，即决策者从最好的客观环境出发选择预期效果最佳的行动方案。大中取大决策法的基本程序如下。
(1) 分别确定各备选方案在不同自然状态下的最大收益值。
(2) 从已确定的若干最大收益值中再找出最大的。
(3) 选定最大收益值为最大的方案为最优方案。

(二) 大中取小决策法

大中取小决策法又称为最小最大值决策法，是指根据客观上最优方案的收益同主观上所采取的方案的收益之间的差额(即后悔值的大小)来选择决策行动方案。大中取小决策法的基本程序如下。
(1) 分别确定不同自然状态下预期收益最大的方案及其收益值。
(2) 分别确定不同自然状态下各方案的后悔值。
(3) 分别确定各备选方案在不同自然状态下的最大后悔值。
(4) 在已确定的最大后悔值中找出最小的，并选定与之对应的方案为最优方案。

(三) 小中取大决策法

小中取大决策法也称为悲观决策法或保守决策方法，决策者是从最坏的客观环境出发，选择预期效果最佳的行动方案。小中取大决策法的基本程序如下。
(1) 分别确定各备选方案在不同自然状态下的最小收益值。

(2) 确定一个"最大的"最小收益值,并选定与之对应的方案为最优方案。

【例题 4·计算题】某企业经营某种产品,现拟有甲、乙、丙三个产销方案,有关资料如表 5-5 所示。

表5-5

产销方案	不同状态下的预期收益/万元		
	畅销	平销	滞销
甲方案	450	300	-120
乙方案	560	245	-210
丙方案	320	200	75

要求:采用"大中取小决策法"选择最优产销方案。

解:

(1) 不同销售状态下收益最大的备选方案及具体收益值如下。

① 当产品畅销时,乙方案预期收益最大,其值为 560 万元。

② 当产品平销时,甲方案预期收益最大,其值为 300 万元。

③ 当产品滞销时,丙方案预期收益最大,其值为 75 万元。

(2) 确定每个备选方案的后悔值。

① 当产品畅销时,甲、乙、丙三个方案的后悔值分别为:110(560-450)万元;0(560-560)万元;240(560-320)万元。

② 当产品平销时,甲、乙、丙三个方案的后悔值分别为:0(300-300)万元;55(300-245)万元;100(300-200)万元。

③ 当产品滞销时,甲、乙、丙三个方案的后悔值分别为:195(75+120)万元;285(75+210)万元;0(75-75)万元。

(3) 找出每个备选方案在不同自然状态下的最大后悔值。

① 甲方案最大后悔值为 195 万元。

② 乙方案最大后悔值为 285 万元。

③ 丙方案最大后悔值为 240 万元。

(4) 确定"最小的"最大后悔值和最优方案。

从以上计算结果中可知,甲方案的最大后悔值最小,故甲方案为该企业经营某种产品的最优决策行动方案。

第三节　生产决策

生产决策包括特殊订单决策、亏损产品是否停产的决策、自制或外购的决策、产品是否进一步加工的决策、有限资源利用的决策等。

一、特殊订单决策

特殊订单是指不在企业正常生产范围内的一次性、出价较低的订单。企业在完成既定生产任务后,可以利用剩余生产力接受额外的产品生产要求或利用剩余生产力接受外单位的额外产品生产的大部分要求。评价利用剩余生产能力进行特殊产品的生产是否存在边际贡献是进行特殊订单决策的关键。是否接受特殊订单应该考虑以下具体情况。

(1) 在剩余生产能力无其他用途的情况下,如果接受特殊订单不需要追加专属成本,那么只要该特殊订单的售价大于产品单位变动成本(即边际贡献大于零时)就可以接受该订单。

(2) 在剩余生产能力无其他用途的情况下,如果接受特殊订单需要追加专属成本,那么只要该订单边际贡献大于专属成本(即特殊订单的相关损益大于零)就可以接受该订单。

(3) 如果剩余生产能力具有其他方面的用途,那么就应当以在其他用途上产生的收益作为接受特殊订单的机会成本。

(4) 如果特殊订单订货数量超过了剩余生产能力的生产量,则接受该订单将会放弃部分正常生产的销售量。这时就应将由此放弃的正常销售产生的边际贡献作为特殊订单的机会成本。

【例题 5·计算题】某企业 A 产品的生产能力为 5000 件,目前的正常订货量为 4000 件,销售单价为 20 元,产品单位成本为 16 元。A 产品的成本构成如表 5-6 所示。

表5-6

直接材料/元	6
直接人工/元	4
变动制造费用/元	2
单位变动(生产)成本/元	12
固定制造费用/元	4
单位产品成本/元	16

现有客户向企业追加订货 1000 件,客户出价为 15 元/件,是否应该接受该订单?

因为特殊订单的单价 15 元>该产品的单位变动(生产)成本 12 元,即接受该订单可以增加边际贡献,边际贡献=1000×(15-12)=3000(元),所以应该接受该订单。

【例题 6·计算题·续前例】假设前例追加订货 1000 件,若无该追加订单,剩余生产能力也无法转移,若接受该订单,需要追加专属成本 2000 元,那么是否应该接受该订单?

追加订单的边际贡献=1000×(15-12)=3000(元)

追加专属成本 2000 元

由于追加订单的边际贡献 3000 元大于追加专属成本 2000 元,可以增加利润 1000 元,因此应该接受该订单。

二、亏损产品是否停产的决策

当产品或部门发生亏损时,可以按经济有利性原则在继续生产、停产或转产之间进行选择。判断的标准是区分亏损产品是实亏产品还是虚亏产品。能够创造边际贡献的亏损产品是虚亏产品,要继续生产;边际贡献为负值的亏损产品是实亏产品,要停产,以减少亏损。

【例题 7·单选题·2018 年注册会计师考试真题】甲公司生产销售乙、丙、丁三种产品,固定成本为 50 000 元。除乙产品外,其余两种产品均盈利。乙产品销售量为 2000 件,单价为 105 元,单位成本为 110 元(其中,单位直接材料成本 20 元,单位直接人工成本 35 元,单位变动制造费用 45 元,单位固定制造费用 10 元)。假定生产能力无法转移,在进行短期经营决策时,决定继续生产乙产品的理由是( )。

A. 乙产品单价大于55元 B. 乙产品单价大于20元
C. 乙产品单价大于100元 D. 乙产品单价大于80元

【答案与解析】C。在短期内,如果企业的亏损产品能够提供正的边际贡献,就应该继续生产乙产品。乙产品的单位变动成本=单位直接材料成本+单位直接人工成本+单位变动制造费用=20+35+45=100(元),所以乙产品单价大于 100 元,应该继续生产乙产品。

三、自制或外购的决策

自制或外购决策是企业自己生产产品(零部件)还是把产品(零部件)转给其他企业生产的决策。常见的自制或外购决策主要有:企业是自己生产产品(零部件),还是从外部供应商处购买;建筑公司是自己承接工程项目,还是转包给其他公司来完成;某些服务是由企业内部部门来完成,还是由企业外部来完成(外包)。

选择业务外包的原因主要有以下几点。

(1) 外包充分利用了专业公司的专业技能,比企业自己从事业务更为高效、专业,能使企业集中精力于核心业务,提高竞争力。

(2) 节约资源,减少投入。个别公司的服务需求不确定、不稳定,容易造成资源浪费,而外包服务公司的资源配备能同时为多家公司服务,容易取得规模经济,避免浪费。同时,发包方可以减少对专业人士的培训,节约人力资源培训和管理成本。不过,外包成本包括外包直接成本和各种隐形成本,如供应商选择成本、业务移交成本、解雇现有员工的成本和管理成本等。

若选择自制,则企业管理当局能够对工作施加直接控制;如果选择外购,则可以充分利用外部的专业化技能和经验。外购或自制决策并不完全基于成本的考虑,企业还应当考虑如下因素。

(1) 如果外购,企业现有生产能力将存在剩余,那么,如何利用这些剩余生产能力为企业带来更大的利润?员工可能被重新安置,重新安置的成本是否得到充分考虑?员工是否对自己的工作由他人完成感到反感?外包是否会引起行业争议?

(2) 如果外购,业务移交是否顺利?产品或业务的质量是否可靠?原物料配套供应的数量、质量稳定性和交货时间有没有保证?

(3) 如果外购，是否会使企业过度依赖供应商，从而在战略上处于不利地位，并降低其满足顾客需求的弹性？

【例题 8·多选题·2022 年注册会计师考试真题】 某电动自行车制造公司每年需要自行车外胎 5 万个，外购成本为 320 元/个。该公司目前只有生产 3 万个自行车外胎的生产能力，单位变动生产成本为 300 元，固定制造费用为 15 万元/年。如果自制 5 万个，需要租入一条生产线，月租金为 10 万元，单位变动生产成本为 300 元。如果不自制，选择外购，则剩余的生产能力可以用于加工自行车内胎，每年可以节省内胎的外购成本 20 万元。下列说法中正确的有( )。

A. 如果完全自制，则相关的总成本为1655万元
B. 如果完全外购，则相关的总成本为1600万元
C. 如果自制3万个外购2万个，则相关的总成本为1560万元
D. 最佳方案是自制3万个外购2万个

【答案与解析】 BCD。如果完全自制，则相关的总成本=5×300+10×12+20=1640(万元)；如果完全外购，则相关的总成本=5×320=1600(万元)；如果自制 3 万个外购 2 万个，则相关的总成本=3×300+20+2×320=1560(万元)。所以，最佳方案是自制 3 万个外购 2 万个。

四、产品是否进一步加工的决策

利用同一种原料，在同一生产过程可以生产多种产品，这些产品称为联产品。这些产品的综合成本称为联产品成本。联产品可以在分离点出售，也可以进一步加工后再出售，以获得更大利润。分离后发生的进一步加工成本称为可分成本，由分离后继续加工的产品负担。企业经常面临以下决策：是在分离点立即出售联产品，还是进一步加工。此时，管理者需要明确进一步加工所需追加的收入是否超过追加的成本。如果答案是肯定的，那么企业应进一步加工联产品；如果答案是否定的，则应当选择立即出售联产品。在计算存货成本时，通常需要将联产品成本按一定的方式进行分配，但在决策中，不论联产品是否进一步加工，都不会改变联产品成本，因此，这类成本属于非相关成本，不考虑。

【例题 9·单选题·2022 年注册会计师考试真题】 甲公司生产 X 产品，单位售价为 60 元，单位变动成本为 30 元，全年固定成本总额为 300 000 元，全年生产能力为 10 000 件。若将 X 产品进一步加工为 Y 产品，需要追加单位变动成本 20 元，Y 产品单位售价为 100 元。甲公司具备将 4000 件 X 产品进一步加工为 Y 产品的生产能力，该能力也可对外承揽加工业务，对外加工全年可获得边际贡献 33 000 元。假设 X 和 Y 产品在市场上均供不应求，下列决策中，对甲公司最有利的是( )。

A. 生产4000件X产品，并且加工成Y产品
B. 生产10 000件X产品，并且承揽对外加工业务
C. 生产10 000件X产品，不承揽对外加工业务
D. 生产10 000件X产品，并将其中4000件加工成Y产品

【答案与解析】 D。如果不深加工，生产 X 产品的利润=(60-30)×10 000-300 000=0，如果将

其中 4000 件 X 产品进一步加工为 Y 产品，增加的利润=深加工增加的相关收入-深加工追加的相关成本=(100-60)×4000-20×4000-33 000=47 000(元)>0，所以，应该生产 10 000 件 X 产品，并将其中 4000 件加工成 Y 产品。

五、有限资源利用的决策

现实中，企业的产出能力常常会受到某种有限(稀缺)资源的限制。当产品生产量受到某种有限资源约束时，通常不能以产品单位边际贡献的大小作为决策的标准。在企业生产受到某种有限资源约束的情况下进行生产决策，必须以各产品提供的边际贡献总额的大小来判断方案的优劣，因此，通常将产品单位资源边际贡献指标作为评价依据。单位资源边际贡献的计算公式如下。

$$单位资源边际贡献=单位边际贡献÷单位产品资源消耗定额$$

【例题 10·计算题·2014 年注册会计师考试真题】 甲公司生产 A、B、C 三种产品，三种产品共用一条生产线，该生产线每月生产能力为 12 800 机器小时，目前已经满负荷运转。为使公司利润最大，公司正在研究如何调整三种产品的生产结构，相关资料如下。

(1) 公司每月固定制造费用为 400 000 元，每月固定管理费用为 247 500 元，每月固定销售费用为 300 000 元。

(2) 三种产品当前的产销数据如表 5-7 所示。

表5-7

项目	产品A	产品B	产品C
每月产销量/件	1400	1000	1200
销售单价/元	600	900	800
单位变动成本/元	400	600	450
生产单位产品所需机器工时/小时	2	4	5

(3) 公司销售部门预测，产品 A 还有一定的市场空间，按照目前的市场情况，每月销售量可以达到 2000 件，产品 B 和产品 C 的销量不受限制。生产部门提出，产品 B 受技术工人数量的限制，每月最多可以生产 1500 件，产品 A 和产品 C 的产量不受限制。

要求：

(1) 计算 A、B、C 三种产品的边际贡献总额、加权平均边际贡献率、盈亏临界点的销售额。

(2) 计算调整生产结构后 A、B、C 三种产品的产量、边际贡献总额、甲公司每月的税前利润增加额。

解：

(1) 产品 A 的边际贡献=1400×(600-400)=280 000(元)

产品 B 的边际贡献=1000×(900-600)=300 000(元)

产品 C 的边际贡献=1200×(800-450)=420 000(元)

边际贡献总额=280 000+300 000+420 000=1 000 000(元)

销售收入总额=1400×600+1000×900+1200×800=2 700 000(元)
加权平均边际贡献率=1 000 000÷2 700 000=37.04%
盈亏临界点的销售额=(400 000+247 500+300 000)÷37.04%=2 558 045.36(元)
(2) 产品 A 的单位工时边际贡献=(600-400)÷2=100(元)
产品 B 的单位工时边际贡献=(900-600)÷4=75(元)
产品 C 的单位工时边际贡献=(800-450)÷5=70(元)

按产品 A、B、C 的单位工时边际贡献的大小安排生产，产品 A 的产量为 2000 件，产品 B 的产量为 1500 件，剩余的生产能力安排产品 C 的生产。

产品 C 的产量=(12 800-2000×2-1500×4)÷5=560(件)
产品 A 的边际贡献=(600-400)×2000=400 000(元)
产品 B 的边际贡献=(900-600)×1500=450 000(元)
产品 C 的边际贡献=(800-450)×560=196 000(元)
边际贡献总额=400 000+450 000+196 000=1 046 000(元)
甲公司每月税前利润增加额=1 046 000-1 000 000=46 000(元)

第四节　定价决策

一、定价目标及影响产品价格的因素

(一) 定价目标

企业作为定价主体，必须在遵守国家有关法律、政策的前提下，按照企业的经营战略目标来制定产品价格。企业在制定定价策略之前，首先要明确定价目标。企业的定价目标一般包括以下四点。

(1) 利润最大化。利润最大化是企业最直接且最重要的生产动机。实现利润最大化是对企业的全部产品和长期经营而言的，企业在定价时一定要考虑市场供求因素的影响。

(2) 获得较高市场占有率。保持或提高市场占有率是企业稳定发展的前提。企业在定价时一定要对比同类产品价格，使本企业产品在价格上具有优势，以获得较高市场占有率。

(3) 维持经营。在市场需求暂时萎缩、产品供过于求的情况下，企业往往采取低价策略，防止产品积压，维持生产经营活动。

(4) 实现投资收益指标。管理部门设定了一定的投资收益率，以其能否实现作为某项投资决策的选择标准。某些企业则以销售利润率作为定价目标。

(二) 影响产品价格的因素

产品价格适当与否往往决定了该产品能否被市场所接受，并直接影响该产品的市场竞争地位和市场占有率。一般来说，影响价格制定的基本因素包括如下几方面。

1. 定价目标

定价目标是定价决策的重要影响因素。若企业的定价目标是提高产品的市场占有率，其通常会制定较低的产品价格以促使销售量迅速上升。

2. 消费者的需求

消费者的需求对于企业的生存和发展来说至关重要。若产品无法满足消费者的需求，就会大量囤积滞销。因此，企业制定的价格应维持在消费者所能接受的合理范围内。

3. 市场竞争

在制定价格时，企业还要关注市场的竞争状况。当市场中的同业竞争者调整价格时，企业为了维持原有的市场份额，就需要决定是否调整价格及其调整范围。

4. 产品成本

成本在定价中具有重要作用，因为产品的价格必须能在长时期内弥补成本并为企业提供利润。

5. 法律约束

许多国家对产品的市场价格水平及其变动范围都有一定的限制和相应的法律规定，目的是禁止不正当的定价行为发生。《中华人民共和国反不正当竞争法》和《中华人民共和国价格法》对于不正当的定价行为都有具体界定，包括：相互串通，操纵市场价格；为了排挤竞争对手或者独占市场，以低于成本的价格倾销；提供相同商品或者服务，对具有同等交易条件的其他经营者实行价格歧视；等等。美国对于掠夺性定价和歧视性定价也有相应的禁止规定。掠夺性定价是指先通过制定较低的价格将其他竞争者驱逐出市场，然后在竞争者较少的情况下再大幅涨价。歧视性定价是指针对不同的消费者为相同的产品制定不同的价格。企业管理者在制定产品价格时，应充分了解本国及所在国有关定价方面的限制和法律规定。

6. 科学发展和技术进步

科学发展和技术进步在生产中的推广和应用，必将导致新产品、新工艺、新材料代替老产品、老工艺、旧材料，从而形成新的产业结构、消费结构和竞争结构。例如，化纤工业的兴起和发展给传统棉纺织工业和丝绸工业带来了巨大的竞争压力；高清晰度彩电系统是对原有彩电系统的否定。科学技术因素对销售价格的影响必须予以考虑。

二、以市场需求为导向的定价方法

以市场需求为导向的定价方法是指以消费者对产品价格的接受程度为基本依据来确定产品价格的一种定价方法。这种方法优先考虑消费者对价格的接受程度，具体包括边际分析法和弹性定价法等。

（一）边际分析法

边际分析法是指根据边际成本、边际收入和边际利润之间的数量关系及其经济内涵，分析特定价格与销售量组合，确定产品销售价格的一种决策方法。边际收入是指产品销售量增减一个单位所带来的总收入的增减额;边际成本是指产品生产量增减一个单位所带来的总成本的增减额。当产品的边际收入等于边际成本时,产品可获得最大利润,此时的产销量为最佳产销量,此时的销售价格为最佳销售价格。采用边际分析法来确定产品的销售价格,就是计算出产品的边际收入与边际成本相等时的价格,即能给企业带来最大利润的销售价格。

【例题 11·计算题】 假定某种消费品的售价与销售量的函数关系为 $p=60-2x$;单位变动成本与销售量的关系为 $b=20+0.5x$;固定成本 $a=70$。试求该消费品的最佳销售量及最优售价。

根据题中资料可知:

销售收入 $S(x)=px=(60-2x)x=-2x^2+60x$

销售成本 $C(x)=bx+a=(20+0.5x)x+a=20x+0.5x^2+70$

边际收入 $S'(x) = 60 - 4x$

边际成本 $C'(x) = 20 + x$

令 $S'(x) = C'(x)$,即 $20+x=60-4x$

可得:$x = 8$(件)

此时:$p = 60 - 2 \times 8 = 44$(元)

即该消费品的最佳销售量为 8 件,最优售价为 44 元/件,此时企业销售该产品可获得最大利润。

(二) 弹性定价法

市场供求关系的变化是影响企业产品价格的一个重要因素,因此,企业制定价格时要考虑价格弹性这一因素。价格弹性又称为需求价格弹性,是需求数量变动率与价格变动率之比,可以反映价格变动引起需求变动的方向和程度。市场上的各种产品都存在价格对需求的影响,但不同的产品影响程度不同,即需求价格弹性不同。需求价格弹性的大小取决于产品的需求程度、可替代性和费用占消费者收入的比重等。必需品的价格弹性一般小于奢侈品的价格弹性,低档产品的价格弹性小于高档产品的价格弹性,无替代物的产品的价格弹性一般小于有替代物的产品的价格弹性。我们可以通过测定价格弹性进行产品价格的制定。需求价格弹性的大小可用公式计算。

需求价格弹性系数:$E = \dfrac{\Delta Q / Q_0}{\Delta P / P_0}$

因此,预计产品价格为:$P = \dfrac{P_0 Q_0^a}{Q^a}$

其中,a 代表需求价格弹性系数绝对值的倒数,即 $1/|E|$。

当企业掌握了产品需求价格弹性后,就可以利用价格弹性来预测价格变动的最优方向和幅度。

【例题 12·计算题】 A 公司生产甲产品,2020 年前三个季度中,实际销售价格和销售数量如表 5-8 所示。若企业在第四季度要完成 4000 件的销售任务,那么销售价格应为多少?

表5-8

项目	第一季度	第二季度	第三季度
销售价格/元	750	800	780
销售数量/件	3859	3378	3558

根据上述资料，甲产品的销售价格的计算过程如下。

$$E_1 = \frac{(3378-3859)/3859}{(800-750)/750} = \frac{-0.1249}{0.0667} = -1.87$$

$$E_2 = \frac{(3558-3378)/3378}{(780-800)/800} = \frac{0.0533}{-0.025} = -2.13$$

$$E_3 = \frac{E_1+E_2}{2} = \frac{-1.87-2.13}{2} = -2$$

$$a = \frac{1}{|E|} = \frac{1}{2}$$

$$P = \frac{P_0 Q_0^a}{Q^a} = \frac{780 \times 3558^{\left(\frac{1}{2}\right)}}{4000^{\left(\frac{1}{2}\right)}} = 735.64(元)$$

所以，企业第四季度要完成4000件的销售任务，其单位产品的销售价格为735.64元。

三、以成本为导向的定价方法

产品成本是企业生产和销售产品所发生的各项费用的总和，是构成产品价格的基本因素，也是价格的最低经济界限。以成本为基础制定产品价格，不仅能保证生产中的耗费得到补偿，而且能保证企业获得必要的利润。凡是新产品的价格制定，都可以采用以成本为导向的成本加成定价法。

成本加成定价法以单位预计完全成本(或目标完全成本)为基础，加上一定数额的利润和销售税金来确定产品的价格。成本加成定价法的优点在于：预测企业成本比预测市场需求更有把握，因而可以减少需求变动对价格的调整次数；可以保证生产耗费得到补偿。但它存在以下严重缺点：一是很难适应市场需求的变化，往往导致定价过高或偏低；二是当企业生产多种产品时，难以准确分摊间接费用，从而导致定价不准确。

成本加成定价法在特定计算口径的单位产品成本的基础上再考虑一定的加成率来确定售价，多用于目标售价的决策。成本加成法的一般计算公式如下。

产品价格=单位产品成本+加成额=单位产品成本×(1+加成率)

其中：加成率=加成内容÷相关成本。需要注意的是，在不同的成本计算模式下，单位产品成本和加成率的口径有所不同，一般有以下两种具体的定价方法。

(一) 完全成本法下的成本加成法

在完全成本法下，产品成本为制造成本，单位产品成本为单位生产成本，营销及行政管理费用等非制造成本不包括在成本中。因此，"加成"必须能充分弥补这些成本，加成率为成本毛利率。完全成本法下，计算公式如下。

单位价格=单位产品成本×(1+成本毛利率)

其中：成本毛利率=(利润+非生产成本)÷生产成本×100%。

【例题13·单选题·2018年注册会计师考试真题】某公司正在研究某新产品的定价问题，准备采用完全成本加成法。该产品预计年产量为5000件。公司的会计部门收集到有关该产品的预计成本资料如表5-9所示。

表5-9

成本项目	单位产品成本/元	总成本/元
直接材料	5	25 000
直接人工	5	25 000
变动制造费用	3	15 000
固定制造费用	—	40 000
变动销售及管理费用	4	20 000
固定销售及管理费用	—	10 000

假定该公司经过研究确定在制造成本的基础上加成40%，作为这项产品的目标销售价格，则该产品的销售价格为(　　)元。

A. 23.8　　　　B. 29.4　　　　C. 18.2　　　　D. 35

【答案与解析】B。销售价格=(5+5+3+40 000÷5000)×(1+40%)=29.4(元)。

(二) 变动成本法下的成本加成法

在变动成本法下，产品成本为变动生产成本，单位产品成本为单位变动生产成本，全部固定成本不包括在加成成本基数中。因此，"加成"必须能充分弥补这些成本，加成率为变动成本贡献率。变动成本法下，计算公式如下。

产品价格=单位变动生产成本×(1+变动成本贡献率)

其中：变动成本贡献率=(利润+固定成本)÷变动生产成本×100%。

【例题14·多选题·2022年注册会计师考试真题】甲公司只生产A产品，该产品的单位直接材料成本为12元，单位直接人工成本为8元，单位变动制造费用为6元，单位固定制造费用为14元，单位变动销售和管理费用为4元，单位固定销售和管理费用为2元，则下列说法中正确的有(　　)。

A. 如果完全成本加成率为50%，则按照完全成本加成法确定的单价为60元
B. 如果按照变动成本加成法确定的单价为60元，则加成率为100%
C. 在完全成本加成法下，单位成本基数为46元
D. 在变动成本加成法下，单位变动成本为30元

【答案与解析】ABD。在完全成本加成法下，成本基数为单位产品的制造成本，成本基数=12+8+6+14=40(元)，按照完全成本加成法确定的单价=40×(1+50%)=60(元)，选项A的说法正确，选项C的说法不正确。变动成本定价法下，成本基数为单位变动成本=12+8+6+4=30(元)，注意，此时包括单位变动销售和管理费用，所以可知30×(1+加成率)=60，得出加成率为100%，

所以选项 B 和选项 D 的说法正确。

四、其他定价策略

(一) 心理价格策略

心理价格策略主要是零售企业针对顾客消费心理而采取的定价策略。常用方法有以下几种：一是尾数定价，消费者在购物时，对价格数字往往有这样一种心理倾向，即注重价格的整数，而忽视价格的尾数，如定价 9.99 元常常比定价 10 元的商品销量要高；二是整数定价，即以整数为商品定价的一种方法；三是声望定价，是指有名望的商店出售的商品，其价格要比一般商店高；四是心理折扣定价，即利用消费者求廉务实的心理特点而采取的降价促销措施；五是习惯性定价，是商品进入寿命成熟期时的一种心理定价法，消费者凭经验和感觉做出主观评定，形成一种心理上乐于接受的习惯价格。

(二) 折扣定价策略

折扣定价策略是指在一定条件下以降低商品的销售价格来刺激购买者，从而达到扩大商品销售量目的的定价策略，其具体方式包括数量折扣、现金折扣、交易折扣、季节性折扣等。

(三) 综合定价策略

很多企业经常生产或经营两种以上彼此关联的商品，企业在对其中某一种商品定价时，必须考虑到与它关联的相关商品，因为只有将它们作为一个整体加以综合考虑，才能保证企业取得最大的利润。相关商品的定价主要有以下三种情况：一是为具有互补关系的相关商品定价，如便宜的照相机与高价的胶卷、廉价的整车与昂贵的配件等，都是比较典型的定价实例；二是为具有配套关系的相关商品定价，可实行单件高价、配套优惠的策略，如手机与手机贴膜的定价；三是销售商品与服务维修的定价，例如，销售电子产品附加不同期限的保修服务，相应的定价不同。

(四) 新产品的定价策略

新产品通常进行撇脂定价和渗透定价。撇脂定价是指在产品投放市场初期制定较高的销售价格，而在市场趋于成熟后再逐步降低价格。渗透定价是指在产品投放市场初期时制定较低的价格，以便迅速占领市场份额，待取得竞争优势后再逐步提高价格。

第五节 存货决策

存货是指企业在日常生产经营过程中为销售或耗用而储备的材料或物料，包括各类材料、商品、在产品、半成品、产成品、包装物、低值易耗品等。

一、企业持有存货的成本

企业持有存货的成本包括订货成本、采购成本、储存成本和缺货成本等。

(一) 订货成本

订货成本是指为订购货物而发生的各项成本,分为固定订货成本和变动订货成本。固定订货成本与订货次数无关,属于存货决策的无关成本,如采购人员的工资和办公费等。变动订货成本与订货次数成正比例变动关系,属于存货决策的相关成本,如付款手续费和检验费等。

(二) 采购成本

采购成本由货物的买价和运费构成,通常根据采购数量与采购单价的乘积来确定。在没有数量折扣时,由于采购成本是不可避免的,因此属于存货决策的无关成本。

(三) 储存成本

储存成本是指为了储存存货而发生的成本,分为固定储存成本和变动储存成本。固定储存成本与库存量无关,属于存货决策的无关成本,如仓库管理人员的工资、仓库的折旧费和存货损失等。变动储存成本与平均库存量成正比例变动关系,属于存货决策的相关成本,如仓储费、保险费和存货占用资金应计的利息等。

(四) 缺货成本

缺货成本是指由于存货供应中断所造成的损失,包括停工待料的损失、拖延交货的违约金、丧失销售机会的损失和紧急额外购货成本等。缺货成本是一种机会成本,属于存货决策的相关成本。

二、存货经济订货批量

(一) 经济订货批量的概念

经济订货批量是指既能满足企业产销需要,又能使相关总成本达到最低水平的每次订货数量,即相关总成本最低、企业价值最大时的订货量。从内容上看,存货订货总成本通常可分为购置成本、订货成本、储存成本和缺货成本四个部分。

(二) 经济订货批量基本模型的假设

经济订货批量基本模型的建立需要一定的假定条件,具体如下。
(1) 企业能及时补充存货,即需要存货时就能立刻到货。
(2) 存货集中到货,而不是陆续到货。
(3) 不允许缺货,即不考虑缺货成本。良好的存货管理不应该出现缺货情况。

(4) 存货需求量稳定，并且能事先确定。
(5) 存货单价不变，即不考虑折扣价格。
(6) 企业现金充足，不会因现金短缺而影响进货。
(7) 存货市场供应充足，不会因买不到所需存货而影响企业其他业务。

（三）经济订货批量模型

当满足以上假定条件时，假设 A 为某种存货年需用总量；Q 为订购量；Q^* 为经济订购批量；N 为全年订货次数；$Q/2$ 为全年平均库存量；P 为每次订货费用，即单位变动订货成本；C 为单位存货年变动储存成本；T 为存货相关总成本；N^* 为经济订购次数；T^* 为最低年存货相关总成本。存货相关总成本等于变动订货成本与变动储存成本之和。因此，存货相关总成本的计算公式如下。

$$T = \frac{A}{Q} \times P + \frac{Q}{2} \times C$$

为了计算出存货相关总成本 T 达到最低的经济订货批量 Q^*，以 Q 为自变量，求 T 对 Q 的一阶导数 T'，计算公式如下。

$$T' = \left(\frac{A}{Q} \times P + \frac{Q}{2} \times C\right)' = -\frac{AP}{Q^2} + \frac{C}{2}$$

令 $T' = 0$，则：

$$-\frac{AP}{Q^2} + \frac{C}{2} = 0$$

$$Q^2 = \frac{2AP}{C}$$

经济订货批量（Q^*）的计算公式如下。

$$Q^* = \sqrt{\frac{2AP}{C}}$$

经济订货次数（N^*）的计算公式如下。

$$N^* = A \div Q^* = \sqrt{\frac{AC}{2P}}$$

最低年存货相关总成本（T^*）的计算公式如下。

$$T^* = \sqrt{2APC}$$

【例题 15·多选题·2017 年注册会计师考试真题】下列各项中，会导致存货经济订货批量增加的情况有（　　）。

A. 单位储存成本增加
B. 存货年需求量增加

C. 订货固定成本增加
D. 单位订货变动成本增加

【答案与解析】BD。经济订货批量$(Q^*)=\sqrt{\dfrac{2AP}{C}}$，单位储存成本与经济订货批量反向变动，所以 A 选项错误；存货年需求量、单位订货变动成本与存货经济订货批量同向变动，所以选项 B 和选项 D 正确；订货固定成本与存货经济订货批量无关，所以选项 C 错误。

【例题 16·计算题】已知某企业全年需用某种材料 40 000 千克，单位采购成本为 20 元，每次订货变动成本为 25 元，单位材料平均变动储存成本为 8 元。

要求：计算该企业的最低年存货相关总成本。

解：

经济订货批量$(Q^*)=\sqrt{\dfrac{2AP}{C}}=\sqrt{\dfrac{2\times 25\times 40\,000}{8}}=500(千克)$

经济订货次数$(N^*)=\dfrac{A}{Q^*}=\dfrac{40\,000}{500}=80(次)$

最低年存货相关总成本$(T^*)=\sqrt{2APC}=\sqrt{2\times 25\times 40\,000\times 8}=4000(元)$

三、ABC控制法在存货决策中的应用

ABC控制法是根据存货品种和占用的资金进行分类，从而确定管理方式的一种存货日常控制方法。

（一）ABC控制法的实施

实施 ABC 控制法可按照以下程序进行。
(1) 计算存货全年耗用量及其占用的资金数额，按照占用的资金数额的大小重新排列。
(2) 计算各种存货占用资金的累计数及其占全部存货资金总额的百分比。
(3) 计算存货品种或耗用量的累计数及其所占存货品种总数或领用总数量的百分比。
(4) 将存货划分为 A、B、C 三类。

按照存货的品种、数量、价值和重要性程度等划分，进行有重点、有区别的管理。一般来说，A、B、C 三类存货的品种数占全部存货品种总数的比重依次为 10%、20%和 70%左右，累计资金占库存资金总额的比重依次为 70%、20%和 10%左右。

（二）ABC控制法的基本思路

1. A类存货控制

A 类存货的品种、数量较少，价值较高，对生产经营较为重要。对 A 类存货应实行重点控制，采用定期订货控制法，对库存量进行定期盘点，订货前进行需求量预测，准确计算每次订货量，适当降低保险储备量，尽可能使库存处于较低水平，以节约储存费用。

2. B类存货控制

B类存货的品种、数量和价值都处于一般水平。通常按大类来确定订货批量、保险储备和订货时间，并根据实际情况灵活调整，对占用资金较多的存货可以定期盘存，以掌握库存量的动态变化。

3. C类存货控制

C类存货的品种和数量较多但价值较低，不是存货管理的重点。C类存货实行简化管理，采用集中订货方式，适当加大每次订货数量，相应减少采购费用，适当增大储备定额和保险储备量，避免发生缺货损失。C类存货可采用简易方法——"双箱法"进行管理，将某项存货分装两个货箱，第一箱的库存量是达到订货点的耗用量，当第一箱用完时，就意味着必须立即发出订货单，以补充生产中已经领用和即将领用的部分。

四、零存货控制

存货管理的每一个步骤都应是满足生产经营所必需的，即产品按顾客要求的时间交货，材料或部件按生产需要送达，从而产生了适时生产的要求，此时的生产系统称为适时制生产系统。适时制生产要求企业进行零存货控制。传统存货管理承认存货存在的合理性，而零存货控制要求企业按需要存货。

值得注意的是，零存货在本质上可以说是一种适时制生产下努力降低存货、不断改进的思想。在实践中，存货多少为最优需要视企业外部环境和内部管理水平而定。从理论上讲，存货的存在是一种资源浪费；但从现实来看，存货的存在又是不可避免的，甚至有利于生产经营活动的正常进行。因此，企业一方面应该不断改善经营管理，为最终实现零存货而奋斗，另一方面又应该面对现实，使库存维持在某一特定水平上，既能做到浪费最少，又能保证生产经营正常进行，达到存货管理的较高境界。

第六节 专业与思政融合——沉没成本与个人全面成长

一、理性对待沉没成本，全面规划人生

短期经营决策的主要特点是在既定的经营规模条件下决定如何有效地进行资源的配置，以获得最大的经济效益。企业决策在于从各个备选方案中选出最优方案。判断方案优劣的两个经济标准是成本和经济效益，而成本又是影响经济效益高低的一个重要制约因素。按成本与决策的关系划分，成本可分为相关成本和不相关成本两大类。企业经营管理者面临的不是是否应该进行决策的问题，而是如何做出正确的决策、如何进行科学决策的问题。

沉没成本是以往发生的、与当前决策无关的费用。沉没成本已经发生，无法再给企业带来价值增值，因此在投资决策时，不予考虑。沉没成本对学生人生中遇到的决策选择有重要指导

意义。学生在成长过程中会面临诸多沉没成本，如果一味沉迷，则眼光不会长远，人生发展道路会常常受阻。辨别和化解沉没成本，有助于提升学生把握主要矛盾和次要矛盾、矛盾主要方面和次要方面的能力，全面规划人生。

沉没成本属于不相关成本，表现为由过去的决策造成的已经发生的、不能由现在或将来的任何决策改变的成本，如时间、金钱、精力等。在日常生活中，我们经常会听到"不要为打翻的牛奶哭泣"或"覆水难收"等俗语、成语，它们就体现了"沉没成本"的思想。之所以不应为打翻的牛奶哭泣，是因为打翻的牛奶是"沉没成本"，是过去成本，是无法弥补的损失，哭也无法收回。"覆水难收"同样体现了这个道理。

平时，我们经常可以买到航空公司打折的机票，有时其甚至低于相应火车票的价格。航空公司为什么愿意提供打折的低价机票呢？其实这就是运用了"沉没成本"原则来进行决策。航空公司一般在淡季或非常时间段提供打折机票，这种时段客流量都比较少，但航空公司固定运营的费用并不会降低。航空公司做出是否提供打折机票的决策时，不会考虑固定运营费用，因为那些属于"沉没成本"，只需要计算打折机票的价格是否高于运载每个乘客的平均成本。如果这个平均成本很低，低于打折机票的价格，那么航空公司就能减少总的亏损甚至还可以盈利。

生活中到处都埋伏着沉没成本的陷阱。假设你花了60元买了一张电影票，但是去电影院看了大概10分钟后，你发现电影剧情并不吸引人。这时很多人可能会勉强看下去，觉得钱已经花了，如果不看就不划算了，其实，最经济、最理性的做法应该是马上止损。如果不看这部电影，你的损失仅仅是电影票价这一沉没成本；如果继续看下去，还会发生由宝贵的时间资源派生的机会成本。我们在工作中也要留意沉没成本的陷阱。例如，对于已经过时的职场技巧和职场能力，我们就应该果断将其抛弃，重新融入新时代的浪潮中，做到顺势而为。遗憾的是，不少人不懂用"沉没成本"的思想看待和分析现实问题，常常为昨日的损失悲叹，甚至为了挽回不可挽回的"沉没成本"做出更加错误的决定，遭受更大的损失。这就是经济学中所谓的"沉没成本谬误"。我们在日常生活中，由于某种原因做出了错误的决定，遭受了损失，与其沉浸在痛苦中不能自拔，不如运用"沉没成本"的思想来转换思路、调整行为。我们要学会用发展的眼光看待人生，应尽量向前看，将过去的挫折和损失作为经验教训吸取，重新开始。

二、全面看待亏损产品，透过现象看本质

亏损产品是指销售收入不能补偿生产成本的产品。亏损产品按其亏损性质可分为两种：一种是实亏产品，即销售收入低于变动成本，边际贡献为负数；另一种是虚亏产品，即销售收入高于变动成本，尚能提供边际贡献。这种产品之所以亏本，是因为提供的边际贡献还不足以弥补全部固定成本。在日益激烈的市场竞争下，产品品种日益丰富，更新换代日益频繁，生产多品种产品的企业，由于种种原因出现某种产品亏损的情况是很常见的。对于亏损产品到底是否应该停产呢？从传统的财务会计的角度来看，既然是亏损产品(无论是实亏产品还是虚亏产品)，就应当毫不犹豫地停止生产。但是，从现代管理会计的角度来看，只要亏损产品的边际贡献是正数，就可以负担企业的一部分固定成本，就不应该停产。透过现象看本质，其实就是掌握其规律、探索其起因、了解其过程，透过事物的表象来发现其形成的原因。亏损是现象，表现是

实亏产品和虚亏产品，本质是边际贡献还不足以弥补全部固定成本。我们不能仅仅根据表象就贸然做出亏损产品停产的决策，要善于透过现象看本质，对亏损产品区别对待，分类管理。

■ 本章实训题 ■

实训5-1：单位资源边际贡献分析法的应用

某企业目前生产能力的利用程度为80%，为充分利用剩余生产能力，拟开发新产品。现有三种产品可供选择，有关资料如表5-10所示。

表5-10

项目	甲产品	乙产品	丙产品
单价/元	38	39.6	10.8
单位变动成本/元	14	28.8	3.6
单位固定成本/元	10.8	3.6	1.8

已知上述三种产品的固定成本是按机器小时分配的，分配标准为每机器小时1.8元。

要求：

依据上述资料做出企业应开发哪种新产品的决策分析。

实训分析：

单位资源边际贡献=单位边际贡献÷单位产品资源消耗定额

边际贡献总额=单位边际贡献×相关业务量

根据已知条件，可选用单位资源边际贡献分析法进行决策分析。

(1) 计算各产品单位产品所需工时。

甲产品单位产品所需工时=10.8÷1.8=6(小时)

乙产品单位产品所需工时=3.6÷1.8=2(小时)

丙产品单位产品所需工时=1.8÷1.8=1(小时)

(2) 计算各产品单位工时提供的边际贡献。

甲产品每工时边际贡献=(38-14)÷6=4(元)

乙产品每工时边际贡献=(39.6-28.8)÷2=5.4(元)

丙产品每工时边际贡献=(10.8-3.6)÷1=7.2(元)

丙产品单位工时提供的边际贡献最大，因此应利用剩余生产能力开发丙产品。

实训5-2：能否接受特殊订货

假定某公司原来专门制造甲产品，年设计生产能力为10 000件，销售单价为68元，其实际平均单位成本的资料如下。

直接材料	20元
直接人工	16元
变动制造费用	8元
固定制造费用	12元
单位产品成本	56元

若该公司目前每年有 35%的剩余生产能力未被利用。现有某客户要求该公司为他们制造甲产品 3000 件,并在产品款式上有特殊要求,需另购一台专用设备,预计全年需支付专属成本 4000 元。但客户只愿出价每件 46 元。

要求:

根据上述资料,为该公司做出是否接受该项订货的决策分析。

实训分析:

从传统会计的角度来看,接受该项订货是不合理的。因为对方出价 46 元,与单位成本 56 元比较,每件要损失 10 元;再加上接受订货全年需增加专属固定成本 4000 元,又进一步增加了亏损数额。但是,从管理会计的角度来看,由于接受该项订货在剩余生产能力范围内,原有产品的固定成本并非该项决策的相关成本,无须考虑。此时,需考虑专属固定成本,只要对方出价高于单位变动成本,并能使专属固定成本得到补偿,就可以接受。

编制如表 5-11 所示的贡献毛益计算分析表。

表5-11

项目	数量或金额
订货数量	3000 件
销售单价	46 元
单位变动成本	20+16+8=44 元
单位贡献毛益	2 元
贡献毛益总额	2×3000=6000 元
减:专属固定成本	4000 元
剩余贡献毛益总额	2000 元

结论:接受追加订货,还有剩余贡献毛益总额 2000 元,故可以接受该项订货。

实训 5-3:加工方案决策

某汽车齿轮厂生产汽车齿轮,可用普通铣床、万能铣床或数控铣床进行加工,有关资料如表 5-12 所示。

表5-12

成本项目	普通铣床	万能铣床	数控铣床
变动成本/元	2.40	1.20	0.60
专项固定成本/元	90	180	360

要求:

利用成本无差别点分析法进行加工方案决策。

实训分析:

普通铣床的加工成本 $y_1 = 90 + 2.40x$

万能铣床的加工成本 $y_2 = 180 + 1.20x$

数控铣床的加工成本 $y_3 = 360 + 0.60x$

普通铣床和万能铣床的成本分界点如下。

$y_1 = y_2$

$90 + 2.40x = 180 + 1.20x$

$x = 75(个)$

万能铣床和数控铣床的成本分界点如下。

$y_2 = y_3$

$180 + 1.20x = 360 + 0.60x$

$x = 300(个)$

普通铣床和数控铣床的成本分界点如下。

$y_1 = y_3$

$90 + 2.40x = 360 + 0.60x$

$x = 150(个)$

因此，当零件的批量小于 75 个时，采用普通铣床进行加工成本较低；当零件批量为 75~300 个时，采用万能铣床进行加工成本较低；当零件批量超过 300 个时，采用数控铣床进行加工比较有利。当万能铣床不能生产时，若加工批量在 150 个以内，则采用普通铣床较好；若批量在 150 个以上，则采用数控铣床进行加工成本较低。

实训5-4：差别定价为何会比统一定价带来更多的利润

有一家企业在两个分割的市场上销售产品，生产产品的边际成本为 2。这两个市场的需求曲线方程分别如下。

市场 1：$P_1 = 14 - 2Q_1$

市场 2：$P_2 = 10 - Q_2$

要求：

(1) 为使利润最大，该企业在两个市场上应如何确定销售量和价格？企业总利润是多少？

(2) 通过计算来说明差别定价所得的利润要大于统一定价时的利润。

解：

(1) 根据两个市场的需求曲线方程，可求得两个市场的边际收入曲线方程。

市场 1：$MR_1 = 14 - 4Q_1$

市场 2：$MR_2 = 10 - 2Q_2$

差别定价最优化的条件是：$MR_1 = MR_2 = MC$，因此：

$14 - 4Q_1 = 2$，$Q_1 = 3$

$10 - 2Q_2 = 2$，$Q_2 = 4$

把 Q_1 和 Q_2 分别代入需求曲线方程，得出：$P_1 = 8$，$P_2 = 6$。

每个市场上的利润数 = 总收入$(P \cdot Q)$ - 总成本$(MC \cdot Q)$，因此：

利润$_1$ = 24 - 6 = 18

利润$_2$ = 24 - 8 = 16

所以，总利润 = 18 + 16 = 34

(2) 如果不实行差别定价，就要先求总市场的需求曲线方程和边际收入曲线方程。
第一步是改写两个市场的需求曲线方程的表示式，具体如下。

市场1：$Q_1 = 7 - 0.5P$

市场2：$Q_2 = 10 - P$

注意，由于统一定价，上式中价格 P 的下标已被取消。

第二步，使这两条曲线相加，得出总市场的需求曲线方程如下。

$$Q_T = 17 - \frac{3}{2} \times P \text{ 或 } P = \frac{34}{3} - \frac{2}{3} \times Q_T$$

其相应的边际收入曲线方程如下。

$$MR_T = \frac{34}{3} - \frac{4}{3} \times Q_T$$

使 $MR_T = MC = 2$，则：

$$\frac{34}{3} - \frac{4}{3} \times Q_T = 2$$

$$Q_T = 7$$

代入总需求曲线方程，结果如下。

$$P = \frac{34}{3} - \frac{2}{3} \times 7 = \frac{20}{3}$$

因此，如果不实行差别定价，其利润如下。

利润数 = 总收入($P \cdot Q$) – 总成本($MC \cdot Q$) = 46.67 – 14 = 32.67

32.67<34，说明企业实行差别定价所得的利润要大于统一定价时的利润。

实训分析：

差别定价法是指同一种商品，针对不同的顾客，在不同的场合，制定不同的价格。差别价格的存在需要有下列三个条件：第一，市场必须在完全垄断的条件下才能实行差别价格，否则，竞争者会以竞争价格来破坏差别价格；第二，商品要有两个或两个以上被分割的市场，也就是说，在这两个或两个以上的市场之间，消费者不能直接倒卖商品；第三，不同市场的需求价格弹性不同。

■ 本章案例分析 ■

案例5-1：美的集团定价决策

美的集团是全球家电行业的龙头企业，主营产品不仅包括空调、冰箱、洗衣机等大家电，还包括一些小家电。美的集团通过数字化升级，紧密结合大数据技术，大力发展智能家居生活服务平台，力求为用户打造一个智能化和个性化的家。

美的集团主要采取以下两种定价方法。

(1) 产品差别定价法。美的集团针对那些更追求健康与生活品质的消费者，推出了一款相较于普通空调级别更高的空调产品，该产品的定位是一种价格实惠的健康空调，在普通的制冷制热功能的基础上，增加了净化空气的功能。同时，通过各种营销策略使消费者偏好发生改变，他们不再盲目追求低价产品，而是选择高端的一线空调品牌。

(2) 渗透定价法。美的集团充分考虑消费者心理，将产品做成了行业内低价高配的典范，不仅树立了美的产品物美价廉的形象，也满足了消费者对于产品价格和功能的需求。这种价格策略不是低价策略，而是渗透定价战略，是美的集团综合实力的体现。

除此之外，美的集团还采用了针对性定价决策，即在保证同等配置的情况下，以更为亲民的价格赢得消费者的青睐。因此，相比于同行业其他公司，美的集团能够借此优势在市场上占据较大份额。同时，当企业生产规模达到一定程度，成本有所降低时，在保证产品良好的品质和完善的售后服务的前提下，美的集团逐渐降低产品售价，利用价格优势和消费者心理迅速占领市场，从而谋取稳定利润。

要求：
请根据材料，对美的集团定价决策提出优化对策。

案例分析：

首先，充分利用大数据技术优化企业的定价决策。从根本上讲，企业短期决策的科学制定，是为了以后更高效、合理地制定企业的长期战略决策，因此不能因短视而损害企业整体利益。美的集团的家电产品以超高的性价比闻名于白色家电市场，其采用的渗透定价策略是在产品进入市场初期时设定一个较低的价格，牺牲毛利，以短期内的低价来吸引消费者，从而迅速打开市场，以后再不断调整价格水平以获得更高的利润。但是这种策略在一定程度上影响了企业未来的利润提升和发展能力，美的集团未来短期决策的制定需要顺应大数据时代要求，利用大数据技术优化定价决策，从而促使企业短期决策依据长期发展和盈利方式的转变而不断改进。

其次，利用大数据技术全面满足用户需求。当前管理的新主题是顾客满意度至上，满足顾客需求，企业在制定短期决策过程中要做到以用户为中心。因此，美的集团在生产决策方面需要根据大数据资源进行合理定价决策。美的集团实行的针对性定价决策，即在保证同等配置的情况下，以更为亲民的价格赢得消费者的青睐，赢得了市场优势。美的集团的定价决策一直将价格设置在广大用户能够接受的范围内，尽量满足广大消费者对于价格的期望。未来，美的集团应借助大数据技术，提高定价的针对性和精准性，真正实现企业和顾客共赢。

资料来源：闫淑荣,谢玲. 大数据时代制造企业短期决策研究——以美的集团为例[J]. 中国市场,2022,(22):78-80.

本章练习题

一、单选题

1. 决策时由于选择最优方案而放弃的次优方案的潜在利益属于(　　)。
   A. 机会成本　　　　B. 历史成本　　　　C. 边际成本　　　　D. 共同成本
2. 以下属于决策相关成本的是(　　)。
   A. 不可避免成本　　B. 可避免成本　　　C. 沉没成本　　　　D. 历史成本

3. 亏损产品是否转产的决策分析，关键是比较亏损产品所创造的边际贡献与转产产品所创造的边际贡献，若前者(　　)后者，则转产方案可行。
   A. 大于　　　　B. 等于　　　　C. 小于　　　　D. 不确定

4. 在短期成本决策中，企业不接受特殊价格追加订货的原因是买方出价低于(　　)。
   A. 正常价格　　B. 单位产品成本　　C. 单位固定成本　　D. 单位变动成本

5. 造成"某期按变动成本法与按完全成本法确定的营业利润不相等"的根本原因是(　　)。
   A. 两种方法对固定制造费用的处理方式不同
   B. 两种方法计入当期损益表的固定生产成本的水平不同
   C. 两种方法计算销售收入的方法不同
   D. 两种方法将营业费用计入当期损益表的方式不同

二、多选题

1. 以下属于短期经营决策分析评价标准的有(　　)。
   A. 利润最大　　B. 边际贡献最大　　C. 净现值最大　　D. 成本最低

2. 如果企业有剩余生产能力，且无法转移，则以下关于零部件自制或外购的决策中说法正确的有(　　)。
   A. 当外购单价大于自制的变动成本时应自制
   B. 当外购单价小于自制的单位成本时应自制
   C. 当外购单价大于自制的变动成本时应外购
   D. 当外购单价小于自制的变动成本时应外购

3. 短期经营决策分析方法的特点包括(　　)。
   A. 不考虑货币时间价值　　　　B. 考虑风险价值
   C. 战术型决策　　　　　　　　D. 生产经营决策

三、计算题

1. 某企业只生产一种产品，全年最大生产能力为1200件。年初已按100元/件的价格接受正常订货1000件，该产品的单位完全生产成本为80元(其中，单位固定生产成本为25元)。现有一客户要求以70元/件的价格追加订货300件，因有特殊工艺要求，企业需追加2000元专属成本。剩余能力可用于对外出租，可获租金收入3000元。要求：为企业做出是否接受低价追加订货的决策。

2. 某企业可生产半成品5000件，如果直接出售，单价为20元，其单位成本资料如下：单位材料为8元，单位工资为4元，单位变动制造费用为3元，单位固定制造费用为2元，合计为17元。现该企业还可以利用剩余生产能力对半成品继续加工后再出售，这样，单价可以提高到27元，但生产一件产成品需追加人工费3元、变动制造费用1元、分配固定制造费用1.5元。要求：就以下不相关情况，利用差量分析法进行决策。

   (1) 若该企业的剩余生产能力足以将半成品全部加工为产成品；如果半成品直接出售，剩余生产能力可以承揽零星加工业务，预计获得边际贡献1000元。

(2) 若该企业要将半成品全部加工为产成品，需租入一台设备，年租金为 25 000 元。
(3) 若半成品与产成品的投入产出比为 2∶1。

四、思考题

1. 短期经营决策的方法有哪些？
2. 存货决策分析的意义何在？

能力点.mp4

专业与思政融合.mp4

习题答案与解析

第六章 长期投资决策

📖 本章学习目标 >>>

- 了解长期投资决策的概念、基本原则、类型和特征等。
- 熟悉静态指标与动态指标的概念及其计算。
- 掌握影响投资决策的各种评价标准,灵活运用几种典型的长期投资决策方法。

📖 本章知识点和能力点分解表 >>>

章	节	知识点	能力点	思政点
第六章 长期投资决策	第一节 长期投资决策概述 第二节 长期投资决策的影响因素与风险 第三节 长期投资决策的评价指标 第四节 长期投资决策举例 第五节 敏感性分析在投资决策中的应用 第六节 专业与思政融合——长期投资决策与个人消费观	投资决策评价指标的计算和决策实施	掌握货币时间价值的计算方法	长期投资决策与个人消费观

📖 本章导入 >>>

　　企业进行长期投资是维持生产的必要手段,是降低经营风险的重要方法,也是实现理财目标的基本前提。长期投资决策正确与否,决定着投资项目的成败得失和投资效益的高低与好坏,影响整个企业的发展前途和命运。企业不仅要认真进行市场调查、及时捕捉投资机会,还要以货币时间价值和现金流量的计算为基础,建立科学的投资决策程序,同时借助投资决策的动态指标和静态指标的计算,认真开展投资项目的可行性分析。长期投资决策可以培养企业管理者有效使用公司资产的意识和能力。如果说企业的利润率是一个基本面,那么企业资产的使用效率就是加速器和放大器。

第一节　长期投资决策概述

一、长期投资决策的概念

　　长期投资是指投资金额大、获取报酬的持续时间长、能在较长时间内影响企业获利能力的投资。与长期投资项目有关的决策称为长期投资决策。广义的长期投资包括固定资产投资、无形资产投资和长期证券投资等。狭义的长期投资特指固定资产投资。固定资产投资在长期投资中所占比例较大，因此本章主要论述狭义的长期投资决策。长期投资决策的具体步骤如下：明确投资目标，提出备选方案，选择最优方案，实施投资目标，考核投资效果。

二、长期投资决策的基本原则

　　企业长期投资的根本目的是增加利润，提升企业价值。企业能否实现这一目标，关键在于企业能否在风云变幻的市场环境下，抓住有利的时机，做出合理的投资决策。为此，企业在进行长期投资决策时必须坚持以下原则。
　　(1) 认真进行市场调查，及时捕捉投资机会。
　　(2) 建立科学的投资决策程序，认真进行投资项目的可行性分析。
　　(3) 及时地筹集足额资金，保证投资项目的资金供应。
　　(4) 认真分析风险和收益的关系，适当控制企业的投资风险。

三、长期投资决策的类型

　　根据投资标的物的不同，长期投资决策分为固定资产投资决策和有价证券投资决策。
　　固定资产投资决策又称为直接投资决策，是指直接投资于产品生产过程，通过增加固定资产数量或提高固定资产效率来扩大生产能力的投资决策，如固定资产的新建、扩建和改建，资源的开发和新产品的研发等方面的支出。管理会计涉及的投资决策通常是指此类决策。
　　有价证券投资决策又称为间接投资决策，是指间接投资于产品生产过程，通过长期持有其他公司发行的债券或股票，从而间接对发行债券或股票的企业进行控制和影响的投资决策。

四、长期投资决策的特征

(一) 投资金额大

　　长期投资需要投放大量资金，占企业总资产的比重大，对企业未来财务状况和现金流量的影响大，一旦失误将损失惨重。

(二) 影响时间长

长期投资的投资期较长，需要十年左右或更长时间才能收回投资，对企业经济效益会产生长久影响，决定了企业的发展方向。

(三) 变现能力差

长期投资项目使用周期长，一旦建成一般不会在短期内变现，且变现能力较差，若短期内变现则代价较大，损失严重。

(四) 投资风险大

长期投资项目受原材料供应情况、市场供求关系、技术进步速度、行业竞争程度和通货膨胀水平等多种因素的影响，面临较高的投资风险。

第二节 长期投资决策的影响因素与风险

一、影响因素

货币时间价值、现金流量、资本成本和必要报酬率是影响长期投资决策的重要因素。在进行长期投资决策时，一是要考虑货币时间价值；二是要预测各方案的现金流入量和现金流出量，估算每年的现金净流量；三是要计算为取得长期投资所需资金所付出的代价，即资本成本；四是要确定投资项目的必要报酬率。

(一) 货币时间价值

1. 货币时间价值的概念

货币时间价值是指货币经过一定时间的投资和再投资后所增加的价值。

在经济生活中，人们往往会发现，今天的1元与一年后的1元，其价值并不相同。这除了通货膨胀和风险等因素的影响，还有"时间"因素的作用。在商品经济中，投资离不开资金(货币)，投资者所拥有的资金往往不足以投资，因此就会去借款。资金拥有者不会免费把资金提供给他人使用，他们要求投资者在使用其资金的同时必须支付一定报酬。这就是将100元存入银行，一年后可得到110元的原因(假定银行年利率为10%)。也可以说，100元经过一年的投资增长到110元，这多出来的10元就是货币的时间价值。

在财务管理领域，人们习惯用相对数字来表示货币时间价值，即用所增长的价值占原价值的百分数来表示。上述例子中的货币时间价值为10%。如果将这110元再次存入银行继续投资，它仍然会以10%的比例递增。如此循环反复，货币价值将随着时间的延续，按几何级数的方式不断增长。

从相对量来看，货币时间价值就是在没有通货膨胀和风险条件下的社会平均利润率。在日常生活中，政府债券的风险很小(接近于零)，因此，当通货膨胀率很低时，人们为方便起见，习惯将政府债券利率视为货币时间价值。

货币时间价值是投资决策中评价投资方案的基本标准，只有当投资报酬率高于货币时间价值时，该项目才可能被接受，否则就必须放弃此项目。因为投资者的投资目的是实现投资增值，这必然要求投资报酬率高于社会平均利润率，否则不如把资金存入银行或购买国债，以取得社会平均利润率。

2. 货币时间价值的计算

货币时间价值体现为资金的终值和现值之间的差额，具体计算一般涉及两个概念：一是现值(P)，又称为本金，是指资金现在的价值；二是终值(F)，又称为本利和，是指资金经过若干时期后，包括本金和时间价值在内的未来价值。基本的计算问题包括计息方式、复利终值与复利现值、年金终值与年金现值。

(1) 计息方式。

① 单利计息。单利计息是只对初始本金计算利息的一种计息方式。单利计息时，利息的计算公式如下。

$$I = P \times X \times n$$

式中，I 表示到期利息；P 表示本金；X 表示利率；n 表示期数。

② 复利计息。复利计息是对初始本金计息的同时也对此前产生的利息进行计息的一种计息方式。每经过一个计息期，要将所产生的利息加入本金再计利息，逐期滚算，俗称"利滚利"。在复利计息的情况下，每期的计息基础是不断增加的。

复利计息同单利计息相比，计算过程更复杂，计算难度更大，它不但考虑了初始资金的时间价值，还考虑了由初始资金产生的利息的时间价值，能更好地诠释货币时间价值。因此，长期投资决策中货币时间价值的计算一般都采用复利计息方式。

(2) 复利终值与复利现值。

① 复利终值。复利终值是在某一特定时点上一次性存入银行一笔资金，经过一段时间后得到的本利和，记作 F。当时的本金称为复利现值，记作 P。已知现值 P，利率 i，求 n 期后的终值 F 时，复利终值可按下式计算。

$$F = P \times (1+i)^n$$

式中，$(1+i)^n$ 称为复利终值系数或 1 元的复利终值，用 $(F/P, i, n)$ 表示。例如，$(F/P, 10\%, 5)$ 表示利率为 10%，期限为 5 的复利终值系数。

② 复利现值。复利现值是复利终值的对称概念，指未来一定时间的特定资金按复利计算的现在价值，或者说是为取得将来一定本利和现在所需要的本金。复利现值的计算公式如下。

$$P = \frac{F}{(1+i)^n} = F \times (1+i)^{-n}$$

式中，$(1+i)^{-n}$ 是把终值折算为现值的系数，称为复利现值系数或 1 元的复利现值，用 $(P/F, i, n)$ 表示。

(3) 年金终值与年金现值。

年金又称为等额系列款项，是系列收付款项的特殊形式，是指在一定时期内，每隔相同时间(如一年)就发生相同数额的系列收付款项，通常用 A 表示。分期付款赊购、分期偿还贷款、发放养老金、分期支付工程款、每年相同的销售收入等都属于年金收付形式。年金一般应同时满足两个条件：一是连续性，即在一定期间内每隔一段时间必须发生一次收(付)款业务，形成系列款项，不得中断；二是等额性，即各期发生的款项在数额上必须相等。

年金可分为普通年金、先付年金、递延年金和永续年金等。其中，普通年金的应用最为广泛，其他几种年金均可在普通年金的基础上推算出来。

① 普通年金。普通年金又称为后付年金，是指各期期末收付的年金。

- 普通年金终值计算。普通年金终值是指最后一次支付时的本利和，它是每次支付的复利终值之和。设每年的支付金额为 A，利率为 i，期数为 n，则按复利计算的普通年金终值 F 如下。

$$F = A + A \times (1+i) + A \times (1+i)^2 + \cdots + A \times (1+i)^{n-1} \tag{6-1}$$

等式两边同乘 $(1+i)$：

$$(1+i)F = A \times (1+i) + A \times (1+i)^2 + \cdots + A \times (1+i)^n \tag{6-2}$$

(6-2)式减(6-1)式结果如下。

$$F = A \times \frac{(1+i)^n - A}{i}$$

因此，普通年金终值的计算公式如下。

$$F = A \times \frac{(1+i)^n - 1}{i}$$

式中的 $\frac{(1+i)^n - 1}{i}$ 是指普通年金 1 元、利率为 i、经过 n 期的年金终值，记作 $(F/A, i, n)$。

- 普通年金现值计算。普通年金现值是指为在每期期末取得相等金额的款项，现在需要投入的金额。普通年金现值的计算公式如下。

$$P = A \times (1+i)^{-1} + A \times (1+i)^{-2} + \cdots + A \times (1+i)^{-n} \tag{6-3}$$

等式两边同乘 $(1+i)$：

$$P \times (1+i) = A + A \times (1+i)^{-1} + A \times (1+i)^{-2} + \cdots + A \times (1+i)^{-(n-1)} \tag{6-4}$$

(6-4)式减(6-3)式结果如下。

$$P = A \times \frac{1 - (1+i)^{-n}}{i}$$

式中的 $\frac{1-(1+i)^{-n}}{i}$ 称为普通年金现值系数，是指普通年金 1 元、利率为 i、经过 n 期的年金现值，记作$(P/A, i, n)$。

② 先付年金。先付年金是指在每期期初支付的年金，又称为预付年金。先付年金与普通年金的区别仅在于付款时间不同。

- 先付年金终值计算。先付年金终值的计算公式如下。

$$F = A \times (1+i) + A \times (1+i)^2 + \cdots + A \times (1+i)^n$$

式中各项为等比数列，首项为$A \times (1+i)$，

$$F = A \times \left[\frac{(1+i)^{n+1}}{i} - 1 \right]$$

公比为$(1+i)$，根据等比数列求和公式即可得到如下等式。

式中的$\left[\frac{(1+i)^{n+1}-1}{i} - 1 \right]$称为先付年金终值系数，它和普通年金终值系数相比，期数要加1，而系数要减1，可记作$[(F/A, i, n+1)-1]$。

- 先付年金现值计算。先付年金现值的计算公式如下。

$$P = A + A \times (1+i)^{-1} + A \times (1+i)^{-2} + \cdots + A \times (1+i)^{-(n-1)}$$

式中各项为等比数列，首项是A，公比是$(1+i)-1$，根据等比数列求和公式，先付年金现值计算公式可进行如下改写。

$$P = A \times \left[1 + \frac{1-(1+i)^{-(n-1)}}{i} \right]$$

式中的$\left[1 + \frac{1-(1+i)^{-(n-1)}}{i} \right]$称为先付年金现值系数，它和普通年金现值系数相比，期数要减1，而系数要加1，可记作$[(P/A, i, n-1)+1]$。

③ 递延年金。递延年金是指第一次收付发生在第二期或第二期以后的年金。

④ 永续年金。永续年金通常指无期限支付的年金。现实中的存本取息可视为永续年金的例子。

【例题 1·单选题·2000 年注册会计师考试真题】假设企业按12%的年利率取得贷款200 000元，要求在5年内每年末等额偿还，每年的偿还额应为(　　)元。

　　A. 40 000　　　　B. 52 000　　　　C. 55 482　　　　D. 64 000

【答案与解析】C。已知现值求年金，每年偿还额=200 000/$(P/A, 12\%, 5)$=55 482(元)，选项C正确。

【例题 2·单选题·1998 年注册会计师考试真题】某企业拟建立一项基金，每年初投入100 000元，若利率为10%，5年后该项基金本利和最接近(　　)元。

　　A. 671 600　　　　B. 564 100　　　　C. 871 600　　　　D. 610 500

【答案与解析】A。F=100 000×$(F/A, 10\%, 5)$×$(1+10\%)$=671 561(元)，最接近选项A。

【例题3·单选题·2019年注册会计师考试真题】甲商场进行分期付款销售活动，某款手机可在半年内分6期付款，每期期初付款600元，假设年利率12%，该手机价款如果购买时一次性付清，下列各项金额中最接近的是(　　)元。

　　A. 2912　　　　　　B. 3437　　　　　　C. 3477　　　　　　D. 3512

【答案与解析】D。每期期初付款，则为预付年金。半年内分6期付款，则每期为一个月，计息期利率=12%÷12=1%。现值=600 × (P/A, 1%, 6) × (1+1%)=600 × 5.7955 × (1+1%)=3512.07(元)，或者现值=600 × [(P/A, 1%, 5)+1)]=3512.04(元)。

【例题4·单选题·2000年注册会计师考试真题】已知某笔递延年金的递延期为 m，年金支付期为 n，下列递延年金现值的计算公式中，正确的有(　　)。

　　A. $P=A\times(P/A, i, n)\times(P/F, i, m)$　　　　B. $P=A\times(F/A, i, n)\times(P/F, i, m)$
　　C. $P=A\times[(P/A, i, m+n)-(P/A, i, m)]$　　D. $P=A\times(F/A, i, n)\times(P/F, i, n+m)$

【答案与解析】ACD。本题考查的是递延年金的计算方法。递延年金现值有以下三种计算方法。

　　第一种方法(两次折现法)：$P = A\times(P/A, i, n)\times(P/F, i, m)$。
　　第二种方法(年金做差法)：$P = A\times[(P/A, i, m+n) - (P/A, i, m)]$。
　　第三种方法(回头是岸法，比较少见)：$P = A\times(F/A, i, n)\times(P/F, i, n+m)$。

【例题5·单选题】某年金的收付形式为从第1期期初开始，每期支付200元，一直到永远。假设利率为8%，则其现值为(　　)元。

　　A. 2000　　　　　　B. 2300　　　　　　C. 2500　　　　　　D. 2700

【答案与解析】D。本题考查的是永续年金的计算。但需要注意的是，本题中的第一次支付发生在第1期期初，所以不是严格的永续年金。从第1期期末(第2期期初)开始的永续支付才属于永续年金。所以现值=200+200÷8%=2700(元)，或者现值=200÷8%×(1+8%)=2700(元)，选项D正确。

3. 名义利率与实际利率

利息率简称利率，是资金的增值同投入资金的价值比，也是衡量资金增值量的基本单位。利率分为实际利率和名义利率。当利息在一年内要复利多次时，给出的年利率称为名义利率。名义利率不能完全反映资金的时间价值，实际利率才能真正反映资金的时间价值。

当计息周期为一年时，名义利率与实际利率相等；当计息周期短于一年时，实际利率大于名义利率。名义利率越大，计息周期越短，实际利率与名义利率的差异就越大。假设在一年中计算利息 M 次，实际利率与名义利率 r 的关系可用以下等式表示。

$$1+i = (1+\frac{r}{M})^M$$

【例题6·判断题·中级会计职称考试改编】公司年初借入资金100万元，第3年年末一次性偿还本息130万元，则该笔借款的实际年利率小于10%。(　　)

【答案与解析】√。本题看似考查的是实际利率，但实际上考查的是复利终值与利率之间的关系。假设该笔借款的实际年利率为10%，则第3年年末一次性偿还的本息应为100×(F/P, 10%, 3)=133.1(万元)>130万元。由于复利终值与利率成正向变动关系，这就意味着10%的利率大于该笔借款的真实利率,因此本题说法正确。

(二) 现金流量

1. 现金流量的构成

现金流量是指项目引起的现金收入和现金支出变化的数量。按现金流动的方向划分,现金流量可进一步细分为现金流出量、现金流入量和现金净流量。按项目的阶段划分,现金流量可分为初始现金流量、营业现金流量与终结现金流量。

(1) 初始现金流量。

初始现金流量是在投资开始时产生的,通常包括以下内容。

① 固定资产上的投资,包括固定资产的购入或建造成本、运输成本和安装成本等。

② 流动资产上的投资,包括对材料、在产品、产成品和现金等流动资产上的投资。

③ 其他投资费用,如与长期投资有关的职工培训费、谈判费、注册费用等。

④ 原有固定资产的变价收入,主要是指在更新固定资产过程中,对已有的固定资产进行处置而获得的现金收入。

(2) 营业现金流量。

营业现金流量是指新项目实施所带来的税后增量现金流入和流出。行政管理人员及辅助生产部门等费用如果不受新项目实施的影响,可不计入项目寿命期内的现金流出(若有关则必须计入)。由于折现率已包含筹资成本,因此项目以债务方式融资带来的利息支付和本金偿还,以及以股权方式融资带来的现金股利支付等均不作为现金流出。

(3) 终结现金流量。

终结现金流量是指投资项目完结时所发生的现金流量,主要包括以下内容。

① 固定资产的残值收入或变价收入。

② 原来垫支在各种流动资产上的资金的收回。

③ 停止使用的土地的变价收入等。

2. 投资项目现金流量的估计

估计投资项目每年产生的现金流量会涉及很多变量,并且需要企业有关部门的参与。例如,公司的销售部门主要负责对产品的定价与销量进行预测,涉及产品价格弹性、广告效果、竞争对手动向等;产品开发和技术部门负责对投资项目的长期资产总投资进行估算,涉及研制费用、设备购置、厂房建设等方面;生产和成本部门负责对制造成本进行估算,涉及原材料采购价格、生产工艺安排、产品成本等方面。在对销售、生产等业务进行预测时,要对其进行一般的基础假定,如价格水平的贴现率、可用资源的约束等;各个部门的工作人员要对预算进行协调,避免过高或过低估计收益或费用。

在确定投资项目相关的现金流量时,应遵循的基本原则如下:只有增量现金流量才是与项目相关的现金流量,增量现金流量是指接受或拒绝某个投资方案后,企业总现金流量因此发生的变动;只有那些由于采纳某个项目引起的现金支出增加额,才是该项目的现金流出;只有那些由于采纳某个项目引起的现金流入增加额,才是该项目的现金流入。

在判断引起投资项目现金流量变动的项目时,需要注意以下四个问题。

(1) 区分相关成本和非相关成本。

相关成本是指与特定决策有关的、在分析评价时必须考虑的成本，如差额成本、未来成本、重置成本、机会成本等。与特定决策无关的、在分析评价时不必加以考虑的成本是非相关成本，如沉没成本、过去成本、账面成本等。

例如，某公司于 2021 年拟新建一个车间，请某咨询公司进行可行性分析论证，支付咨询费 5 万元。后来该公司由于有了更好的投资机会，搁置了该项目。若该公司 2022 年拟启动 2021 年所提议的新建一个车间的项目，那么 2021 年支出的 5 万元咨询费是否属于相关成本？答案是否定的。因为该笔支出已经发生，无论公司是否采纳新建车间的方案，该笔支出都无法收回，与公司未来的总现金流量无关，属于沉没成本。如果将非相关成本纳入投资方案的总成本，则一个有利方案可能因此变得不利，一个较好的方案可能变为较差的方案，从而造成决策错误。因此，区分相关成本与非相关成本是投资项目决策中非常重要的问题。

(2) 不要忽视机会成本。

在投资项目的选择中，如果选择了一个投资项目，就必须放弃投资其他项目的机会，其他投资机会可能取得的收益是实行本项目的一种代价，这种代价被称为这项投资项目的机会成本。机会成本不是通常意义上的"成本"，它不是一种支出或费用，而是失去的收益。这种收益不是实际发生的，而是潜在的。机会成本总是针对具体项目，离开被放弃的项目就无法确定。

例如，某公司拟新建一个车间，需要使用公司拥有的一块土地。公司无须投入资金去购置土地，那么可否不考虑土地成本呢？答案是否定的。因为该公司若不利用这块土地来新建车间，则可将这块土地移作他用，并取得特定的收入，只是由于要在这块土地上新建车间才放弃了这笔收入，那么这笔被放弃的收入就是新建车间使用土地的机会成本。

(3) 要考虑对其他项目的影响。

当我们采纳一个新项目后，该项目可能对公司的其他项目造成有利或不利的影响。事实上，这些影响很难准确计量，但决策者在进行投资分析时仍要考虑项目间的交叉影响。例如，新项目的产品上市后，原有其他产品的销售量可能减少，而且整个公司的销售额也许不会增加甚至还会减少，此时，不应只将新车间的销售收入作为增量收入，而应扣除其他项目因此减少的销售收入。当然，新产品上市后也可能促进其他项目销售额的增长。这就要看新产品和原有产品是竞争关系还是互补关系。

(4) 要考虑对净营运资本的影响。

在一般情况下，当公司开办一个新业务并使销售额扩大后，其对存货和应收账款等经营性流动资产的需求也会增加，公司必须筹措新的资金以满足这种额外需求。此外，应付账款与部分应付费用等经营性流动负债也会有所增加，从而降低公司营运资金的实际需要。增加的经营性流动资产与增加的经营性流动负债之间的差额，即为净营运资本。

在进行投资决策分析时，通常假定开始投资时筹措的营运资本在项目结束时收回，与项目有关的存货出售，应收账款变为现金，应付账款和应付费用也随之偿付。

(三) 资本成本

1. 资本成本的概念与内容

资本成本是指企业为筹措和使用资金必须支付的各种费用，在企业筹资决策、投资决策中具有重要的作用。资本成本包括用资费用和筹资费用。

用资费用是指企业在使用资金时支付的费用，如股利、利息等，其金额与使用资金的数额和时间成正比，是资本成本的主要内容。

筹资费用是指企业在筹集资金时支付的费用，如借款手续费、证券发行费等，其金额与资金筹措方式有关，与使用资金的数额和时间无关。

由于筹资费用的存在，企业实际筹资额等于计划筹资额减去筹资费用。因此，企业资金使用的实际代价高于名义代价。如果不考虑所得税因素，资本成本应按下列公式计算。

资本成本=每年的用资费用÷(筹资金额-筹资费用)

2. 资本成本的计算

(1) 个别资本成本的计算。

个别资本成本是各种长期资本的使用成本，在数额上等于每种长期资本的年实际占用费与其筹资净额的比值，其计算公式如下。

$$K = \frac{D}{P-f} \text{ 或 } K = \frac{D}{P(1-F)}$$

式中，K 为资本成本；D 为资本年实际占用费；P 为资本的筹资总额；f 为资本筹集费；F 为筹资费率，即 $f \div P$。

① 长期借款的资本成本。与长期借款相关的成本包括借款利息和筹资费用两部分。

由于借款利息可以计入税前成本费用，因此，其资金年实际占用费为 $I \times (1-T)$。长期借款资本成本的计算公式如下。

$$K_1 = \frac{I(1-T)}{L(1-F_1)}$$

式中，K_1 为长期借款资本成本；I 为长期借款年利息；T 为所得税税率；L 为长期借款本金；F_1 为长期借款筹资费率。

由于长期借款的筹资费用一般很小，常忽略不计，并且 $I \div L$ 即为长期借款的利率 R_1，因此上列公式也可以进行如下简写。

$$K_1 = R_1(1-T)$$

② 债券的资本成本。与债券发行相关的成本包括债券利息和筹资费用两部分。其中，债券利息与长期借款利息相同，也计入税前成本费用，但是债券的筹资费用一般较高，在计算资本成本时不可忽略。如果债券发行采用溢价或折价的方式，债券筹资额就要以实际发行价格进行计算。债券资本成本的计算公式如下。

$$K_b = \frac{I_b(1-T)}{B(1-F_b)} \text{ 或 } K_b = R_b \frac{1-T}{1-F_b}$$

式中，K_b 为债券资本成本；I_b 为债券年利息；T 为所得税税率；B 为债券筹资额；F_b 为债券筹资费率；R_b 为债券利率。

③ 普通股与优先股的资本成本。与前面提到的借入资金不同，普通股与优先股属于权益

资本，其资本占用费是指向股东发放的股利，是用税后净利润支付的，因此在计算时不必考虑所得税的影响。普通股资本成本的计算公式如下。

$$K_s = \frac{D_c}{P_c \times (1-F_c)} + G$$

这种计算普通股资本成本的方法称为评价法。式中，K_s 为普通股资本成本；D_c 为预期年股利额；P_c 为普通股筹资额；F_c 为普通股筹资费率；G 为普通股年增长率。

普通股资本成本也可以采用资本资产定价模型法进行计算，计算公式如下。

$$K_s = R_f + \beta \times (R_m - R_f)$$

式中，R_f 为无风险报酬率；β 为该股票的贝塔系数；R_m 为平均风险股票报酬率。

一般情况下，优先股与普通股相比，不同点主要体现在优先股的年股利维持不变。因此，优先股资本成本的计算公式与普通股资本成本的计算公式相似，所不同的是其成长率为零，并且年股利额固定。优先股资本成本的计算公式如下。

$$K_{ps} = \frac{D_{ps}}{P}$$

式中，K_{ps} 表示优先股成本；D_{ps} 表示优先股股利；P 表示优先股的市场价格。

④ 保留盈余的资本成本。盈余是企业利润缴纳所得税后形成的，属于股东权益的部分。与普通股相比，盈余有资本成本，但不存在筹资费用的问题。按照评价法计算保留盈余的资本成本，其计算公式如下。

$$K_s = \frac{D_c}{P_c} + G$$

式中，K_s 为保留盈余资本成本；D_c 为预期年股利额；P_c 为普通股市价，G 为普通股年增长率。

(2) 综合资本成本的计算。

筹资方式往往不是单一的，企业总的资本成本应是各类资本成本的综合，称为综合资本成本。综合资本成本是以各类资本在全部资本中所占的比重为权数，对各类资本成本进行加权平均后得到的，其计算公式如下。

$$K_w = K_i W_i + K_b W_b + K_p W_p + K_c W_c + K_r W_r$$

式中，K_w 为综合资本成本；K_j 为第 j 种资本成本；W_j 为第 j 种资本占全部资本的比例。

如何确定各类资本成本的权数？资本成本权数的确定通常有三种方法，即账面价值权数法、市场价值权数法和目标价值权数法。

账面价值权数法的优点是资料容易取得，但是由于资本的账面价值常常与市场价值差别较大，特别是股票债券等市场价格变动较大，如果用账面价值作为权数进行计算，其结果将会与实际有很大的差别。

市场价值权数法以股票、债券的市场价格为基础，确认各类资本的权数，计算的综合资本成本与实际较为接近。由于股票、债券的市场价格变动频繁，因此有时也采用市场平均价格作为确认权数的基础。

账面价值权数法和市场价值权数法计算权数的基础是资本过去或现在的价值。有时为了反映企业将来预期的资本结构，也可以采用股票、债券未来预计的目标市场价值计算权数，这种确定权数的方法就称为目标价值权数法。不过，这种方法的最大问题是很难客观、合理地确定股票、债券的目标价值，因此很难推广使用。

(四) 必要报酬率

必要报酬率是指企业期望投资项目获取的最低报酬率。长期投资决策中，资本成本是评价投资项目效益、取舍投资项目的标准。投资者筹集资本需要支付成本，取得的资本用于投资项目以后，要求项目投资报酬率至少应能补偿所支付的资本成本。只有获得的投资报酬率大于或等于付出的资本成本，投资者才愿意投资。资本成本是投资项目是否能接受的最低报酬率。

【例题 7·单选题·2022 年注册会计师考试真题】甲公司每半年发放一次普通股股利，股利以每半年 3%的速度持续增长，最近刚发放上半年股利每股 1 元。甲公司普通股等风险投资的年必要报酬率为 10.25%，该公司股票目前每股价值是(　　)元。

　　A. 13.73　　　　B. 24.96　　　　C. 48.47　　　　D. 51.5

【答案与解析】D。每半年必要报酬率$=(1+10.25\%)^{\frac{1}{2}}-1=5\%$，股票价值$=1×(1+3\%)÷(5\%-3\%)=51.5$(元)。

【例题 8·多选题·2016 年注册会计师考试真题】下列关于投资项目资本成本的说法中，正确的有(　　)。

　　A. 资本成本是投资项目的取舍率　　B. 资本成本是投资资本的必要报酬率
　　C. 资本成本是投资项目的内含报酬率　D. 资本成本是投资资本的机会成本

【答案与解析】ABD。投资项目的资本成本是指项目本身所需投资资本的机会成本，是公司投资于资本支出项目的必要报酬率，因此选项 B、D 正确。项目资本成本是投资项目"取舍率"，如果项目内含报酬率大于必要报酬率，则项目可行，因此选项 A 正确，选项 C 不正确。

【例题 9·单选题·2020 年注册会计师考试真题】甲公司采用债券收益率调整模型估计股权资本成本，税前债务资本成本 8%，股权相对债权风险溢价 6%。企业所得税税率为 25%。甲公司的股权资本成本是(　　)。

　　A. 8%　　　　B. 6%　　　　C. 14%　　　　D. 12%

【答案与解析】D。股权资本成本税后债务资本成本+股东比债权人承担更大风险所要求的风险溢价$=8\%×(1-25\%)+6\%=12\%$。

【例题 10·单选题·2021 年注册会计师考试真题】甲公司拟发行优先股筹资，发行费用率和年股息率分别为 2%和 8%，每半年支付一次股利，企业所得税税率为 25%。根据税法规定，该优先股股利不能抵税。该优先股资本成本为(　　)。

　　A. 7.84%　　　B. 8.16%　　　C. 8%　　　　D. 8.33%

【答案与解析】D。半年的优先股资本成本 $K=(8\%÷2)÷(1-2\%)=4.08\%$，优先股资本成本$=(1+4.08\%)^2-1=8.33\%$。

【例题 11·多选题·2011 年注册会计师考试真题】下列关于计算加权平均资本成本的说法中，正确的有( )。

A. 计算加权平均资本成本时，理想的做法是按照以市场价值计量的目标资本结构的比例计量每种资本要素的权重
B. 计算加权平均资本成本时，每种资本要素的相关成本是未来增量资金的机会成本，而非已经筹集资金的历史成本
C. 计算加权平均资本成本时，需要考虑发行费用的债务应与不需要考虑发行费用的债务分开，分别计量资本成本和权重
D. 计算加权平均资本成本时，如果筹资企业处于财务困境，需将债务的承诺收益率而非期望收益率作为债务成本

【答案与解析】ABC。目标资本结构权重是根据按市场价值计量的目标资本结构衡量每种资本要素的比例，是计算加权平均资本成本时最理想的权重选择，选项 A 正确；作为投资决策和企业价值评估依据的资本成本，只能是未来新资本的成本，现有的历史成本，对于未来的决策是不相关的沉没成本，选项 B 正确；存在发行费用会增加成本，所以需要考虑发行费用的债务应与不需要考虑发行费用的债务分开，分别计量资本成本和权重，选项 C 正确；因为存在违约风险，债务投资组合的期望收益低于合同规定的承诺收益，对于筹资人来说，债权人的期望收益是其债务的真实成本，选项 D 错误。

二、投资的风险

(一) 投资的风险价值及其表现形式

风险只对未来事件有意义，已经发生的事件只有确定的一种结果，没有风险问题。长期投资决策是面向未来的，投资项目的未来存在不确定性，发生结果具有多种可能性，因此具有风险。

风险的大小与未来事件持续的时间长短有关。时间越长，不确定因素越多，风险就越大。长期投资决策需要考虑的因素多，影响时间长，因而风险大。风险越大，人们就越不愿意接受，所要求的报酬率就越高，这就是风险反感的作用。风险具有双重性，既有蒙受损失发生危险的一面，又有获得成功取得较高收益的一面。最终，高风险的项目必须要有高报酬，否则就没有人投资；低报酬的项目必须风险很低，否则也没有人投资。风险和报酬的这种关系是市场竞争的结果，其计算公式如下。

期望投资报酬率=无风险报酬率+风险报酬率

式中，无风险报酬率是指最低的社会平均报酬率；风险报酬率是指投资者因冒风险进行投资而应当获得的超过正常报酬水平的额外收益。

假设风险和风险报酬率成正比，则：

风险报酬率=风险报酬斜率×风险程度

式中，风险程度用标准差或标准离差率(也称为变异系数)等计量；风险报酬斜率取决于全体投资者的风险回避态度，可以通过统计方法来测定。如果大家都愿意冒险，风险报酬斜率就

小,风险溢价不大;如果大家都不愿意冒险,风险报酬斜率就大,风险溢价就大。

(二) 投资风险价值的计算

投资风险价值的计算程序如下。

(1) 在事先测算投资项目未来各种情况的预计年收益的基础上,以各种情况下相应的客观或主观概率为权数,计算未来收益的数学期望值。未来收益的数学期望值的计算公式如下。

$$未来收益的数学期望值(E) = \Sigma 某种情况下的预计年收益 \times 该种情况出现的概率$$

(2) 计算标准离差和标准离差率。标准离差的计算公式如下。

$$标准离差(d) = \sqrt{\Sigma[(某种情况下的预计年收益 - 未来收益的数学期望值)^2 \times 该情况出现的概率]}$$

标准离差率的计算公式如下。

$$标准离差率(q) = 标准离差 \div 未来收益的数学期望值$$

某投资项目的标准离差是反映其风险程度的绝对数指标,而标准离差率则为反映其风险程度的相对数指标。这两项指标越小意味着投资项目未来收益偏离期望值的幅度越小。即未来收益越确定,该投资项目的风险程度越低;反之,风险程度越高。对于不同的投资项目,通常根据各项目标准高差率的大小进行分析、比较,以标准离差率最小者为最优项目。

(3) 分析投资项目的风险。实际工作中,投资活动充满不确定性。如果决策面临的不确定性比较小,一般可忽略不确定性的影响,进而把决策视为确定情况下的决策。如果决策面临的不确定性和风险比较大,足以影响方案的选择,就应对它们进行计量,并在决策过程中加以考虑。

投资项目风险分析最常用的方法是风险调整贴现率法,其基本思想是对于高风险的项目,采用较高的贴现率计算净现值,然后根据净现值法的规则来选择方案。风险调整贴现率的计算公式如下。

$$K = i + bQ$$

式中,K 为风险调整贴现率;i 为无风险调整贴现率;b 为风险报酬斜率;Q 为风险程度。风险报酬斜率是直线方程的系数 b,其高低反映风险程度变化对风险调整最低报酬率的影响大小。b 的值是经验数据,根据历史资料用高低点法或直线回归法求出。

【例题 12·多选题·2013 年注册会计师考试真题】贝塔系数和标准差都能衡量投资组合的风险。下列关于投资组合的贝塔系数和标准差的表述中,正确的有( )。

A. 贝塔系数度量的是投资组合的系统风险
B. 标准差度量的是投资组合的非系统风险
C. 投资组合的贝塔系数等于被组合各证券贝塔系数的加权平均值
D. 投资组合的标准差等于被组合各证券标准差的加权平均值

【答案与解析】AC。贝塔系数用于度量投资的系统风险,选项 A 正确。方差、标准差、变异系数用于度量投资的总风险(包括系统风险和非系统风险),选项 B 错误。投资组合的贝塔系数等于被组合各证券贝塔系数的加权平均值,选项 C 正确。证券组合的风险不仅取决于组合内的各证券的风险,还取决于各证券之间的关系,当相关系数等于1时,组合收益率的标准差才等于组合中各证券收益率标准差的加权平均值,选项D错误。

第三节　长期投资决策的评价指标

在对长期投资决策中的投资项目进行评价时,通常使用两类指标:一类是静态指标(又称为非贴现指标),是指不考虑时间价值因素的指标,主要包括投资回收期和投资报酬率等;另一类是动态指标(又称为贴现指标),是指考虑时间价值因素的指标,主要包括净现值、获利指数、内含报酬率等。

一、静态指标

(一) 投资回收期

投资回收期,是指以投资项目营业现金净流量抵偿原始总投资所需要的全部时间。在进行投资决策时,将方案的投资回收期与预先确定的基准投资回收期(或决策者期望的投资回收期)进行比较。若方案的投资回收期小于基准投资回收期,则方案可行;若方案的投资回收期大于基准投资回收期,则方案不可行。一般来说,投资回收期越短,表明该投资项目的投资效果越好,且该项投资在未来所面临的风险较小。

根据各年现金净流量是否相等,可将投资回收期分为两种情况进行计算。

(1) 当经营期各年现金净流量相等时,投资回收期的计算公式如下。

$$投资回收期 = \frac{原始投资额}{每年相等的现金净流量}$$

(2) 当经营期各年现金净流量不相等时,需计算逐年累计的现金净流量,然后用插入法计算投资回收期。

利用投资回收期指标评价投资项目的优点在于:计算简便、容易理解,并且可以反映项目风险的大小。其缺点在于:没有考虑货币时间价值;仅考虑了回收期以前的现金流量,没有考虑回收期以后的现金流量,而有些长期投资项目在中后期才能得到较为丰厚的收益,投资回收期不能反映其整体的盈利性。

(二) 投资报酬率

投资报酬率也称为投资利润率或会计利润率,表示年平均利润占总投资的百分比。投资报酬率的计算公式如下。

$$投资报酬率 = 年平均利润 \div 投资总额 \times 100\%$$

投资报酬率与投资回收期相比,虽然考虑了回收期后的收益,但仍然忽略了货币时间价值。

利用投资报酬率评价投资项目的主要优点在于：其计算简便，使用的是会计学中收益和成本的概念，容易被人们接受和掌握。

二、动态指标

与静态指标不同，动态指标是在充分考虑货币时间价值的基础上，对方案的优劣、取舍进行判断。动态指标主要有净现值、获利指数和内含报酬率等。

(一) 净现值

净现值(net present value，NPV)是指在方案的整个实施运行过程中，所有现金净流入年份的现值之和与所有现金净流出年份的现值之和的差额。净现值的计算公式如下。

$$NPV = \left[\frac{NCF_1}{(1+K)^1} + \frac{NCF_2}{(1+K)^n} + \cdots + \frac{NCF_n}{(1+K)^n}\right] - C = \sum_{t=1}^{n} \frac{NCF_t}{(1+K)^t} - C$$

式中，NCF_t 表示第 t 年的现金净流量；K 表示贴现率(资本成本或投资者要求的必要报酬率)；n 表示项目预计使用年限；C 表示初始投资额。净现值还有另外一种表述方法，即净现值是从投资开始至项目寿命终结时所有一切现金流量(包括现金流出和现金流入)的现值之和。用净现值指标评价方案时，首先要将各年的现金净流量按预定的贴现率折算成现值，然后计算它们的和。若净现值大于或等于零，表明该项目的报酬率大于或等于预定的报酬率，则方案可取；反之，则方案不可取。

【例题 13·单选题·2009 年注册会计师考试真题】甲投资方案的寿命期为一年，初始投资额为 6000 万元，预计第一年年末扣除通货膨胀影响后的实际现金流为 7200 万元，投资当年的预期通货膨胀率为 5%，名义折现率为 11.3%，则该方案能够提高的公司价值为(　　)。

  A. 469万元   B. 668万元   C. 792万元   D. 857万元

【答案与解析】C。利率与现金流量必须遵循匹配原则。含有通货膨胀的现金流量要使用含有通货膨胀的折现率进行折现，实际现金流量要使用实际折现率进行折现。1+名义利率=(1+实际利率)×(1+通货膨胀率)。假设实际折现率为 r，由 1+11.3%=(1+r)×(1+5%)，解得 r=6%，提高的公司价值即投资方案的净现值=7200÷(1+6%)-6000=792.45(万元)。

(二) 获利指数

获利指数(profitability index，PI)又称为利润指数，是投资项目未来报酬的总现值与初始投资额的现值之比。获利指数的计算公式如下。

$$PI = \frac{\left[\dfrac{NCF_1}{(1+K)^1} + \dfrac{NCF_2}{(1+K)^2} + \cdots + \dfrac{NCF_n}{(1+K)^n}\right]}{C} = \frac{\left[\sum_{t=1}^{n} \dfrac{NCF_t}{(1+K)^t}\right]}{C}$$

即：

$$PI = \frac{未来报酬的总现值}{初始投资额}$$

获利指数的经济意义是每元投资在未来获得的现金流入量的现值数与投资额的净现值之比。获利指数是一个相对数，反映了投资效率，解决了不同投资方案间净现值缺乏可比性的问题，但其没有考虑寿命期的问题，不能用于寿命期不同的独立方案决策。

净现值和获利指数的计算都是在假定贴现率的基础上进行的，但确定贴现率却有一定的难度，而且选择不同的贴现率，还会使净现值和获利指数发生变化，有时甚至会影响判断结果。

(三) 内含报酬率

内含报酬率反映的是方案本身实际达到的报酬率。它是在整个方案的实施运行过程中，当所有现金净流入年份的现值之和与所有现金净流出年份的现值之和相等时方案的报酬率，即能够使项目的净现值为零时的报酬率。内含报酬率满足以下等式。

$$\frac{NCF_1}{(1+r)^1} + \frac{NCF_2}{(1+r)^2} + \cdots + \frac{NCF_n}{(1+r)^n} - C = 0$$

式中，NCF_t 表示第 t 年的现金净流量；r 表示内含报酬率；n 表示项目使用年限；C 表示初始投资额。当使用内含报酬率评价投资项目时，只有当项目的内含报酬率高于资本成本时，项目才可能被接受，否则就必须放弃。

【例题14·多选题】某项目需要在第一年年初投资76万元，寿命期为6年，每年年末产生现金净流量20万元。已知(P/A, 14%, 6)=3.8887, (P/A, 15%, 6)=3.7845。若公司根据内含报酬率认定该项目具有可行性，则该项目的必要投资收益率不可能为(   )。

  A. 16%   B. 13%   C. 14%   D. 15%

【答案与解析】AD。本题考查的是利用内含报酬率进行项目决策。根据题目可知：20×(P/A, 内含报酬率, 6)-76=0，(P/A, 内含报酬率, 6)=3.8，所以内含报酬率范围在14%~15%。因为项目具有可行性，所以内含报酬率需大于必要收益率，因此必要收益率不能大于内含报酬率区间的最大值15%，即必要收益率＜15%，选项AD当选。

(四) 静态回收期

静态回收期是指以投资项目经营现金净流量抵偿原始总投资所需要的全部时间。一般而言，投资者总是希望尽快地收回投资，回收期越短越好。静态回收期能够直观地反映原始投资的返本期限，可以直接利用回收期之前的现金净流量信息，便于理解和计算。但是，其并没有考虑资金时间价值因素和回收期满后继续发生的现金净流量，不能正确地反映不同投资方式对项目的影响。

(五) 净现值和内含报酬率的比较

一般认为，净现值从理论上要优于内含报酬率。这主要是基于以下两方面考虑。

一方面，尽管净现值和内含报酬率都是衡量投资项目盈利性的指标，但前者直接揭示了投资项目与企业财富绝对增加额之间的关系，使投资决策分析与股东财富最大化的企业经营目标保持一致，而内含报酬率与企业财富或股东财富之间的联系不如净现值明显，在互斥项目的决策中甚至会得出和股东财富最大化的目标不一致的结论。例如，在对初始投资不同的互斥项目进行决策分析时，两种方法可能会得出相反的结论。

另一方面，净现值和内含报酬率采用了不同的再投资假设。净现值以资本成本作为再投资报酬率，而内含报酬率以项目本身的报酬率作为再投资报酬率。一般认为，净现值以资本成本作为再投资报酬率更加科学。投资项目的收益是边际收益，在充分的市场竞争条件下，受资本和产品供求关系的影响，边际收益呈现下降趋势，企业投资能获得超出资本成本的报酬率的现象是暂时的。超额报酬率会逐步趋向于零。因而，以高于资本成本的现有项目报酬率作为再投资报酬率不符合经济学的一般原理。对企业来说必将高估再投资项目以及现有决策项目的效益。这是一种不稳健的做法。项目的现金流入量可以再投资，但并不是投资于原项目，而是投资于相应时期的其他可选择项目。净现值所用的折现率是一定风险情况下的资本成本(机会成本)，在计算净现值时，假设各项目具有相同风险，采用同样的折现率，这其中也隐含着各项目的再投资报酬率相同的假设。在没有其他更确切的信息时，应该说净现值的再投资报酬率假设是较为合理的预期。

内含报酬率法采用原方案本身的报酬率为再投资报酬率，由于各方案往往会有不同的内含报酬率，因此会有不同的再投资报酬率，而这里的不同并不是出于对不同方案的再投资报酬率的合理预期，而是人为计算的原因，不仅影响指标的客观性，也不利于各方案之间的比较。内含报酬率的再投资假设下，在存在非常规(现金流量的正负符号出现多次改变)的现金流量时，会存在多重解的情况。净现值采用已知且固定的资本成本作为再投资报酬率，避免了这一问题的发生。

从理论上说，净现值要优于内含报酬率，但具体应用时则取决于具体环境。一方面，内含报酬率不需要事先确定资本成本，从而减轻了应用的难度。另一方面，内含报酬率作为相对数指标，更有利于不同投资规模的方案之间的比较，对管理者来说更为直观和易于理解。

内含报酬率的选择更符合管理者作为风险厌恶者的假设。尽管净现值法的选择更符合企业所有者的利益，但从代理人理论出发，管理者的利益和所有者的利益并不完全一致。如前所述，内含报酬率法实际上倾向于初始投资较少、早期现金流入量较大(即较早收回投资)的方案，即使它同时倾向于经济寿命较短的方案而不利于企业所有者，管理者也可能由于厌恶风险而倾向于采用此指标。

对于西方企业来说，内含报酬率备受青睐，这与20世纪50年代开始各大企业对管理者广泛采用投资报酬率指标进行业绩评价是分不开的。由于管理者总是倾向于选择有利于提高本身业绩的投资方案，而内含报酬率能更直观地表现投资方案的实施对投资报酬率的影响，因此，投资报酬率指标的流行成为内含报酬率法得以广泛应用的一个重要原因。通过对《财富》500强企业进行调查，发现54%的年资本预算额低于1亿美元的企业以及86%的年资本预算额高于1亿美元的企业都采用内含报酬率指标。

目前，西方企业较多地采用内含报酬率指标进行投资项目评价，而对我国企业来说，净现值应该是更受欢迎的投资决策指标。

第四节 长期投资决策举例

一、固定资产更新的决策

现以固定资产更新决策为例介绍长期投资决策的具体步骤。固定资产更新是指用新的固定资产替换技术上或经济上不宜继续使用的旧固定资产,或者采用先进的技术对原有固定资产进行局部改造。

固定资产更新决策,具体而言就是决定是否更新,即通过简单维修后继续使用旧设备,还是更换新设备,或者决定更新什么类型的设备。实际上,这两个问题需要结合在一起考虑的,如果市场上没有比现有设备更适用的新设备,那么就继续使用旧设备。

与一般的投资决策不同,通常情况下,固定资产更新决策中设备更换既不改变企业生产能力,也不增加企业现金流入。固定资产更新决策的现金流量主要是现金流出量,即使有少量残值变现收入,也属于支出抵减,而非实质上的现金流入增加。由于只有现金流出没有现金流入,这给折现现金流量分析带来了困难。

由于固定资产更新决策项目几乎没有现金流入,无法以净现值或内含报酬率作为项目取舍标准,因此,在新旧设备使用时间相同的前提下,可以通过比较两个项目的总成本来判断项目的优劣。在新旧设备使用时间不同的前提下,应当比较其平均年成本,即获得一年的生产能力所付出的代价,以较低者对应的项目为优。

固定资产的平均年成本是指该资产引起现金流出的年平均值。如果不考虑货币时间价值,它是固定资产未来使用年限内的现金流出总额与使用年限的比值。如果考虑货币时间价值,它是未来使用年限内现金流出总现值与年金现值系数的比值。在计算固定资产的平均年成本时,也要考虑所得税和折旧对现金流量的影响。

所得税是企业的现金流出,所得税的多少取决于利润的大小和税率的高低。其中,利润大小受固定资产折旧方法的影响。所得税问题必然涉及折旧问题,折旧对投资决策产生的影响实际是由所得税引起的。因此,这两个问题要放在一起讨论。

(1) 税后费用和税后收入。凡是可以减免税负的项目其实际支付额并不是真实成本,而应考虑减少的所得税。扣除所得税影响以后的费用净额称为税后费用。与税后费用相对应的概念是税后收入。由于所得税的作用,企业收入有一部分会流出企业,企业实际得到的现金流入是税后收入。即税后收入=收入金额×(1−所得税税率)。

(2) 折旧的抵税作用。计提折旧引起费用增加,导致利润减少,从而使所得税减少。如果不计提折旧,所得税就会有所增加。折旧可以起到减少税负的作用被称为"折旧抵税"。

(3) 税后现金流量。在考虑所得税因素(所得税是一种现金支付,应当作为每年营业现金流量的一个减项)以后,营业现金净流量的计算公式如下。

营业现金净流量=营业收入−付现成本−所得税
　　　　　　　=营业收入−(营业成本−折旧)−所得税
　　　　　　　=税前经营利润−所得税+折旧

=税后经营净利润+折旧

=(营业收入-营业成本)×(1-所得税税率)+折旧

=(营业收入-付现成本-折旧)×(1-所得税税率)+折旧

=营业收入×(1-所得税税率)-付现成本×(1-所得税税率)-折旧×(1-所得税税率)+折旧

=营业收入×(1-所得税税率)-付现成本×(1-所得税税率)+折旧×所得税税率

=(营业收入-付现成本)×(1-所得税税率)+折旧×所得税税率

【例题 15·单选题】 某企业营业收入为 1000 万元，付现成本为 600 万元，非付现成本为 100 万元，企业所得税税率为 25%，则营业现金净流量为(　　)万元。

　　A. 325　　　　　B. 300　　　　　C. 1225　　　　　D. 1175

【答案与解析】 A。营业现金净流量=(1000-600)×(1-25%)+100×25%=325(万元)。

【例题 16·多选题·1998 年注册会计师考试真题】 在考虑所得税影响的情况下，下列用于计算营业现金净流量的算式中，正确的有(　　)。

　　A. 税后经营净利润+非付现成本

　　B. 营业收入-付现成本-所得税

　　C. (营业收入-付现成本)×(1-所得税税率)

　　D. 营业收入×(1-所得税税率)+非付现成本所得税税率

【答案与解析】 AB。营业现金净流量=营业收入-付现成本-所得税=税后经营净利润+非付现成本=营业收入×(1-所得税税率)-付现成本×(1-所得税税率)+非付现成本×所得税税率，选项 A 和 B 正确。

【例题 17·单选题·2015 年注册会计师考试真题】 在设备更换不改变生产能力且新旧设备未来使用年限不同的情况下，固定资产更新决策应选择的方法是(　　)。

　　A. 净现值法　　　B. 折现回收期法　　C. 平均年成本法　　D. 内含报酬率法

【答案与解析】 C。由于设备更换不改变生产能力，因此，不会增加企业的现金流入。如果新旧设备未来使用年限相同，则可以比较现金流出总现值。如果新旧设备未来使用年限不同，为了消除未来使用年限的差异对决策的影响，通常比较旧设备和新设备的平均年成本(平均年成本=现金流出总现值÷年金现值系数)，所以选项 C 正确。净现值法可以用于项目计算期相同的互斥项目的优选。由于折现回收期法并没有考虑回收期以后的现金流量，因此在项目决策中，只能作为辅助指标。内含报酬率是相对数指标，指的是一个项目净现值为零时的折现率，可用于独立项目排序，但不能用于互斥项目优选。

二、动态回收期的计算

动态回收期是指在考虑货币时间价值的前提下收回项目投资所需要的时间。

(一) 每期NCF相等

当每期 NCF(现金净流量)相等时，动态回收期的计算步骤如下：

(1) 求年金现值系数。
(2) 查表确定投资回收期范围。
(3) 用插值法求动态投资回收期。

【例题 18·计算题】 某公司现有资金 9000 元，想购买一台生产设备立即投入使用，假定该生产设备可用 5 年，每年 NCF 为 4220 元，假设资本成本为 10%，请问该项目的动态回收期为几年？

解：
根据题目可知：$(P/A, 10\%, n) \times 4220 = 9000$。
(1) 求年金现值系数。
$(P/A, 10\%, n) = 9000 \div 4220 = 2.133$
(2) 查表确定投资回收期范围。
查表得出在资本成本为 10% 及年金现值系数为 2.133 的情况下，2 年期年金现值系数为 1.736，3 年期年金现值系数为 2.487。
(3) 用插值法求投资回收期。
$(x-2) \div 1 = (2.133-1.736) \div (2.487-1.736)$
$x = 2 + 0.397 \div 0.751 = 2.53(年)$

(二) 每期 NCF 不等

当每期 NCF 不等时，可采用累计现值法计算动态回收期。

【例题 19·计算题】 某公司投入 100 万元进行一项投资，5 年内年现金净流量分别为 200 000 元、250 000 元、500 000 元、400 000 元、400 000 元。在资本成本为 10% 的情况下，求该项目的动态回收期。

解：
运用累计现值法计算动态回收期，如表 6-1 所示。(注意：复利现值系数因年限而变化)

表6-1

年份	年现金净流量/元	复利现值系数/元	现值/元	累计现值/元
第 1 年	200 000	0.909	181 800	181 800
第 2 年	250 000	0.826	206 500	388 300
第 3 年	500 000	0.751	375 500	763 800
第 4 年	400 000	0.683	273 200	1 037 000
第 5 年	400 000	0.621	248 400	1 285 400

从上表可知，第 3 年的累计现值为 763 800 元，第 4 年的累计现值为 1 037 000 元，已超过 100 万元的投资，显然投资回收期在 3~4 年。
投资回收期 $= 3 + (1\,000\,000 - 763\,800) \div 273\,200 = 3 + 236\,200 \div 273\,200 = 3.86(年)$。
或者，投资回收期 $= 4 - (37\,000 \div 273\,200) = 4 - 0.14 = 3.86(年)$。

第五节　敏感性分析在投资决策中的应用

在投资决策中，敏感性分析主要用来考察当与决策有关的某变量发生变动时，该项决策的预期结果将会受到怎样的影响。若某变量在很小幅度内发生变动就会影响决策结果，则表明该变量的敏感性强；若某变量在较大幅度内发生变动才会影响决策结果，则表明该变量的敏感性弱。

一般用敏感系数作为反映敏感程度的指标。敏感系数是目标值的变动百分比与变量值的变动百分比的比值，其计算公式如下。

$$敏感系数=目标值的变动百分比 \div 变量值的变动百分比$$

敏感系数大，表明该变量对目标值的影响程度大；敏感系数小，表明该变量对目标值的影响程度小。

长期投资决策中的敏感性分析通常用来研究以下问题：如果投资方案的现金净流量或固定资产使用年限发生变动，那么对该方案的净现值或内含报酬率将会产生多大程度的影响？通过分析，管理人员能够预测投资方案的现金净流量或固定资产使用年限在多大幅度内变动，尚不致影响投资方案的可行性，若变动超过此幅度，则投资方案不可行。

敏感性分析有助于管理人员对投资决策所应注意的问题做到心中有数，预先防范，从而减少失误。

一、以净现值为基础进行敏感性分析

以净现值为基础的敏感性分析就是现金净流量或固定资产使用年限的变动对净现值的敏感性分析。

若净现值大于零，则说明该项目的投资报酬率大于预定的折现率，该项目可行。但如果项目的年现金净流量或使用年限发生了变化，项目的可行性就将随之发生变化。敏感性分析就是用来解决项目的年现金净流量或使用年限可以在多大范围内变化，而该项目的投资报酬率仍然大于预定的折现率的问题。

【例题 20·计算题】某企业将投资 A 项目，该项目的总投资额为 400 000 元，建成后，预计可以使用 5 年，每年的现金净流量为 125 000 元，折现率为 10%。要求：进行现金净流量或固定资产使用年限的变动对净现值的敏感性分析。

【解析】该项目的净现值=125 000×(P/A, 10%, 5)−400 000=125 000×3.7908−400 000=73 850(元)。净现值大于零，说明该项目的投资报酬率大于预定的折现率，该项目可行。但如果项目的年现金净流量或使用年限发生了变化，项目的可行性就将随之发生变化，敏感性分析就是用来解决项目的年现金净流量或使用年限可以在多大范围内变化，而该项目的投资报酬率仍然大于预定的折现率的问题。

(1) 假定使用年限不变，年现金净流量的下限是多少？或年现金净流量在什么幅度内变动，尚不致影响投资方案的可行性?

假定使用年限5年不变,年现金净流量的下限就是使该项目的净现值为零时的年现金净流量,则:

年现金净流量的下限=400 000÷(P/A, 10%, 5)=400 000÷3.7908=105 518.62(元)。

可见,在使用年限不变的情况下,当年现金净流量下降到小于105 518.62元时,项目的净现值将小于零,则该项目不可行。

(2) 假定年现金净流量不变,该项目的最低使用年限应为多少年?或该项目的使用年限在什么幅度内变动,尚不致影响投资方案的可行性?

假定年现金净流量125 000元不变,该项目的最低使用年限就是使该项目的净现值为零时的使用年限,则:

125 000 × (P/A, 10%, n) − 400 000 = 0

(P/A, 10%, n) = 400 000 ÷ 125 000 = 3.2

查年金现值系数表, (P/A, 10%, 4)=3.1699, (P/A, 10%, 5)=3.7908,采用插值法计算如下。

$n = 4 + (3.2 - 3.1699) \div (3.7908 - 3.1699) = 4 + 0.0301 \div 0.6209 = 4.0485$(年)。可见,在项目年现金净流量不变的情况下,当使用年限缩短到小于4.0485年时,项目的净现值将小于零,则该项目不可行。

从上述计算可知,年现金净流量和使用年限都会影响投资项目的净现值,从而影响投资决策。

二、以内含报酬率为基础进行敏感性分析

以内含报酬率为基础的敏感性分析主要包括两方面的内容。

(1) 现金净流量变动对内含报酬率的敏感性分析,即假定项目使用年限不变,测算现金净流量变动对内含报酬率的影响程度。

(2) 项目使用年限变动对内含报酬率的敏感性分析,即假定每年现金净流量不变,测算项目使用年限变动对内含报酬率的影响程度。

影响程度可用敏感系数表示。敏感系数越大,表明变量值对目标值的影响程度(即敏感性)越大;敏感系数越小,表明变量值对目标值的影响程度(即敏感性)越小。

【例题21·计算题·续前例】沿用例题20的资料,计算敏感系数来分析年现金净流量或固定资产使用年限对内含报酬率影响程度的大小。

【解析】该项目的内含报酬率计算如下。

$125\,000 \times (P/A, i, 5) - 400\,000 = 0$

$(P/A, i, 5) = 400\,000 \div 125\,000 = 3.2$

查年金现值系数表, (P/A, 15%, 5)=3.3522, (P/A, 16%, 5)=3.2743,采用插值法计算如下。

内含报酬率 = 15% + (16% − 15%) × (3.3522 − 3.2) ÷ (3.3522 − 3.2743)
$\qquad\quad$ = 15% + 1% × 0.1522 ÷ 0.0779 = 16.95%

年现金净流量对内含报酬率的敏感系数 =
[(16.95% − 10%) ÷ 16.95%] ÷ [(125 000 − 105 518.62) ÷ 125 000] = 41% ÷ 15.585 1% = 2.63

使用年限对内含报酬率的敏感系数 =
[(16.95% − 10%) ÷ 16.95%] ÷ [(5 − 4.048 5) ÷ 5] = 41% ÷ 19.03% = 2.15

从上面的计算可知，年现金净流量对内含报酬率的敏感系数比使用年限对内含报酬率的敏感系数大，说明年现金净流量对内含报酬率的影响比使用年限大，内含报酬率以 2.63 倍的速率随年现金净流量变化，而以 2.15 倍的速率随使用年限变化。由于它们的敏感系数都大于 1，因此都属于敏感因素。

第六节 专业与思政融合——长期投资决策与个人消费观

长期投资决策往往与公司的财务目标紧密联系在一起，它涉及的资金支出数额通常较大，并且还具有风险大、周期长、不可逆转等特征。长期投资决策的正确与否对企业的生死存亡起着决定性作用，因而长期投资决策成为管理会计决策中的关键环节。因此，学生不仅要掌握相关的专业知识、拥有熟练的计算能力，还要深入地理解货币的时间价值，并以事实为依据，通过数据理性分析问题。同时，也要树立正确的金钱观念、个人投资观念和个人消费观念。

一、认清"校园贷"本质，树立正确的消费观

有关大学生深陷"校园贷"而引起严重社会后果、给本人和家庭带来巨大灾难的新闻不时见诸报端。一般而言，学生陷入"校园贷"的具体原因有两点：一是缺乏正确的消费观，二是对金钱的增值效应缺乏认知。具体而言，很多"校园贷"受害学生普遍认为 20%左右的年利率不算高，如一个受害人曾说："1000 元本金，每月利息才 20 元不算多。"此时，对其利率进行测算，计算得出年利率为 24%。年利率 24%有多高？通过查看复利终值系数表可知，在 20%的复利下，经过 5 个周期，本金将会翻 2.5 倍。另外，结合"校园贷"实际借款规则，发现"校园贷"有利率高、复利计息、借款周期短、手续费高等特点，一旦逾期往往还伴随着半强迫式的"借新款还旧款"，因此我们常常可以看到明明实际借款花销额不到 1 万元，却需要还款近 10 万元的现象。

针对"校园贷"中的分期购买商品等套路，可以利用净现值法来对其进行测算，把商品的实际售价与经过净现值测算的价格进行对比，即可发现分期购买商品的陷阱。一家行业内占据优势地位的公司在其擅长的领域内，经过复杂、精心的管理才能获得不超过 20%的报酬率，而"校园贷"之中，名义借款年利率就高达 24%，这表明任何想利用校园贷来进行投资的行为都是不切实际的，这也从侧面表明 24%的年利率对于大多数正常的公司是无法接受的。通过这种对比计算，有助于学生对借款利率的高低有更为直观的认识。

"校园贷"往往还伴随着高昂的借款手续费，其实际利率达 30%以上。在进行贷款时，我们一定要运用自身具备的财务知识，对其进行合理的测算，从而做出理性决策。同时，大学

生要树立正确的消费观，养成良好的消费习惯，不要超出自身经济承受能力进行盲目消费。

二、了解主观和客观的关系，认识内含报酬率的客观性

客观指不依赖于人的意识而存在的一切事物。客观既包括有形的，也包括无形的。主观与客观正好相反，它指被人的意识所支配的一切。客观决定主观，主观能反映客观。当主观正确反映客观并作用于客观时，对客观事物的发展起促进或推动作用；反之，对事物的发展起阻碍作用。因此，要想推动社会的发展，必须使主观符合客观。内含报酬率是客观的投资指标，和计算与否及计算的结果没有关系。内含报酬率的计算可以理解为主观能动地反映客观、主观接近客观的过程。有些同学认为内含报酬率是计算的结果，这种认识没有抓住内含报酬率的本质。内含报酬率等于投资项目净现值为零时的折现率，这仅是从计算的角度定义的，其本质是投资项目本身所具有的报酬率。也就是说，客观事物的存在不依赖于人们的主观认识，有其固有的特性和发展规律。我们可以发挥主观能动性，掌握、运用发展规律，从而推动社会的进步与发展。

三、以全面发展的观点理解动态投资回收期

传统投资回收期的计算是指静态投资回收期的计算，以全面发展的观点来看，也存在动态投资回收期的计算。动态投资回收期是指在考虑货币时间价值的前提下收回项目投资所需要的时间。当每期现金净流量相等时，可以先求年金现值系数，再查表确定投资回收期范围，最后用插值法求动态投资回收期。当遇到每期现金净流量不相等的情况时，可采用累计现值法和逐步扣减法计算。从静态和动态两个方面计算投资回收期，是对投资回收期全面的认识，由静态投资回收期的计算，延伸到动态投资回收期的计算，是对投资回收期发展的认识。

■ 本章实训题 ■

实训6-1：项目取舍衡量标准的确定

为什么在进行投资决策分析时，要以现金流量而不是以会计利润作为项目取舍的衡量标准？

分析原因：

利润的计算具有一定的主观随意性。一方面，各期净利润的预测在一定程度上受到所采用的存货计价、费用分摊和折旧计提方法等会计政策选择的影响；另一方面，净利润指标也容易受到企业决策层基于某些经济动机的人为操纵。这就使净利润的预计比现金流量的预计有较大的模糊性，因此，用净利润指标作为决策的主要依据不太可靠。

找出规律：

科学的投资决策要求考虑货币时间价值。由于长期投资决策要求考虑货币时间价值，因此在决策分析时不但需要预测现金流入和流出的数量，也要考虑现金流发生的时间，以其作为衡量投资项目优劣的依据。而会计利润的计算是建立在权责发生制基础上的，现金流入与流出发生的时间相对不重要。

实训案例：

某项目需投资1200万元用于构建固定资产，另外在第一年年初一次性投入流动资金 300 万元，项目寿命为5年，采用直线法计提折旧，5年后设备残值为200万元，每年预计付现成本为300万元，可实现销售收入800万元，项目结束时可全部收回垫支的流动资金，所得税税率为40%。列表计算每年的现金净流量。

解：每年的折旧额=(1200-200)÷5=200(万元)

1. 销售收入　　　　800 万元
2. 减：付现成本　　300 万元
3. 减：折旧　　　　200 万元
4. 税前净利　　　　300 万元
5. 减：所得税　　　120 万元
6. 税后净利　　　　180 万元
7. 营业现金净流量　380 万元

每年的现金净流量如表6-2所示。

表6-2

项目	第0年	第1年	第2年	第3年	第4年	第5年
固定资产投资/万元	-1200					
流动资产投资/万元	-300					
营业现金流量/万元		380	380	380	380	380
固定资产残值/万元						200
收回流动资金/万元						300
现金净流量合计/万元	-1500	380	380	380	380	880

实训分析：

在此题中，若用净利润代替现金净流量计算净现值，则会做出错误的投资决策判断。

实训6-2：

甲公司是一家制造企业，企业所得税税率为25%。公司考虑用效率更高的新生产线来代替现有旧生产线。有关资料如下。

资料一：旧生产线原价为5000万元，预计使用年限为10年，已经使用5年，采用直线法计提折旧，使用期间无残值。每年生产的产品销售收入为3000万元，变动成本总额为1350万元，固定成本总额为650万元。

资料二：旧生产线每年的全部成本中，除折旧外均为付现成本。

资料三：如果采用新生产线取代旧生产线，相关固定资产投资和垫支营运资金均于开始时一次性投入(建设期为0)，垫支营运资金于营业期结束时一次性收回。新生产线使用直线法计提折旧。使用期满无残值。有关资料如表6-3所示。

表6-3

项目	固定资产投资/万元	垫支营运资金/万元	使用年限/年	年营业收入/万元	年营运成本/万元
数额	2400	600	8	1800	500

资料四：公司进行生产线更新投资决策时采用的折现率为15%。有关资金时间价值系数如下：$(P/F,15\%,8)=0.3269$；$(P/A,15\%,7)=4.1604$；$(P/A,15\%,8)=4.4873$。

资料五：经测算，新生产线的净现值大于旧生产线的净现值，而其年金净流量小于旧生产线的年金净流量。

要求：

(1) 根据资料一，计算旧生产线的边际贡献总额和边际贡献率。

(2) 根据资料一和资料二，计算旧生产线的年营运成本(付现成本)和年营业现金净流量。

(3) 根据资料三，计算新生产线的如下指标。

① 投资时点(第0年)的现金流量。

② 第1~7年营业现金净流量。

③ 第8年的现金净流量。

(4) 根据资料三和资料四，计算新生产线的净现值和年金净流量。

(5) 根据资料五，判断公司是否应该采用新生产线替换旧生产线，并说明理由。

实训分析：

(1) 旧生产线的边际贡献总额=3000−1350=1650(万元)

边际贡献率=1650÷3000=55%

(2) 年折旧额=5000÷10=500(万元)

旧生产线的年营运成本(付现成本)=1350+650−500=1500(万元)

年营业现金净流量=(营业收入−付现成本)×(1−所得税税率)+折旧×所得税税率

=(3000−1500)×(1−25%)+500×25%=1250(万元)

或者，年营业现金净流量=(营业收入−付现成本−折旧)×(1−所得税税率)+折旧

=(3000−1500−500)×(1−25%)+500=1250(万元)

(3) ①投资时点(第0年)的现金流量=−2400−600=−3000(万元)

②年折旧额=2400÷8=300(万元)

第1~7年营业现金净流量=(营业收入−付现成本)×(1−所得税税率)+折旧×所得税税率

=(1800−500)×(1−25%)+300×25%=1050(万元)

或者，第1~7年营业现金净流量=(营业收入−付现成本−折旧)×(1−所得税税率)+折旧

=(1800−500−300)×(1−25%)+300=1050(万元)

③第8年的现金净流量=1050+600=1650(万元)

(4) 净现值=−3000+1050×$(P/A,15\%,7)$+1650×$(P/F,15\%,8)$

=−3000+1050×4.1604+1650×0.3269

=1907.81(万元)

年金净流量=1907.81÷$(P/A,15\%,8)$=1907.81÷4.4873=425.16(万元)

(5) 由于新旧生产线的期限不同，因此应采用年金净流量进行评价。新生产线的年金净流

量小于旧生产线的年金净流量,所以不应该采用新生产线替换旧生产线。

■ 本章案例分析 ■

案例6-1:现金流量的计算

众兴公司准备购入一台设备以扩充生产能力,现有甲、乙两个方案可供选择。甲方案需投资 10 000 元,使用寿命为 5 年,采用直线法计提折旧,5 年后设备无残值,5 年中每年销售收入为 7000 元,每年的付现成本为 3000 元。乙方案需投资 12 000 元,采用直线法计提折旧,使用寿命也为 5 年,5 年后有残值收入 2000 元,5 年中每年的销售收入为 9000 元,付现成本第一年为 4000 元,以后随着设备陈旧,逐年将增加修理费 400 元,另需垫支流动资金 3500 元。假定所得税税率为 25%,试计算两个方案的现金流量。

解:为计算现金流量,必须先计算两个方案每年的折旧额。

甲方案每年折旧额=10 000÷5=2000(元)

乙方案每年折旧额=(12 000−2000)÷5=2000(元)

下面先用表格计算两个方案的营业现金流量(见表6-4),再结合初始现金流量和终结现金流量编制两个方案的全部现金流量(见表6-5)。

表6-4

单位:元

项目	第1年	第2年	第3年	第4年	第5年
甲方案:					
销售收入(1)	7000	7000	7000	7000	7000
付现成本(2)	3000	3000	3000	3000	3000
折旧(3)	2000	2000	2000	2000	2000
税前净利(4)=(1)−(2)−(3)	2000	2000	2000	2000	2000
所得税(5)=(4)×25%	500	500	500	500	500
税后净利(6)=(4)−(5)	1500	1500	1500	1500	1500
现金流量(7)=(1)−(2)−(5)=(3)+(6)	3500	3500	3500	3500	3500
乙方案:					
销售收入(1)	9000	9000	9000	9000	9000
付现成本(2)	4000	4400	4800	5200	5600
折旧(3)	2000	2000	2000	2000	2000
税前净利(4)=(1)−(2)−(3)	3000	2600	2200	1800	1400
所得税(5)=(4)×25%	750	650	550	450	350
税后净利(6)=(4)−(5)	2250	1950	1650	1350	1050
现金流量(7)=(1)−(2)−(5)=(3)+(6)	4250	3950	3650	3350	3050

表6-5

单位：元

项目	第0年	第1年	第2年	第3年	第4年	第5年
甲方案：						
固定资产投资	−10 000					
营业现金流量		3500	3500	3500	3500	3500
现金流量合计	−10 000	3500	3500	3500	3500	3500
乙方案						
固定资产投资	−12 000					
流动资金垫支	−3500					
营业现金流量		4250	3950	3650	3350	3050
固定资产残值						2000
流动资金回收						3500
现金流量合计	−15 500	4250	3950	3650	3350	8550

在表 6-4 和表 6-5 中，第 0 年代表第 1 年年初；第 1 年代表第 1 年年末；第 2 年代表第 2 年年末。在现金流量的计算中，为了简化计算，一般都假定各年投资在年初一次进行，把各年营业现金流量看作各年年末一次发生，把终结现金流量看作最后一年年末发生。

■ 本章练习题 ■

一、单选题

1. 某公司投资 18.6 万元购入一台设备，预计使用 5 年，预计净残值为 0.6 万元，按照直线法计提折旧。设备投产后预计每年税后营业利润为 2.4 万元，则该项目的投资回收期为( )年。
   A. 2.8　　　　　B. 3.1　　　　　C. 3.9　　　　　D. 4.2

2. 某年金的收付形式为从第 1 期期初开始，每期支付 200 元，一直到永远。假设利率为 8%，则其现值为(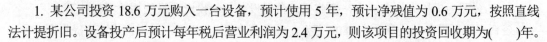)元。
   A. 2000　　　　B. 2300　　　　C. 2500　　　　D. 2700

3. 小金于 2022 年 1 月 15 日取得一笔贷款 200 000 元，用于支付学费，年限为 2 年，年利率为 12%。小金从 2022 年 2 月 15 日开始还款，每月还一次，则其每个月的应付金额为( )元。
   A. 200 000×(P/A, 12%, 2)　　　　B. 200 000/(P/A, 1%, 24)
   C. 200 000×(F/A, 12%, 2)　　　　D. 200 000/(F/A, 1%, 24)

4. 下列各项中，与普通年金终值系数互为倒数的是( )。
   A. 预付年金现值系数　　　　B. 普通年金现值系数
   C. 偿债基金系数　　　　　　D. 资本回收系数

5. 采用静态回收期法进行项目评价时，下列表述错误的是(　　)。
   A. 若每年现金净流量不相等，则无法计算静态回收期
   B. 静态回收期法没有考虑资金时间价值
   C. 若每年现金净流量相等，则静态回收期等于原始投资额除以每年现金净流量
   D. 静态回收期法没有考虑回收期后的现金流量

二、多选题

1. 下列说法中，属于净现值指标缺点的有(　　)。
   A. 贴现率不易确定　　　　　　　　B. 不适用于独立投资方案的比较决策
   C. 没有直接考虑投资风险的大小　　D. 无法直接反映项目的实际收益率
2. 已知某笔递延年金的递延期为 m，年金支付期为 n，下列递延年金现值的计算式中，正确的有(　　)。
   A. $P=A\times(P/A, i, n)\times(P/F, i, m)$
   B. $P=A\times(F/A, i, n)\times(P/F, i, m)$
   C. $P=A\times[(P/A, i, m+n)-(P/A, i, m)]$
   D. $P=A\times(F/A, i, n)\times(P/F, i, n+m)$
3. 下列关于货币时间价值系数关系的表述中，正确的有(　　)。
   A. 普通年金现值系数×投资回收系数=1
   B. 普通年金终值系数×偿债基金系数=1
   C. 普通年金现值系数×(1+折现率)=预付年金现值系数
   D. 普通年金终值系数×(1+折现率)=预付年金终值系数

三、计算题

1. 乙公司为了扩大生产能力，拟购买一台新设备，该投资项目的相关资料如下。

资料一：新设备的投资额为 1800 万元，经济寿命期为 10 年。采用直线法计提折旧，预计期末净残值为 300 万元。假设设备购入即可投入生产，不需要垫支营运资金，该企业计提折旧的方法、年限、预计净残值等与税法规定一致。

资料二：新设备投资后第 1～6 年每年为企业增加营业现金净流量 400 万元，第 7～10 年每年为企业增加营业现金净流量 500 万元，项目终结时，预计设备净残值全部收回。

资料三：假设该投资项目的贴现率为 10%，相关货币时间价值系数如表 6-6 所示。

表6-6

期数(n)	4	6	10
(P/F, 10%, n)	0.6830	0.5645	0.3855
(P/A, 10%, n)	3.1699	4.3553	6.1446

要求：

(1) 计算项目静态投资回收期。

(2) 计算项目净现值。

(3) 评价项目投资可行性并说明理由。

2. 甲公司拟投资 100 万元购置一台新设备，年初购入时支付 20%的款项，剩余 80%的款项下年年初付清。新设备购入后可立即投入使用，使用年限为 5 年，预计净残值为 5 万元(与税法规定的净残值相同)，按直线法计提折旧。新设备投产时需垫支营运资金 10 万元，设备使用期满时全额收回。新设备投入使用后，该公司每年新增税后营业利润 11 万元。该项投资要求的必要收益率为 12%。

要求：

(1) 计算新设备每年的折旧额。

(2) 计算新设备投入使用后第 1~4 年的营业现金净流量($NCF_{1\sim4}$)。

(3) 计算新设备投入使用后第 5 年的现金净流量(NCF_5)。

(4) 计算原始投资额。

(5) 计算新设备购置项目的净现值。

四、思考题

1. 净现值法、内含报酬率法和投资回收期法的优缺点是什么？

2. 什么是现金流量？投资项目的现金流量包括哪些内容？

能力点.mp4

专业与思政融合.mp4

习题答案与解析

第七章 全面预算管理

📖 本章学习目标 >>>

- 熟悉全面预算的特征、分类与作用。
- 熟悉全面预算的编制方法,掌握经营预算的编制要点。
- 了解预算编制方法的要求、适用性,以及优点与缺点。

📖 本章知识点和能力点分解表 >>>

章	节	知识点	能力点	思政点
第七章 全面预算管理	第一节 全面预算管理概述 第二节 全面预算的编制方法 第三节 经营预算的编制 第四节 财务预算的编制 第五节 专业与思政融合——以预算管理的思维规划职业生涯	编制全面预算的重要性;全面预算编制的基本理论	掌握经营预算的编制要点	以预算管理的思维规划职业生涯

📖 本章导入 >>>

为什么一些公司成就非凡而另一些公司却在困境中苦苦挣扎?那些卓有成效的公司取得成功的原因在于它们的战略制定建立在准确的内外部信息基础上,但仅有出色的战略还不够,公司还需要将战略转化为行动,这就需要预算。预算是为实现长短期目标而制订的详细计划,它不单是一门专业的财务技术,更是能够将企业的财务、经营、管理全面打通的一项系统工程。全面预算管理综合反映了企业在一定时期内生产经营活动的目标和行动规划,通过全面预算管理的协调和控制功能,能够优化企业人力、物力、资金的使用,从而帮助企业决策者进行科学的战略规划。它是为数不多的可以对企业实施全面控制的管理会计工具之一,是企业集团加强财务管理的重要抓手,对于提升企业集团发展质量具有重要作用。全面预算管理不但广泛应用于大中型企业,也是国家财政治理体系的重要组成部分。2018年,中共中央、国务院发布了《关于全面实施预算绩效管理的意见》,强调加快建成全方位、全过程、全覆盖的预算绩效管理体系。当然，随着大数据与云计算的发展，全面预算管理也面临着新的挑战与机遇。

第一节 全面预算管理概述

"预算"一词起源于法文 bougette(公文包)，最初是政府部门用于管理财政收支的重要手段。现代意义上的企业预算是指企业内部各运营管理部门基于当前资源基础和发展目标，评估下一发展阶段中资源需求和供给的关系，进而形成的一种资源配置计划。从本质上来说，预算是围绕企业业务流程和管理流程，完整反映资源配置过程与预计配置结果的一种管理手段。

在企业的预算管理实践中，有一类预算管理可以更深入、全面地覆盖企业运营管理流程，尽可能科学合理地预计与估算流程中每个关键环节的资源需求、耗费与供给，并随着预算的执行开展必要的监督，从而使预算管理体系能够充分融入企业经营管理实践，通过有效贯彻预算来促进企业实现经营与战略目标。这就是预算管理的最优实践——全面预算管理。美国著名管理学家戴维·奥利曾指出，全面预算管理是为数不多的能将企业现金流、实物流、业务流、信息流、人力流等整合起来的管理控制方法之一。

一、全面预算管理的概念与特征

全面预算是指通过对企业内外部环境的分析，在预测与决策的基础上，调配相应的资源，对企业未来一定时期的经营和财务等做出一系列具体计划。全面预算管理是指企业为了实现战略规划和经营目标，对预定期内的经营活动、投资活动和筹资活动，通过预算的方式进行合理的规划、预计、测算和描述，并以预算为标准，对其执行过程与结果进行计量、控制、调整、核算、分析、报告、考评和奖惩等一系列管理活动的总称。全面预算管理的概念包括以下5层含义。

(1) 全面预算管理是以实现企业战略规划和经营目标为目的的内部管理活动。

(2) 全面预算管理是以预算为标准的管理控制系统。

(3) 全面预算管理是利用预算的方式细化和实现企业战略规划和经营目标的一个过程。

(4) 全面预算管理涉及企业经济活动的方方面面，是一项全员参与、全方位管理、全过程控制的综合性系统管理活动。

(5) 全面预算管理既是公司高层领导(机构)与公司中低层员工(机构)之间进行纵向整合的平台，又是公司总部各职能科室、分公司、子公司之间进行横向整合的平台。

全面预算管理体现了预算的全员、全过程、全职能的全面性特征。第一，全面预算管理要求预算管理主体全员参与，即企业各部门、各单位、各岗位及人员等都要参与到预算的编制与实施过程中，共同进行管理，通过全员参与的方式促使企业的预算管理最大可能地吸收企业流程中的各项信息，保证预算编制的准确性与预算考核的合理性。第二，全面预算管理的预算管理对象是全方位的，即预算编制全方位地覆盖企业各项运营与管理活动，将企业的人、财、物等各类资源，以及供、产、销等各个环节均纳入预算管理范畴，并通过预算的编制、分解、下达、执行、分析、调整、考核与奖惩，对企业各项经营活动进行事前、事中和事后的全过程管理。第三，全面预算管理运用了各种管理手段，即融合了企业计划、协调、控制、激励、评价等综合管理职能，整合并优化配置企业资源，提升企业运行效率，帮助企业实现发展目标。

此外，全面预算管理也体现了适应性与机制性两个特征。全面预算管理的适应性包括外部(市场)适应性和内部适应性两个方面。首先，全面预算管理是市场经济的产物，是企业适应外部市场需要而引入的管理、控制企业生产经营活动的管理制度，因此，全面预算管理的全部实施过程都必须适应市场的需要。例如，预算的编制必须以市场为导向，以销售为起点；预算的执行与控制必须贴近市场，要根据市场变化及时调整企业预算的执行策略；预算的考评与奖惩也必须紧扣市场，充分考虑市场变化对企业预算执行的正面或负面影响。其次，全面预算管理是以预算为标准的企业内部管理控制系统，它的设置与运行都必须符合企业管理的内在要求，要与企业的性质、行业、规模、组织结构、人员素质、产品特点、企业文化等内在因素相适应。全面预算管理的机制性在于它不仅是引入企业的一项管理制度，而且全面预算管理的过程也是一个企业机制化的过程。它是一个围绕市场展开的、企业内部的自我约束、自我管理机制。通过实施全面预算管理，企业可以明确内部各层级、各部门的责权利区间。在此区间内，企业各层级、各预算部门既有权力又有责任为自己该为之事，且多为不行，少为不可。同时，全面预算管理也使企业各职能机构及责任部门的权力、责任得以具体化。

二、全面预算体系

全面预算体系是由一系列预算按其经济内容及相互关系有序排列组成的有机体，主要包括经营预算、专门决策预算和财务预算三大部分。

1. 经营预算

经营预算是指与企业日常业务直接相关、具有实质性的基本活动的一系列预算的统称，又称为日常业务预算。

2. 专门决策预算

专门决策预算是指企业不经常发生的、需要根据特定决策临时编制的一次性预算，又称为特种决策预算。专门决策预算包括经营决策预算和投资决策预算两种类型。

3. 财务预算

财务预算是指与企业现金收支、经营成果和财务状况有关的各项预算，主要包括现金预算、财务费用预算、预计利润表、预计资产负债表等。这些预算以价值量指标总括地反映经营预算和资本支出预算的结果。

三、全面预算的分类

全面预算是由各项预算前后衔接、相互勾稽而形成的一个完整预算体系。图 7-1 以制造业企业为例，描绘了全面预算体系中各项预算之间的关系。

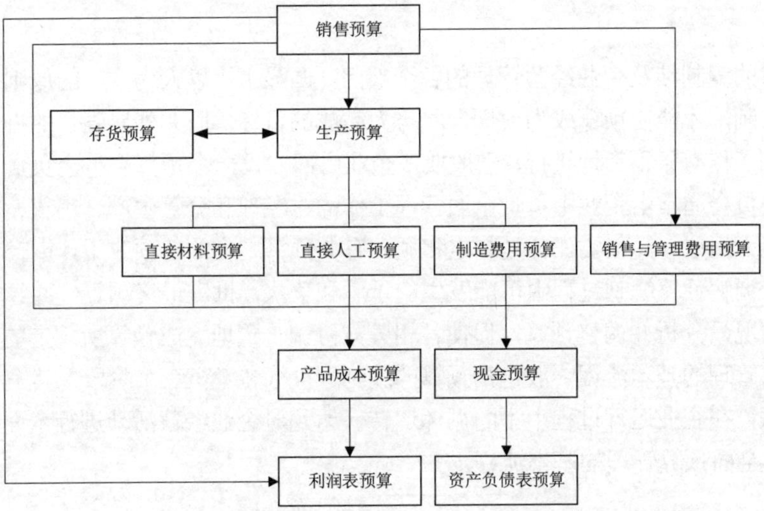

图7-1　全面预算体系中各项预算之间的关系

全面预算种类繁多，可以从不同角度、按照不同标准将其划分为若干不同的类型。

1. 按预算期划分

全面预算按预算期可分为短期预算、长期预算和滚动预算。短期预算是指年度预算或时间更短的季度或月度预算，如直接材料预算、现金预算等；长期预算则是指预算期在一年以上的预算，如长期销售预算和资本预算、长期资本筹措预算和研发预算等；滚动预算是指不管预算执行到哪个时期都始终保持一定有效期(如一年、一季度等)的预算。

2. 按内容划分

全面预算按内容可分为专门预算和综合预算。专门预算是指反映企业某一方面经营活动的预算，如直接材料预算、制造费用预算等；综合预算是指资产负债表预算和利润表预算，反映了企业的总体状况，是各种专门预算的综合。

3. 按业务活动划分

全面预算按业务活动可分为经营预算、长期投资预算、筹资预算和财务预算，这是一种比较常用的预算分类方法。其中，经营预算和财务预算是两项比较重要的预算。经营预算是指关于采购、生产、销售业务的预算，包括销售预算、生产预算、成本预算等；财务预算则是关于利润、现金和财务状况的预算，包括利润表预算、现金预算和资产负债表预算等。长期投资预算也称为资本预算，是指预算期内企业进行资本性投资活动的预算，如固定资产投资预算、权益性资本投资预算和债券投资预算等。筹资预算是指预算期内企业进行长短期借款、发行债券、发行股票，以及对原有借款、债券还本付息的预算，如经营筹资预算和项目筹资预算等。

【例题1·单选题】下列预算中，属于财务预算的是(　　)。

A. 销售预算　　　B. 生产预算　　　C. 产品成本预算　　D. 资产负债表预算

【答案与解析】D。财务预算是关于利润、现金、财务状况的预算，包括利润表预算、资产负债表预算和现金预算等。

四、全面预算的组织与流程

全面预算的编制涉及企业经营管理的各个部门，凸显了"以人为本"的原则，只有执行人参与预算的编制，才能使预算成为他们自愿努力完成的目标，而非外界强加的枷锁。为了保证全面预算编制工作有条不紊地进行，一般要在企业内部专设一个预算委员会负责预算编制并监督实施。该委员会通常由企业中负责全面管理工作的总经理和分管生产、销售、财务等主要职能部门的负责人组成，其主要任务是制定和颁布有关预算制度的各项政策，审查和协调各部门的预算申报，调解预算编制过程中可能发生的矛盾和争执，批准最终预算，并经常监督、检查预算的执行情况，分析并调整预算，促使各相关方协调一致地完成预算所规定的目标和任务。

全面预算管理的基本流程一般包括预算的编制、执行和考核三个阶段，其中各业务环环相扣、相互关联，在企业运行过程中不断循环运转，达到对企业经营活动进行全面控制的目的。图 7-2 展示了全面预算管理的基本流程。

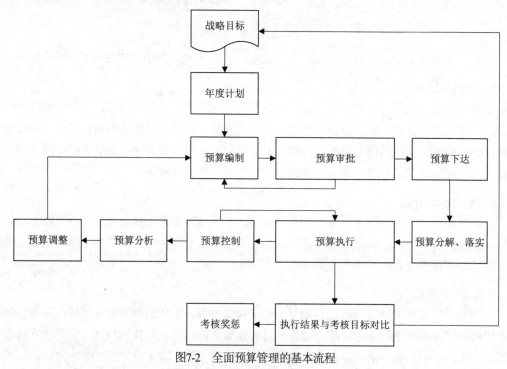

图7-2 全面预算管理的基本流程

基于企业战略和经营目标的需要，全面预算管理将企业内部的各种预测、计划与预算联结为一个整体，彼此衔接、相互勾稽，共同组成了综合的全面预算管理体系，而不只是某一专业职能部门的职责。从预算与计划的关系来看，预算在编制的过程中以企业各下属单位的各种计划为基础，量化了工作计划，使工作计划的目标得以明确。为了保证预测量化的合理性、可行性，需要以战略目标为指引，开展科学预测。企业目标、战略规划、计划预算、滚动预算与生产日程之间的关系如图 7-3 所示。

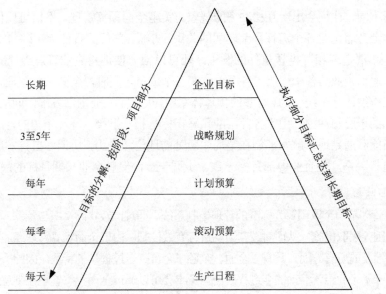

图7-3 企业目标、战略规划、计划预算、滚动预算与生产日程之间的关系

具体来说,全面预算的编制程序一般如下。

(1) 企业决策机构根据长期规划,利用本量利分析等方式,提出企业一定时期内的总目标,并下达规划指标。

(2) 各部门的成本控制人员根据目标要求自行草编预算,使得预算较为可靠、符合实际。

(3) 各部门汇总部门预算,初步协调本部门预算,编制出销售、生产、财务等预算。

(4) 预算委员会审查、平衡各预算,并通过汇总得出公司总预算。

(5) 经总经理批准,审议机构通过或驳回修改预算。

(6) 将主要预算指标报告董事会、股东大会或上级主管单位,讨论通过或驳回修改。

(7) 将批准后的预算下达各部门执行。

五、全面预算的作用

企业预算是各级各部门工作的具体奋斗目标、协调工具、控制标准、考核依据,在经营管理中发挥着重大作用,具体体现在以下4个方面。

1. 整合与凝聚

企业的目标是多重的,不能用唯一的数量指标来表达。企业的主要目标是盈利,但也要考虑社会的其他限制。预算管理是实现公司整合的基本手段。一个企业有着强大的资金流、物资流、业务流、信息流和复杂的法人治理结构,通过编制全面预算可以整合所有资源,有效地将企业的各个层级、每个层级的各个单位、每个单位的各个成员与企业总体目标连接起来,并使这些层级、单位和成员围绕着企业的总体目标而运作,从而提高企业的凝聚力和向心力。

2. 沟通与协调

企业内部各级各部门需要协调一致,才能最大限度地实现企业的总体目标。然而,各级各部门因其职责不同，往往会出现互相冲突的现象。实施全面预算管理，不仅可以促使企业高层管理者从整体上考虑企业各个运行环节之间的关系，明确各部门的责任，便于各部门间的协调，避免由于责任不清造成相互推诿事件的发生，还可以很方便地将企业管理当局的管理意图准确、快捷地传递到企业的各个层级、各个单位和各个成员。同时，全面预算管理将企业各方面和各部门的工作纳入一个统一的、有序的预算体系中，促进了企业内部各部门间的合作与交流，减少了相互间的矛盾与冲突。由于各部门的预算指标是相互衔接、环环相扣的，因此，企业各部门主管人员能够清楚地了解本部门在全局中所处的地位和作用，协调好自身发展和企业整体发展之间的有机关系，使企业内部目标一致、步调一致，促进企业长期目标的最终实现。

3. 控制与监督

全面预算管理是一个以预算为标准的管理控制系统。通过比较实际情况与预算，企业可以得知产生差异的原因并采取措施，从而对经营活动进行有效控制。由于全面预算管理涵盖了投资、经营和财务等企业涉及的所有方面，具有"全面、全额、全员、全过程"的特征，因此，全面预算管理的控制功能贯穿了企业经营活动的全过程。公司董事会可以通过全面预算管理控制总经理的行为。同样地，总经理也可以通过全面预算管理控制属下的各个部门，从而控制整个企业的经营活动。

4. 考核与评价

现代化生产是许多共同劳动的过程，不能没有责任制度，而有效的责任制度离不开对工作成绩的考核。预算指标是企业数量化、具体化的经营目标，是企业各个部门、员工的工作目标。通过预算的编制和下达，企业的上级经理可以向下级经理指派责任、下达任务，因而预算指标也就顺理成章地成为上级经理评价下级经理工作绩效的量化标准，可以很方便地对各部门实施量化绩效考核和奖惩。通过预算的考评奖惩制度，可以明确每个部门、员工完成了责任目标有什么奖励，完不成责任目标有什么惩罚。在考核、评价企业和各部门工作绩效时，以预算指标为标准，通过对比分析，划清和落实经济责任，评价各个部门的工作，并通过一定的奖惩措施激发员工的工作热情，促使企业全体员工为完成公司总体经营目标而努力。用预算指标去评价部门及员工的绩效，还可以有效避免各种关系及个人感情对绩效考评的不利影响，有利于提高绩效考评的客观性和公正性。

第二节 全面预算的编制方法

企业全面预算的构成内容比较复杂，编制方法有若干种，正确选择预算编制方法，不仅可以有效提高预算的编制效率，而且对于提高预算指标的准确性和恰当性也至关重要。因此，正确选择预算编制方法是保证预算科学性、可行性的重要基础。常用的预算编制方法主要有增量预算法与零基预算法、固定预算法与弹性预算法、定期预算法与滚动预算法等。各种预算编制方法都是在全面预算管理发展过程中形成的，每种方法都有不同的适用范围和优缺点。在具体应用时，企业没有必要强调方法的一致性，而应根据不同预算项目的特点和要求选用不同的预算编制方法。同一个预算项目可根据具体内容的不同选取不同的编制方法；同样地，同一种编制方法也可用于不同的预算，从而保证预算方案的最优化。需要强调的是，不管采用何种预算编制方法，都要与本企业的实际情况相吻合，这样才能切实增强预算编制的适用性和前瞻性。

一、增量预算法与零基预算法

预算按其编制是否以基期水平为基础可分为增量预算法和零基预算法。

(一) 增量预算法

增量预算法是在基期预算执行结果的基础上,结合预算期的情况加以调整来编制预算的方法,适用于比较稳定的老企业。运用增量预算法的前提条件如下:①现有业务活动是企业所必需的;②原有各项业务都是合理的;③未来预算期内企业必须至少以现有费用水平持续存在;④现有费用已得到充分、有效利用。

增量预算法的优点是编制相对容易;缺点是当预算期的情况发生变化时,预算数额会受到基期不合理因素的干扰,可能导致预算不准确,不利于调动各部门达到预算目标的积极性。此外,增量预算法缺乏对经营现状与既有业务水平及效率的严谨评估,经常助长浪费和低效。

(二) 零基预算法

零基预算法是以零为基础,从根本上考虑各开支项目的必要性、合理性和实际需求量来编制预算的方法。当运用此方法编制预算时,基期预算水平不再被视为理所当然的。运用零基预算法的具体步骤如下:①根据企业预算期利润目标、销售目标和生产指标等,分析预算期各项费用项目,并预测费用水平;②拟订预算期各项费用的预算方案并权衡其轻重缓急,划分费用支出的等级并排列先后顺序;③根据企业预算期预算费用控制总额目标,按照费用支出等级及顺序,分解落实相应的费用控制目标,编制相应的费用预算。

零基预算法的优点是不受前期费用项目和费用水平的制约,可以合理、有效地进行资源分析、识别浪费点,能够调动各部门降低费用的积极性;缺点是编制工作量大,而且方案评估和资源分配具有不同程度的主观性,易引起部门之间的矛盾。

零基预算法适用于企业各种预算项目的编制,特别是不经常发生的预算项目或预算编制基础变化较大的预算项目。

【例题2·多选题】下列关于零基预算法的说法中,正确的有( )。
A. 零基预算法的主要缺点是编制工作量大
B. 零基预算法假设原有各项业务及金额都合理
C. 不经常发生的预算项目适合用零基预算法进行编制
D. 不受前期费用项目和费用水平的制约是零基预算法的优点之一

【答案与解析】ACD。零基预算法是指企业不以历史期经济活动及其预算为基础,以零为起点,从实际需要出发分析预算期经济活动的合理性,经综合平衡形成预算的预算编制方法,故选项B错误。

二、固定预算法与弹性预算法

预算按其是否可按业务量调整,分为固定预算和弹性预算。

（一）固定预算法

固定预算法又称为静态预算法，是根据预算期内正常的、可实现的某业务量水平编制预算的方法。固定预算法的基本特征如下：①不考虑预算期内业务量水平可能发生的变动，只以某一确定的业务量水平为基础预计其相应金额；②将实际结果与按预算期内计划规定的某一业务量水平所确定的预算数进行比较和分析，据此进行业绩评价、考核。

固定预算法的优点是编制相对容易；缺点是适应性和可比性差。固定预算法一般适用于经营业务稳定、产品产销量稳定、能准确预测产品需求及成本的企业，如非营利组织或业务量十分稳定的企业，也可用于编制固定费用预算。

【示例1】 甲公司生产量及其对应的制造费用的预算数和实际数如表7-1所示。

表7-1

项目	预算数	实际数
生产量/件	100 000	120 000
制造费用/元	5000	6000

由此可见，当实际生产量和预算生产量不一致时，实际费用和预算费用没有可比性。

（二）弹性预算法

弹性预算法又称为动态预算法，是企业按照预算期可预见的多种生产经营活动的业务量水平分别确定相应数据而编制预算的方法。弹性预算法有3个显著特点：①按一系列业务量水平编制，扩大了预算的适用范围；②按成本性态分类列示，在预算执行中可以计算一定实际业务量的预算成本，便于预算执行的评价和考核；③向管理人员提供了丰富的反馈信息，更好地发挥了预算的控制作用。

弹性预算法理论上适用于编制全面预算中所有与业务量有关的预算，实务中主要用于编制成本费用预算和利润预算。运用弹性预算法有两大要点：其一，需要选定一个最能代表生产经营活动水平的业务量计量单位，如以手工操作为主的车间应选用人工工时、制造单一产品或零件的部门可选用实物数量、修理部门可选用直接修理工时等；其二，采用的业务量范围务必覆盖实际业务量，一般可定在正常生产能力的70%～110%之间，或者以历史最高业务量与最低业务量为上下限。弹性预算法的准确性很大程度上取决于成本性态分析的可靠性。

弹性预算法又可细分为公式法和列表法。

1. 公式法

公式法是运用总成本性态模型，测算预算期的成本费用数额，并编制成本费用预算的方法。根据成本性态，成本与业务量之间的数量关系可用以下公式表示。

$$y = a + bx$$

其中，y 表示某项成本预算总额，a 表示该项成本中的固定成本预算额，b 表示该项成本中的单位变动成本预算额，x 表示预计业务量。

公式法的优点是便于计算任何业务量的预算成本；缺点是阶梯成本和曲线成本只能用数学

方法修正为近似的直线成本后才能应用公式法。必要时，还需说明适用不同业务量范围的固定费用和单位变动费用。

【示例2】某企业制造费用中的修理费用与修理工时密切相关。经测算，预算期修理费用中的固定修理费用为1000元，单位工时的变动修理费用为3元；预计预算期的修理工时为2000小时。运用公式法，可测算预算期的修理费用=1000+3×2000=7000元。

2. 列表法

列表法是在预计的业务量范围内将业务量分为若干个水平，然后按照不同的业务量水平编制预算的方法。具体方式是首先在确定的业务量范围内划分出若干个不同水平，随后分别计算各项预算值，最后汇总列入预算表格。

列表法的优点是不管实际业务量是多少，不必经过计算即可找到与业务量相近的预算成本；混合成本中的阶梯成本和曲线成本可按总成本性态模型计算填列，不必用数学方法修正为近似的直线成本。然而运用列表法在评价和考核实际成本时，时常需要使用插补法来计算实际业务量的预算成本，比较麻烦。

【示例3】甲企业中A产品的每月制造费用与机器工时密切相关，采用列表法编制的制造费用预算如表7-2所示。

表7-2

项目	数据				
机器工时/小时	210	240	270	300	330
占正常生产能力百分比	70%	80%	90%	100%	110%
变动成本：					
运输费用/元(b=0.1)	21	24	27	30	33
电力费用/元(b=1.0)	210	240	270	300	330
材料费用/元(b=0.5)	105	120	135	150	165
合计/元	336	384	432	480	528
混合成本：					
修理费用/元	228	252	276	300	424
油料费用/元	205	220	235	250	265
合计/元	433	472	511	550	689
固定成本：					
折旧费用/元	200	200	200	200	200
人工费用/元	90	90	90	90	90
合计/元	290	290	290	290	290
总计/元	1059	1146	1233	1320	1507

假设机器工时为250小时，实际发生制造费用为1200元，则实际业务量的预算制造费用如下。

(1) 变动成本=250×(0.1+1+0.5)=400(元)。

(2) 固定成本=290元。

(3) 混合成本的计算方法如下。

设实际业务量下的预算修理费为 x 元，则：

$(250-240) \div (270-240) = (x-252) \div (276-252)$

$x = 260$ 元

设实际业务量下的预算油料费用为 y 元，则：

$(250-240) \div (270-240) = (y-220) \div (235-220)$

$y = 225$ 元

所以，当机器工时为 250 小时时，预算制造费用=400+290+260+225=1175(元)。

而实际发生的制造费用为 1200 元，比预算超支 25(1200-1175)元，故该公司实际成本控制业绩不佳。

【例题 3·多选题】用列表法编制的弹性预算的主要特点包括(　　)。

　　A. 可以直接找到与业务量相近的预算成本
　　B. 混合成本中的阶梯成本和曲线成本可按其性态计算填列
　　C. 评价和考核实际成本时往往需要使用插补法计算实际业务量的预算成本
　　D. 便于计算任何业务量的预算成本

【答案与解析】ABC。用列表法编制的弹性预算不管实际业务量是多少，不必经过计算即可找到与业务量相近的预算成本，选项 A 正确；混合成本中的阶梯成本和曲线成本，可按其性态计算填列，不必用数学方法修正为近似的直线成本，选项 B 正确；在评价和考核实际成本时，往往需要使用插补法计算"实际业务量的预算成本"，选项 C 正确；公式法便于计算任何业务量的预算成本，而非列表法，选项 D 错误。

三、定期预算法与滚动预算法

预算按其编制期是否连续可分为定期预算和滚动预算。

(一) 定期预算法

定期预算法是以固定不变的会计期间(年度、季度、月度)作为预算期间编制预算的方法。定期预算法的优点是与会计年度相匹配，便于对预算执行结果进行考核与评价；缺点是不利于前后各期间的预算衔接，不能适应连续不断的业务活动过程的预算管理，预算执行中会导致管理人员的决策视野局限于剩余预算期内的活动，不利于企业长期发展。

(二) 滚动预算法

滚动预算法又称为永续预算法或连续预算法，是在上期预算完成情况的基础上，调整和编制下期预算，并将预算期间逐期连续向后滚动推移，使预算期间保持一定时期跨度的方法，体现了持续改善的思想。

滚动预算法的要点在于预算期与会计年度相脱节，始终保持 12 个月或 4 个季度的预算。滚动预算法的优点是能够保持预算的持续性和完整性，有利于结合企业近期目标和长期目标考虑未来业务活动；使预算随时间的推进不断调整修订，与实际情况更一致，有利于充分发挥预算的指导和控制作用。滚动预算法的不足之处则是编制工作量较大。

采用滚动预算法，按照滚动的时间单位的不同可分为逐月滚动、逐季滚动和混合滚动3种方式。逐月滚动方式是指在预算编制过程中，以月份为预算的编制和滚动单位，每月调整一次预算。运用逐月滚动方式编制的预算比较精确，但工作量较大。逐季滚动方式是指在预算编制过程中，以季度为预算的编制和滚动单位，每季度调整一次预算。运用逐季滚动方式编制的预算工作量有所下降，但精确度较差。混合滚动方式是指在预算编制过程中，同时以月份和季度作为预算的编制和滚动单位，具体如图7-4所示。混合滚动方式的依据是人们对未来的了解程度存在近期把握更大、远期把握更小的特征。

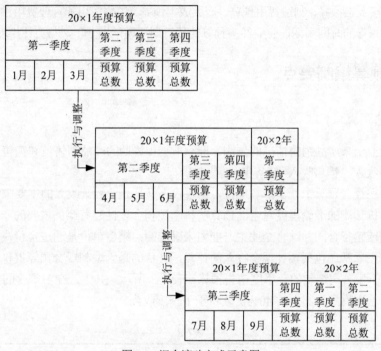

图7-4 混合滚动方式示意图

【例题4·多选题】下列关于全面预算编制的说法中，正确的有(　　)。

A. 弹性预算法是在成本性态分析的基础上，按照预算期内相关业务量水平编制

B. 滚动预算法将预算期间逐期连续向后滚动推移，使预算期间保持一定的时期跨度

C. 运用零基预算法编制预算时，不受前期费用水平的制约

D. 在定期预算法下，预算期间与会计期间在时间上一致

【答案与解析】ABCD。本题考察全面预算编制方法相关表述，以上四个选项均正确。

第三节　经营预算的编制

经营预算是指企业日常发生的各项经营活动的预算，涉及供产销等各个环节及其业务。经营预算一般包括销售预算、生产预算、直接材料预算、直接人工预算、制造费用预算、产品成

本预算、销售费用和管理费用预算等。

一、预算编制逻辑顺序

企业面临着严峻的市场竞争,因此需要预测需求并据此确定生产规模,即采取以销定产的经营方式,从而避免偏离市场需求的生产导致库存积压。同样地,企业在预算管理中也要遵循以销定产的原则为生产和经营活动配置资源。

企业经营预算的编制以销售预算为起点,遵循以销定产的原则,依次编制生产预算、直接材料预算、直接人工预算、制造费用预算、产品成本预算、销售费用和管理费用预算等。结合财务决算及财务报告的时间周期,企业经营预算的预算期间通常为一年,与会计年度保持一致。

二、经营预算编制要点

(一) 销售预算

通过对企业未来产品销售情况的预测,推测下一预算期的产品销售量和销售单价,从而求出预计的销售收入。销售收入=销售量×销售单价。

销售预算在经营预算中处于基石地位,销售收入又是企业经营收入的主要来源,因此,销售量与销售单价预测的准确程度对全面预算的科学性和合理性起着至关重要的作用。销售量是根据市场预测或销货合同并结合企业生产能力来确定的;销售单价是通过定价决策来确定的。

销售预算中通常还包括预计现金收入的计算,其目的是为编制现金预算提供必要的资料。

【示例4】甲公司编制的分季度销售预算如表 7-3 所示。其中,在各季度的销售收入中,60%货款于本季度收到,其余的40%货款将于下季度收到。

表7-3

项目	第一季度	第二季度	第三季度	第四季度	全年
预计销售量/件	100	150	200	180	630
预计单位售价/元	200	200	200	200	200
销售收入/元	20 000	30 000	40 000	36 000	126 000
预计现金收入					
上年应收账款/元	6200				6200
第一季度销售款/元	12 000	8000			20 000
第二季度销售款/元		18 000	12 000		30 000
第三季度销售款/元			24 000	16 000	40 000
第四季度销售款/元				21 600	21 600
现金收入合计/元	18 200	26 000	36 000	37 600	117 800

需要注意的是年末应收账款的确定:年末应收账款=36 000−21 600=14 400 元,或者年末应收账款=36 000×40%=14 400 元。

【例题5·单选题】某企业年初应收账款为6200万元,第一季度销售收入为20 000万元,第二季度销售收入为25 000万元。如果销售当季度收款60%,销售下季度收款40%,则前两季度现金收入是(   )万元。

A. 35 000　　　　　B. 26 200　　　　　C. 51 200　　　　　D. 41 200

【答案与解析】D。前两季度现金收入=6200+20 000+25 000×60%=41 200(万元),选项D正确。

(二) 生产预算

基于销售预算,生产预算就是计划为满足预算期的销售量及期末存货所需要的资源,包括销售量、期初和期末产成品存货、生产量。生产预算只涉及实物量指标,不涉及价值量指标。若没有期初产成品存货,则生产量等于销售量。但为应对需求和生产的不确定性,生产预算应考虑期初产成品存货,而期末产成品存货通常按照下期销售量的一定百分比确定,相关计算公式如下。

预计期末产成品存货=下期销售量×一定百分比

预计期初产成品存货=上期期末产成品存货

预计生产量=预计销售量+预计期末产成品存货-预计期初产成品存货

生产预算编制比较复杂,产量受生产能力的限制,产成品存货数量受仓库容量的限制,只能在此范围内安排产成品存货数量和各期生产量。此外,当销量很大时可以赶工增产,多付加班费;也可以提前生产,增加产成品存货而多付资金利息。通过权衡得失,选择成本最低的决策方案编制生产预算。

【示例5】甲公司编制的分季度生产预算如表7-4所示。已知期末存量按下期销售量的10%确定,假设年初有产成品存货10件,年末有产成品存货20件。

表7-4

单位:件

项目	第一季度	第二季度	第三季度	第四季度	全年
预计销售量	100	150	200	180	630
加:预计期末产成品存货	15	20	18	20	20
合计	115	170	218	200	650
减:预计期初产成品存货	10	15	20	18	10
预计生产量	105	155	198	182	640

【例题6·多选题】编制生产预算中的"预计生产量"项目时,需要考虑的因素有(   )。

A. 预计销售量

B. 预计材料采购量

C. 预计期初产成品存货

D. 预计期末产成品存货

【答案与解析】ACD。根据"预计生产量=预计销售量+预计期末产成品存货-预计期初产成品存货"可知,选项ACD正确;预计材料采购量是直接材料预算编制时需要考虑的因素,选项B不正确。

(三) 直接材料预算

直接材料预算是一项采购预算,取决于生产材料的预计耗用量和原材料存货的需要量。预计生产量确定以后,根据单位产品的直接材料耗用量,以及期初、期末的材料存货量,便可编制直接材料预算。预计直接材料采购量的计算公式如下。

预计直接材料采购量=预计生产量×单位产品耗用量+
预计期末材料存货-预计期初材料存货

单位产品耗用量的数据来自标准成本资料或消耗定额资料,预计期末材料存货通常按照下期生产需用量(生产量×单位产品耗用量)的一定百分比确定。根据预计直接材料采购量,不仅可以安排预算期内的采购计划,也可以得到直接材料的预算额。直接材料预算额的计算公式如下。

直接材料预算额=预计直接材料采购量×预计直接材料采购单价

预计直接材料采购单价一般是指该材料的平均价格,可从采购部门取得该数据。在编制直接材料预算时考虑期初、期末材料存货的目的在于尽可能降低产品成本,避免因材料存货不足影响生产,或由于材料存货过多造成资金浪费。为便于之后编制现金预算,通常要预计各期材料采购的现金支出,包括偿还上期应付账款和本期应付的采购货款。

【示例6】甲公司编制的分季度直接材料预算如表7-5所示。材料采购金额的50%在本季度内付清,其余的50%在下季度付清,期末材料存量按下期生产所需用量的20%确定。假设年初原材料为300千克,年末原材料为400千克。

表7-5

项目	第一季度	第二季度	第三季度	第四季度	全年
预计生产量/件	105	155	198	182	640
单位产品材料用量/千克	10	10	10	10	10
预计生产需用量/千克	1050	1550	1980	1820	6400
加:预计期末材料存量/千克	310	396	364	400	400
减:预计期初材料存量/千克	300	310	396	364	300
预计材料采购量/千克	1060	1636	1948	1856	6500
单价/元	5	5	5	5	5
预计采购金额/元	5300	8180	9740	9280	32 500
预计现金支出					
上年应付账款/元	2350				2350
第一季度采购金额/元	2650	2650			5300
第二季度采购金额/元		4090	4090		8180
第三季度采购金额/元			4870	4870	9740
第四季度采购金额/元				4640	4640
合计/元	5000	6740	8960	9510	30 210

【例题7·单选题】甲企业生产一种产品,每件产品消耗材料10千克。预计本期产量为155件,下期产量为198件;本期期初材料为310千克,期末材料按下期产量用料的20%确定。本期预计材料采购量为( )千克。

  A. 1464   B. 1636   C. 1860   D. 1946

【答案与解析】B。期末材料数量=198×10×20%=396(千克),本期生产需要量=155×10=1550(千克),本期预计材料采购量=本期生产需要量+期末材料数量-期初材料数量=1550+396-310=1636(千克),故选项B正确。

(四) 直接人工预算

直接人工预算是指对预算期内企业人工工时的消耗和人工成本所做的预算,直接人工预算是在生产预算基础上编制的。直接人工预算额的计算公式如下。

$$直接人工预算额=预计生产量\times 单位产品直接人工工时\times 小时工资率$$

单位产品直接人工工时和小时工资率的数据按照标准成本法确定。由于工资都需要使用现金支付,因此无须另外预计现金支出,可直接汇入现金预算。

【示例7】甲公司编制的分季度直接人工预算如表7-6所示。

表7-6

项目	第一季度	第二季度	第三季度	第四季度	全年
预计产量/件	105	155	198	182	640
单位产品工时/小时	10	10	10	10	10
人工总工时/小时	1050	1550	1980	1820	6400
每小时人工成本/元	2	2	2	2	2
人工总成本/元	2100	3100	3960	3640	12 800

【例题8·多选题】编制直接人工预算时,影响直接人工总成本的因素有( )。

  A. 预计直接人工工资率

  B. 预计产量

  C. 预计车间辅助人员工资

  D. 预计单位产品直接人工工时

【答案与解析】ABD。直接人工预算是以生产预算为基础编制的,其主要内容有预计产量、单位产品工时、人工总工时、每小时人工成本和人工总成本。车间辅助人员工资计入制造费用,不影响直接人工总成本。

(五) 制造费用预算

制造费用预算是指除直接材料和直接人工外为生产产品而发生的间接费用的预算,列示了所有间接制造项目的预期成本。由于制造费用项目存在不易辨认的投入产出关系,其预算需要根据生产水平、管理当局的意愿、长期生产能力等外部因素进行编制。根据与生产量的相关性(即成本性态),制造费用预算通常可按变动制造费用和固定制造费用分别编制。

1. 变动制造费用

变动制造费用与生产量之间存在线性关系，可基于生产预算编制。变动制造费用预算额的计算公式如下。

变动制造费用预算额=预计生产量×单位产品预定分配率

单位产品预定分配率从标准成本资料中获取。如果没有标准成本资料，则逐项预计计划产量所需的各项制造费用。

2. 固定制造费用

固定制造费用与生产量之间不存在线性关系，需要逐项预计，通常根据上期实际水平，经过适当调整得出。

为便于后续编制产品成本预算，需要计算变动制造费用与固定制造费用的分配率。此外，还需要预计现金支出。制造费用中，除折旧费外都必须支付现金，因此，各期制造费用数额扣除折旧费后可得现金支出的费用。

【示例8】甲公司编制的分季度制造费用预算如表7-7所示。间接人工分配率为1(即每件产品分配的间接人工费用为1元)，间接材料分配率为1(即每件产品分配的间接材料费用为1元)，修理费分配率为2(即每件产品分配的修理费用为2元)，水电费分配率为1(即每件产品分配的水电费为1元)。

表7-7

单位：元

项目	第一季度	第二季度	第三季度	第四季度	全年
变动制造费用：					
间接人工	105	155	198	182	640
间接材料	105	155	198	182	640
修理费	210	310	396	364	1280
水电费	105	155	198	182	640
小计	525	775	990	910	3200
固定制造费用：					
修理费	1000	1140	900	900	3940
折旧	1000	1000	1000	1000	4000
管理人员工资	200	200	200	200	800
保险费	75	85	110	190	460
财产税	100	100	100	100	400
小计	2375	2525	2310	2390	9600
合计	2900	3300	3300	3300	12 800
减：折旧	1000	1000	1000	1000	4000
现金支出的费用	1900	2300	2300	2300	8800

为便于后续编制产品成本预算,还需要计算小时费用率。
变动制造费用小时费用率=3200÷6400=0.5(元/小时)
固定制造费用小时费用率=9600÷6400=1.5(元/小时)

【例题9·多选题】甲公司正在编制全面预算,下列各项中,以生产预算为编制基础的有(　　)。
　　A. 直接人工预算　　　　　　　　B. 销售预算
　　C. 变动制造费用预算　　　　　　D. 直接材料预算
【答案与解析】ACD。生产预算是在销售预算的基础上编制的,因此销售预算不以生产预算为编制基础,选项 B 错误。

(六) 产品成本预算

产品成本预算是上述销售预算、生产预算、直接材料预算、直接人工预算、制造费用预算的汇总。产品单位成本预算的有关数据来自直接材料预算、直接人工预算和制造费用预算,而生产成本预算、存货成本预算和销货成本预算等数据,可由产品单位成本预算乘以生产预算中的预计生产量、预计期末存货和销售预算中的预计销售量得出。

期末产成品存货预算不仅影响生产预算,其预计金额还会对预计利润表、预计资产负债表产生影响。

【示例9】甲公司编制的产品成本预算如表7-8所示,假设期初存货为10件,单位成本为90元。

表7-8

项目	单位成本			生产成本/元 (640件)	期末存货/元 (20件)	销货成本/元 (630件)
	单价/元	投入量	成本/元			
直接材料	5	10 千克	50	32 000	1000	31 500
直接人工	2	10 小时	20	12 800	400	12 600
变动制造费用	0.5	10 小时	5	3200	100	3150
固定制造费用	1.5	10 小时	15	9600	300	9450
合计			90	57 600	1800	56 700

【例题10·多选题】下列各项预算中,属于产品成本预算编制基础的有(　　)。
　　A. 销售及管理费用预算　　　　　B. 直接人工预算
　　C. 制造费用预算　　　　　　　　D. 生产预算
【答案与解析】BCD。产品成本预算是销售预算、生产预算、直接材料预算、直接人工预算、制造费用预算的汇总,选项 BCD 正确。

(七) 销售费用和管理费用预算

销售费用和管理费用预算包括预算期内将发生的除制造费用以外的各项费用,主要涉及销售部门和管理部门。

1. 销售费用预算

销售费用预算是指为了实现预售预算目标所需支付的费用的预算。它以销售预算为基础，分析销售收入、销售利润和销售费用的关系，力求实现销售费用的最有效使用。具体来说，在编制销售费用预算时，应对过去的销售费用进行分析，考察过去销售费用支出的必要性和效果，并与销售预算相配合，按品种、地区、用途等确定编制具体预算数额。

2. 管理费用预算

管理费用是企业管理业务所必需的费用，随着企业规模的扩大和管理职能的日益重要，管理费用也随之增加。在编制管理费用预算时，要分析企业的业务水平和一般经济情况，务必做到费用合理化。管理费用大多属于固定成本，因此，管理费用预算一般是以过去的实际开支为基础，按预算期的可预见变化加以调整。管理费用预算必须充分考察每种费用是否必要，以便提高费用的合理性和有效性。

此外，管理会计中并不单独考虑财务费用预算，与本量利分析中的"利润"是税前经营利润(或以息税前利润代替)，保持逻辑一致。

【示例10】甲公司编制的销售及管理费用预算如表7-9所示。

表7-9

单位：元

项目	金额
销售费用：	
销售人员工资	2000
广告费	5500
包装、运输费	3000
保管费	2700
折旧	1000
管理费用：	
管理人员薪金	4000
福利费	800
保险费	600
办公费	1400
折旧	1500
合计	22 500
减：折旧	2500
每季度支付现金(20 000/4)	5000

【例题11·多选题】下列经营预算中，通常需要预计现金支出的有(　　)。

A. 生产预算　　　　　　　　B. 销售费用预算
C. 制造费用预算　　　　　　D. 直接材料预算

【答案与解析】BCD。生产预算是在销售预算的基础上编制的，其主要内容有销售量、生产量、期初和期末产成品存货量，它是不含价值量指标的预算，只涉及实物量指标，不需要预计现金支出，选项 A 错误；销售费用预算、制造费用预算、直接材料预算都需要预计现金支出，选项 BCD 正确。

第四节　财务预算的编制

财务预算可以综合反映经营预算和资本支出预算对企业经营成果和财务状况的影响以及相关的筹资安排，主要包括现金预算、利润表预算和资产负债表预算。

一、现金预算

现金预算的编制以各项经营预算和资本预算为基础，反映各预算期的收入和支出款项并进行对比说明。编制现金预算的目的在于现金不足时筹措现金，现金多余时及时处理现金余额(如偿还债务、支付利息或投资证券等)，提供现金收支的控制限额，发挥现金管理的作用。

现金预算表是所有有关现金收支预算的汇总，通常包括现金收入、现金支出、现金余缺，以及现金筹措与运用四个组成部分。"可供使用现金"部分包括期初现金余额和预算期现金收入，销货取得的现金收入是主要来源。期初现金余额是在编制预算时预计的，"销货现金收入"的数据来自销售预算，"可供使用现金"是期初余额与本期现金收入之和。"现金支出"部分包括预算期的各项现金支出，"直接材料""直接人工""制造费用""销售及管理费用"的数据分别来自前述有关预算。此外，还包括所得税费用、购置设备(资本预算)、股利分配等现金支出，有关数据分别来自另行编制的专门预算。"现金结余或不足"部分列示可供使用现金与现金支出合计的差额。若差额大于最低现金余额，则说明现金有结余，可用于偿还过去向银行取得的借款，或者用于短期投资。若差额小于最低现金余额，则说明现金不足，要向银行取得新的借款。此外，还应将长期借款利息纳入预算。还款后，仍需保持最低现金余额，否则只能部分归还借款本金。

【示例 11】甲公司理想的现金余额为 3000 元，如果资金不足，可以取得短期借款，银行的要求是借款额必须是 1000 元的整数倍。借款利息按季支付，假设新增借款发生在季度的期初，归还借款发生在季度的期末，归还借款是 100 元的整数倍，优先归还短期借款。甲公司上一年年末的长期借款余额为 120 000 元，且第一季度和第四季度分别预计借入长期借款 30 000 元与 60 000 元，第一季度和第四季度分别预计购买设备资金为 50 000 与 80 000 元。现金预算编制如表 7-10 所示。

表7-10

单位：元

项目	第一季度	第二季度	第三季度	第四季度	全年
期初现金余额	8000	3200	3060	3040	8000
加：现金收入(表 7-3)	18 200	26 000	36 000	37 600	117 800
可供使用现金	26 200	29 200	39 060	40 640	125 800
减：现金支出					
直接材料(表 7-5)	5000	6740	8960	9510	30 210
直接人工(表 7-6)	2100	3100	3960	3640	12 800
制造费用(表 7-7)	1900	2300	2300	2300	8800
销售及管理费用(表 7-9)	5000	5000	5000	5000	20 000
所得税费用	4000	4000	4000	4000	16 000
购买设备	50 000			80 000	130 000
股利分配				4000	
现金支出合计	68 000	21 140	24 220	108 450	221 810
现金余缺	(41 800)	8060	14 840	(67 810)	(96 010)
现金筹措与运用					
借入长期借款	30 000			60 000	90 000
取得短期借款	20 000			18 000	38 000
归还短期借款			6800		6800
短期借款利息(年利率 10%)	500	500	500	780	2280
长期借款利息(年利率 12%)	4500	4500	4500	6300	19 800
期末现金余额	3200	3060	3040	3110	3110

【例题 12·单选题】甲公司正在编制现金预算，预计采购货款第一季度为 5000 元，第二季度为 8000 元，第三季度为 9000 元，第四季度为 10 000 元。采购货款的 60%在本季度内付清，其余的 40%在下季度付清。假设年初应付账款 2000 元，预计全年现金支出是(　　)元。

A. 28 000　　　　B. 30 000　　　　C. 32 000　　　　D. 34 000

【答案与解析】B。预计全年现金支出＝当年的现购支出＋支付前期的应付账款＝5000+8000+9000+10 000×60%+2000=30 000(元)。

二、利润表预算

利润表预算包括预计的各项经营收入、预计的各项经营成本及预计的利润分配等。利润表预算是财务管理的重要工具，其作用与实际的财务报表不同，主要为企业财务管理和绩效管理服务，是控制企业成本费用、调配现金、实现利润目标的重要手段。利润表预算根据经营预算等预算进行编制，与财务会计利润表的内容和格式相同，只不过数据是面向未来预算期的。利润表预算是在汇总销售收入、销货成本、销售及管理费用、营业外支出、资本支出等预算的基础上进行编制的。通过编制利润表预算，可以了解企业预期的盈利水平。如果预算利润与最初编制方针中的目标利润有较大的差距，就需要调整部门预算，设法达到目标，或者经企业领导同意后修改目标利润。

利润表预算中"销售收入"项目的数据来自销售收入预算；"销售成本"项目的数据来自产品成本预算；"毛利"项目的数据是前两项的差额；"销售及管理费用"项目的数据来自销售费用和管理费用预算；"利息费用"项目的数据来自现金预算。此外，"所得税费用"项目的数据是在利润预测时估计而出的且已列入现金预算，通常并不根据"利润总额"和所得税税率计算得出(因存在诸多纳税调整事项)。从预算编制程序来看，如果根据"利润总额"和所得税税率重新计算所得税，就需要修改现金预算，引起借款计划修订，进而改变借款利息，最终又要修改利润总额，从而陷入数据的循环修改。

【示例12】甲公司编制的利润表预算如表7-11所示。

表7-11

单位：元

项目	金额
销售收入(表7-3)	126 000
销售成本(表7-8)	56 700
毛利	69 300
销售及管理费用(表7-9)	22 500
利息费用(表7-10)	22 080
利润总额	24 720
所得税费用(表7-10 估计)	16 000
净利润	8720

【例题13·多选题】下列关于全面预算中的利润表预算编制的说法中，正确的有(　　)。

A. "销售收入"项目的数据来自销售预算

B. "销售成本"项目的数据来自生产预算

C. "销售及管理费用"项目的数据来自销售费用和管理费用预算

D. "所得税费用"项目的数据，通常是根据利润表预算中的"利润"项目金额和本企业适用的法定所得税税率计算出来的

【答案与解析】AC。在编制利润表预算时，"销售成本"项目的数据来自产品成本预算，选项B错误；"所得税费用"项目的数据是在利润预测时估计而出的，并已列入现金预算，通常并不根据"利润"和所得税税率计算得出，选项D错误；选项AC的说法正确。

三、资产负债表预算

资产负债表预算可以反映预算期末的财务状况，通常以企业财务会计的资产负债表项目及其编制原理为依据，利用预算期期初预计的资产负债表，根据有关经营和财务等预算的有关数据加以调整编制完成。编制资产负债表预算的目的在于判断预算反映的财务状况的稳定性和流动性。如果通过对资产负债表预算的分析，发现某些财务比率不佳，那么必要时可修改有关预算，以改善企业未来的财务状况。

资产负债表预算大部分项目的数据可从经营预算与现金预算、利润表预算中取得，其中"年末未分配利润"项目的数据通过公式"期末未分配利润=期初未分配利润+本期利润-本期股利"计算得出；"应收账款"项目的数据根据公式"期末应收账款=本期销售额×(1-本期收现率)"计算得出；"应付账款"项目的数据根据公式"期末应付账款=本期采购金额×(1-本期付现率)"计算得出。

【示例 13】甲公司编制的资产负债表预算如表 7-12 所示。

表7-12

单位：元

资产	年初余额	年末余额	负债和股东权益	年初余额	年末余额
流动资产：			流动负债：		
货币资金	8000	3110	短期借款	0	31 200
应收账款	6200	14 400	应付账款	2350	4640
存货	2400	3800	流动负债合计	2350	35 840
流动资产合计	16 600	21 310	非流动负债：		
非流动资产：			长期借款	120 000	210 000
固定资产	43 750	37 250	非流动负债合计	120 000	210 000
在建工程	100 000	230 000	负债合计	122 350	245 840
非流动资产合计	143 750	267 250	股东权益		
			股本	20 000	20 000
			资本公积	5000	5000
			盈余公积	10 000	10 872
			未分配利润	3000	6848
			股东权益合计	38 000	42 720
资产总计	160 350	288 560	负债和股东权益总计	160 350	288 560

预算编制过程如表 7-13 所示。

表7-13

项目	年初余额	年末余额	依据
货币资金	第一季度期初现金余额	第四季度期末现金余额	现金预算
应收账款	第一季度期初余额	第四季度期末应收账款= 36 000-21 600=14 400(元) 或 36 000×40%=14 400(元)	销售预算
存货	直接材料年初余额= 300×5=1500(元) 产成品年初余额= 10×90=900(元) 存货年初余额= 1500+900=2400(元)	直接材料年末余额=400×5=2000(元) 产成品年末余额=20×90=1800(元) 存货年末余额=2000+1800=3800(元)	生产预算 直接材料预算 产品成本预算
固定资产	上年末资产负债表	本年折旧=4000+1000+1500=6500(元) 固定资产年末余额= 43 750-6500=37 250(元)	制造费用预算 销售和管理费用预算
在建工程	上年末资产负债表	在建工程年末余额= 100 000+130 000=230 000(元)	
短期借款	上年末资产负债表	短期借款年末余额= 20 000-6800+18 000=31 200(元)	现金预算
应付账款	上年应付账款	年末余额=9280-4640=4640(元) 或 9280×50%=4640(元)	直接材料预算
长期借款	上年末资产负债表	长期借款年末余额= 120 000+90 000=210 000(元)	
股本	上年末资产负债表	无变动，余额不变	
资本公积	上年末资产负债表	无变动，余额不变	
盈余公积	上年末资产负债表	当年计提的法定盈余公积= 8720×10%=872(元) 故盈余公积年末余额=10 000+872=10 872(元)	利润表预算
未分配利润	上年末资产负债表	未分配利润本年增加额=本年净利润- 本年的股利-本年计提的法定盈余公积= 8720-4000-872=3848(元) 年末未分配利润=3000+3848=6848(元)	现金预算 利润表预算

【例题14·多选题】 在编制资产负债表预算时，下列预算中能够直接为"存货"项目年末余额提供数据来源的有( )。

A. 销售预算　　　　B. 生产预算　　　　C. 直接材料预算　　　　D. 产品成本预算

【答案与解析】CD。资产负债表预算中的存货包括直接材料和产成品，因此直接材料预算和产品成本预算能够直接为"存货"项目年末余额提供数据来源，选项 CD 正确。生产预算只涉及实物量指标，不涉及价值量指标，不能够对存货项目年末余额产生直接影响，选项 B 错误；销售预算可以为"应收账款"项目的年末余额直接提供数据来源，选项 A 错误。

第五节　专业与思政融合——以预算管理的思维规划职业生涯

古语有云："凡事预则立，不预则废。"通过对预算管理的学习，掌握预算编制原则及流程，有助于学生掌握扎实的预算管理能力，从而更科学地把握未来，规划自己的职业生涯。

一、预算管理与职业生涯规划

全面预算管理已经成为现代化企业不可或缺的重要管理模式。它通过业务、资金、信息、人才的整合，明确适度的分权授权，战略驱动的业绩评价等，来实现企业的资源配置并真实地反映企业的实际需要，进而对作业协同、战略贯彻、经营现状与价值增长等方面的最终决策提供支持。

职业生涯规划是指个人和组织相结合，在对一个人职业生涯的主客观条件进行测定、分析、总结的基础上，对自己的兴趣、爱好、能力、特长、经历及不足等进行综合分析与权衡，结合时代特点，根据自己的职业倾向，确定最佳的职业奋斗目标，并为实现这一目标做出行之有效的安排。美国的成功学大师安东尼·罗宾斯曾经提出过一个成功的万能公式：成功=明确目标+详细计划+马上行动+检查修正+坚持到底。

职业生涯规划要求人们综合考虑自身的职业兴趣、性格特点、能力倾向、知识技能等内在因素，以及各种外界因素，来把自己定位在一个最能发挥自己长处的位置，以便最大限度地实现自我价值。我们完全可以用预算管理的知识规划自身的职业生涯，在规划时可以借鉴企业编制预算时遵循的目标性、系统性和长期性原则，环环相扣，分阶段实现自己的目标。

弹性预算的思维告诉我们在制定职业生涯规划时要留有余地和弹性，要准备多种预案。弹性原则是指决策者在决策活动中，特别是在制定方案或制定计划的过程中要留有适当余地，备有应急方案，以便适应客观事物可能出现的变化的决策行为准则。决策之所以要遵循弹性原则，主要是因为决策对象和过程的复杂性和动态性，以及决策条件的多样性。这就要求决策者对实施的困难和变化的可能性既要有充分的心理准备，又要有应对的措施。

二、以普遍联系的观点看待全面预算的编制

联系的观点是唯物辩证法的一个基本观点。唯物辩证法认为，联系是指事物之间以及事物内部各要素之间相互影响、相互制约的关系。世界上的一切事物都处在普遍联系之中，其中没

有任何一个事物孤立地存在，整个世界就是一个普遍联系的统一整体。联系具有普遍性、客观性、多样性、条件性。它要求我们必须从客观事物本身的真实联系去把握事物、认识问题和处理问题。在分析具体问题时，既要注意一事物与周围其他事物的联系，具体分析事物之间相互影响和相互制约的关系；又要注意这一事物前后相继的历史联系，分析该事物的历史发展过程。即坚持联系的观点、全面的观点看问题，对事物的联系进行具体分析，反对形而上学孤立、片面地看问题。唯物辩证法认为，一切事物都是由各个局部构成的有机联系的整体，部分离不开整体，全局高于局部。坚持整体与部分的统一，要求我们树立全局观念、立足整体、统筹全局，选择最佳方案，实现整体的最优目标，从而达到整体功能大于部分功能之和的理想效果。同时，必须重视部分的作用，搞好局部，用局部的发展推动整体的发展。

全面预算是由经营预算、专门决策预算和财务预算构成的有机联系的整体，这要求我们编制预算时一定要树立全局观念、立足企业经营活动整体、统筹战略发展全局，选择最佳方案，实现企业整体的最优经营目标。同时，还要注意业务预算之间存在的普遍联系，善于掌握业务预算之间相互影响、相互制约的关系，即在编制生产预算时要注意生产预算与销售预算的密切联系。按照以销定产的原则，销售预算会直接影响生产预算，进而影响材料采购预算和直接人工预算，充分说明业务预算处在广泛而普遍的联系之中，牵一发而动全身。只有坚持联系的观点、全面的观点看待现金预算编制问题，才能找到可供使用现金、现金支出、现金余缺、现金筹措与运用四部分之间的内在联系，现金预算中很多项目的填列要依赖业务预算和专门决策预算的编制，业务预算和专门决策预算编制的规范性和数字的准确性直接影响现金预算编制的速度和质量。因此，也必须重视业务预算和专门决策预算等部分的作用，搞好每个预算，用单个高水平的预算推动企业整体预算质量的提高。

■ 本章实训题 ■

实训7-1：

青鸟公司现金期末最低余额为5000元，银行借款起点为1000元，贷款利息每年为5%，还本时付息。

要求：将下列现金预算(见表7-14)的空缺数据按照其内在的联系填补齐全。

表7-14

单位：元

项目	第一季度	第二季度	第三季度	第四季度	全年
期初现金余额	4500	5000	5800		4500
加：现金收入	10 500	15 000	20 000	21 000	66 500
可供使用现金	15 000	20 000	25 800		
减：现金支出					
直接材料	3000	4000	4000		15 000
直接人工		1500			6000
制造费用	1200	1200	1200	1200	

(续表)

项目	第一季度	第二季度	第三季度	第四季度	全年
销售和管理费用	1000	1000	1000	1000	4000
购买设备	5000	—	—	—	5000
支付所得税	7500	7500	7500		30 000
现金支出合计	19 000	15 200	15 300		64 800
现金余缺	(4000)	4800	10 500		
现金筹措与运用					
向银行借款	9000	1000			
归还借款	—	—	5000	5000	
支付利息	—	—			
期末现金余额	5000	5800			

实训分析：补充后的现金预算如表 7-15 所示。

表7-15

单位：元

项目	第一季度	第二季度	第三季度	第四季度	全年
期初现金余额	4500	5000	5800	5312.5	4500
加：现金收入	10 500	15 000	20 000	21 000	66 500
可供使用现金	15 000	20 000	25 800	26 312.5	71 000
减：现金支出					
直接材料	3000	4000	4000	4000	15 000
直接人工	1300	1500	1600	1600	6000
制造费用	1200	1200	1200	1200	4800
销售和管理费用	1000	1000	1000	1000	4000
购买设备	5000	—	—	—	5000
支付所得税	7500	7500	7500	7500	30 000
现金支出合计	19 000	15 200	15 300	15 300	64 800
现金余缺	(4000)	4800	10500	11 012.5	6200
现金筹措与运用					
向银行借款	9000	1000	—	—	10 000
归还借款	—	—	5000	5000	10 000
支付利息	—	—	187.5	237.5	425
期末现金余额	5000	5800	5312.5	5775	5775

实训7-2：

假设 A 公司只生产一种产品，销售单价为 200 元，预算年度内四个季度的销售量经测算分别为 250 件、300 件、400 件和 350 件。根据以往经验，销货款在当季可收到 60%，下一季可收到其余的 40%。预计预算年度第一季度可收回上一年第四季度的应收账款 20 000 元。

实训要求：计算本年各季度的现金收入。

实训分析：本年各季度的现金收入的计算如表 7-16 所示。

表7-16

项目	第一季度	第二季度	第三季度	第四季度	全年
销售单价/元	200	200	200	200	200
销售量/件	250	300	400	350	1300
销售收入/元	50 000	60 000	80 000	70 000	260 000
收到当季销货款/元	30 000	36 000	48 000	42 000	156 000
收到上季应收账款/元	20 000	20 000	24 000	32 000	96 000
现金收入/元	50 000	56 000	72 000	74 000	252 000

■ 本章案例分析 ■

案例7-1：

在讲求高效管理的今天，全面预算已被众多职业经理人视为现代企业发展所必需的管理手段，并被誉为实现企业经营管理目标的得力助手。但许多小公司从不编制预算，公司领导认为公司规模太小，以至于只需要动动脑就能掌握所有收支的来龙去脉。请针对这种观点发表意见。

案例分析：

预算是一种管理工具，是计划未来工作的过程。预算是工作计划的量化体现，使工作计划的目标得以明确。全面预算管理的过程是企业目标分解、实施、控制和实现的过程，是对企业整体经营活动的一系列量化的计划安排。小公司虽然规模不大，但并不代表它们不需要计划未来、不需要将未来工作计划进行量化体现。因此，仅仅因为公司规模小，就不编制预算的观点是片面的，反映了管理者对全面预算管理的作用不甚了解。

■ 本章练习题 ■

一、单选题

1. 甲公司正在编制下一年的年度预算。在直接材料预算中，第三季度和第四季度直接材料的预计生产需用量分别为 1.5 吨和 2 吨，价格为 100 万元/吨，每季度末材料存量为下季度生产需用量的 10%，年末材料留存 0.5 吨，则下一年第四季度采购金额为(　　)万元。

　　A. 170　　　　　　B. 180　　　　　　C. 230　　　　　　D. 250

2. 甲企业生产和销售 X 产品,当月投产且当月完工。单位产品材料用量为 8 千克,预计 9 月份的销量为 19 000 件,月初产品存货为 4000 件,月末产品存货为 3000 件,月初材料库存为 50 000 千克,月末材料库存为 53 000 千克。预计 9 月份材料采购量为( )千克。

    A. 157 000　　　　B. 141 000　　　　C. 163 000　　　　D. 147 000

3. 甲公司正在编制直接材料预算。预计单位产成品材料消耗量为 10 千克,材料单价为 40 元,第一季度期初和期末材料存货分别为 600 千克和 550 千克,第一季度和第二季度产成品销量分别为 300 件和 250 件,期末产成品存货按下季度销量的 10%安排。预计第一季度材料采购金额为( )元。

    A. 116 000　　　　B. 120 000　　　　C. 118 000　　　　D. 140 000

4. 甲公司正在编制直接材料预算。预计单位产成品材料消耗量为 10 千克,材料单价 50 元,第一季度期初和期末材料存货分别为 500 千克和 550 千克,第一季度和第二季度产成品销量分别为 200 件和 250 件,期末产成品存货按下季度销量的 10%安排。预计第一季度材料采购金额为( )元。

    A. 102 500　　　　B. 105 000　　　　C. 130 000　　　　D. 100 000

5. 某公司在编制资金预算时,期末现金余额要求不低于 10 000 元,资金不足则向银行借款,借款金额要求为 10 000 元的整数倍。若"现金余缺"为–55 000 元,则应向银行借款的金额为( )。

    A. 40 000 元　　　B. 70 000 元　　　C. 60 000 元　　　D. 50 000 元

二、计算题

1. 甲公司是一家制造业企业,正在编制下一年第一季度和第二季度的现金预算,年初现金余额为 52 万元。相关资料如下。

(1) 预计第一季度销量为 30 万件,单位售价为 100 元;第二季度销量为 40 万件,单位售价为 90 元;第三季度销量为 50 万件,单位售价为 85 元。每季度销售收入的 60%当季收现,其余的 40%下季收现,今年年末应收账款余额为 800 万元,下一年第一季度收回。

(2) 今年年末产成品存货为 3 万件,下一年每季度末产成品存货为下季度销量的 10%。

(3) 单位产品材料消耗量为 10 千克,单价为 4 元,当季所购材料且当季全部耗用,季初、季末无材料存货,每季度材料采购货款的 50%当季付现,其余的 50%下季付现。今年年末应付账款余额为 420 万元,下一年第一季度偿付。

(4) 单位产品人工工时为 2 小时,人工成本为 10 元/小时;制造费用按人工工时分配,分配率为 7.5 元/小时。全年销售和管理费用为 400 万元,每季度为 100 万元。假设人工成本、制造费用、销售和管理费用全部当季付现。全年所得税费用为 100 万元,每季度预缴为 25 万元。

(5) 公司计划在下一年度上半年安装一条生产线,第一季度和第二季度分别支付设备购置 450 万元、250 万元。

(6) 每季度末现金余额不能低于 50 万元。当低于 50 万元时,向银行借入短期借款,借款金额为 10 万元的整数倍。借款季初取得,每季度末支付当季利息,季度利率为 2%。当高于 50 万元时,高出部分按 10 万元的整数倍偿还借款,季末偿还。

下一年度第一季度和第二季度无其他融资和投资计划。

要求:根据上述资料,编制甲公司下一年度第一季度和第二季度的现金预算。

2. 甲公司是一家蔗糖生产企业，每年 12 月份编制下一年的分季度现金预算。今年年末，预计下一年的相关资料如下。

(1) 该公司只生产一种 1 千克装的白砂糖，由于作为原料的甘蔗供货有季节性，采购、生产只在第一季度和第四季度进行，但销售全年发生。

(2) 销售收入预计：第一季度为 1500 万元、第二季度为 750 万元、第三季度为 750 万元、第四季度为 1500 万元。所有销售均为赊销。每季度赊销款的 2/3 当季收回，其余的 1/3 下一季度收回，应收账款年初余额为 500 万元，预计可在第一季度收回。

(3) 原料采购预计：甘蔗全年原料采购预计支出 800 万元；第一季度预付原料采购款的 50%，第四季度收储原料并支付剩余的 50%尾款。

(4) 付现费用预计：直接人工费用第一季度和第四季度均为 700 万元；制造费用第一季度和第四季度均为 500 万元；第二季度和第三季度不进行生产，不发生直接人工和制造费用；销售和管理费用第一季度为 100 万元、第二季度为 50 万元、第三季度为 50 万元、第四季度为 100 万元。直接人工费用、制造费用、销售和管理费用均于当季支付。全年所得税费用为 200 万元，分 4 个季度预交，每季度支付 50 万元。

(5) 公司计划在下半年安装两条新生产线，第三季度和第四季度分别支付设备及安装款 400 万元、200 万元。

(6) 今年年末，公司有现金 12 万元，没有短期投资。为应对季节生产所需的大量资金，今年年末公司从银行借入短期借款 255 万元，除该短期借款外，公司没有其他负债。公司根据下季度现金净需求额外加 10 万元浮动额确定季末的最低现金余额。若下季度现金净需求额为负，则最低现金余额为 10 万元。当实有现金低于最低现金余额时，如果有短期投资，先变卖短期投资，仍不足时，再向银行借入短期借款；当实有现金超过最低现金余额时，如果有短期借款，先偿还短期借款，仍有剩余时，再进行短期投资。借款、偿还借款、投资和收回投资的数额均为 5 万元的整数倍，均在季度末发生。短期借款年利率为 8%，每季度末付息一次，短期投资年报酬率为 4%，每季度末结算一次，假设不考虑借款和投资的交易费用。

(7) 为简化计算，假设下下年第一季度的预计销售收入、原料采购及付现费用与下一年第一季度相同。

要求：根据上述资料，编制甲公司下一年度的现金预算。

三、思考题

1. 分析经营预算的编制要点。
2. 分析现金预算的编制要点。

能力点.mp4

专业与思政融合.mp4

习题答案与解析

第八章 标准成本法

📖 本章学习目标

- 了解标准成本的含义、特点、种类、作用、优缺点等。
- 掌握标准成本的制定方法。
- 掌握产品成本差异分析的方法。

📖 本章知识点和能力点分解表

章	节	知识点	能力点	思政点
第八章 标准成本法	第一节 标准成本概述 第二节 标准成本的差异分析与控制 第三节 专业与思政融合——坚持实事求是的原则,寻找差异成因	标准成本的含义、种类及制定方法	变动成本的价差和量差的成因分析	坚持实事求是的原则,寻找差异成因

📖 本章导入

随着经济水平的提高与信息技术的飞速进步,企业一方面迎来了发展的春天,另一方面也面临着日益激烈的市场竞争,而其成本管理也从单一的成本管理向战略层面的成本管理延伸。为获得竞争优势,企业必须合理制定成本管理制度,标准成本法就是一种很好的制度工具。该方法通过比较实际成本与标准成本,计算出成本差异,并结合成本差异产生的原因进行成本控制,同时也可以用来评价经济业绩。最初,标准成本法仅是独立于会计系统之外的一种计算形式,但是经过不断的发展与整合,标准成本法作为一种成本控制和管理方法,已经被列为管理会计领域的重要组成部分。

第一节 标准成本概述

人们可以通过实际发生的直接人工、直接材料和摊销的制造费用来计算产品的生产成本,虽然计算结果客观、准确且符合会计准则的要求,但却难以达到成本控制的目的。预算能够用来评价和改善管理人员的业绩,不过预算主要提供综合性数字,若要加强控制就有必要引入标准成本法。

标准成本法能够克服实际成本系统不能提供有助于成本控制确切信息的缺陷,是一种以科学方法预计良好工作效率下产品所应发生的成本,在生产过程中定期比较实际成本与标准成本以分析产生差异的原因,并针对重要差异事项及时介入调整、纠正以控制成本的会计信息系统和成本控制系统。

一、标准成本的含义与特点

标准成本是通过精确的调查、分析与技术测定而制定的用来评价实际成本、衡量工作效率的一种目标成本。在标准成本中,基本排除了不应发生的"浪费",故被认为是一种"应该成本"。标准成本体现了企业的目标与要求,主要用于衡量产品制造过程的工作效率与成本控制,也能用于存货和销货成本计价。

实际工作中,标准成本有以下两种含义。

一种是指单位产品的标准成本,根据单位产品的标准消耗量和标准单价计算而出,准确地说应称为"成本标准",其计算公式如下。

$$成本标准=单位产品标准成本=单位产品标准消耗量×标准单价$$

另一种是指实际产量的标准成本总额,根据实际产量和单位产品成本标准计算而出,其计算公式如下。

$$标准成本(总额)=实际产量×单位产品标准成本$$

标准成本法与预算管理有共同之处:两者均为面向未来地对给定条件下可能发生的情况进行预算,都是企业通过将实际结果与标准或预算进行比较并采取适当方式纠偏的控制工具。不同之处则在于:标准成本法主要体现单位成本,而预算管理反映计划总成本;标准成本法一般适用于反复进行且产量可以计量的生产作业,而预算管理则适用于所有职能部门。

【示例1】某服装厂成本资料如表 8-1 所示,已知用量标准×价格标准=成本标准,试计算单位产品标准成本。

表8-1

成本项目	用量标准	价格标准
直接材料	2 米/件	100 元/米
直接人工	2 小时/件	50 元/小时
变动制造费用	2 小时/件	20 元/小时
固定制造费用	2 小时/件	10 元/小时

解：单位产品标准成本=2×100+2×50+2×20+2×10=200+100+40+20=360(元/件)

二、标准成本的种类

标准成本根据制定时所依据的生产技术与经营管理水平，以及所要求达到的效率，可以分为理想标准成本、可达标准成本、现行标准成本和基本标准成本。

(一) 理想标准成本

理想标准成本是指在最优的生产条件下，利用现有规模与设备能够达到的最低成本。它是排除了一切失误、浪费和资源闲置等因素，根据理论耗用量、最佳价格水平及满负荷生产能力制定的标准成本。理想标准成本是影响成本的所有因素都在最佳状态时的成本水平，实际上这种情况并不存在，因此，理想标准成本只是引领企业努力的方向与目标的"理想成本"，不宜作为考核依据。

【例题 1·单选题】以资源无浪费、设备无故障、产出无废品、工时都有效的前提假设为依据而制定的标准成本是(   )。

　　A. 基本标准成本　　B. 理想标准成本　　C. 可达标准成本　　D. 现行标准成本

【答案与解析】B. 理想标准成本是指在最优的生产条件下，利用现有规模与设备能够达到的最低成本，选项 B 正确。

(二) 可达标准成本

可达标准成本是指在正常的生产技术水平和有效的经营管理条件下，企业通过努力应该达到的产品成本水平。它是根据正常耗用量、正常价格和正常生产经营能力利用程度制定的标准成本。可达标准成本通常反映了过去一段时期实际成本水平的平均值，体现了该行业的一般生产能力和技术水平，其所要达到的目标比较切合现实，相对能够调动员工积极性。

在标准成本系统中，广泛使用可达标准成本。首先，它运用科学方法根据客观数据与过往实践经充分研究制定而出，具备客观性与科学性；其次，它既排除了各种偶然性和意外情况，又保留了当前条件下难以避免的损失，代表正常情况下的损耗水平，具备现实性；再次，它是应该发生的成本，可以作为业绩评价的尺度与督促员工努力争取的目标，具备激励性；最后，它可以在生产技术水平和经营管理条件变动不大的情况下持续使用，具备稳定性。

(三) 现行标准成本

现行标准成本是指在现有生产条件下应该达到的成本水平。它是根据当前价格水平、生产耗用量及生产经营能力利用程度制定的标准成本，会随着现实情况变化而不断修订。现行标准成本可以作为评价实际成本的依据，也可以对存货和销货成本计价。

【例题2·多选题】甲公司制定产品标准成本时采用现行标准成本。下列情况中，需要修订现行标准成本的有(　　)。
　　A. 季节因素导致材料价格上升　　B. 订单增加导致设备利用率提高
　　C. 采用新工艺导致生产效率提高　　D. 工资调整导致人工成本上升
【答案与解析】ABCD。现行标准成本是指根据当前适用期间应该发生的价格、效率和生产经营能力利用程度等预计的标准成本，在这些决定因素变化时，需要按照已经改变的情况加以修订，选项 ABCD 正确。

(四) 基本标准成本

基本标准成本是指以某期成本为基础制定而出，且一经制定只要生产的基本条件无重大变化就不予变动的一种标准成本。生产的基本条件的重大变化是指产品的物理结构变化、重要原材料和劳动力价格的重要变化、生产技术和工艺的根本变化等。由于基本标准成本相对静态且立足过去，不能适应未来的要求，实际中较少采用。

【例题3·多选题】下列各项中，需要修订产品基本标准成本的有(　　)。
　　A. 产品生产能力利用程度显著提升
　　B. 生产工人技术操作水平明显改进
　　C. 产品主要材料价格发生重要变化
　　D. 产品物理结构设计出现重大改变
【答案与解析】CD。基本标准成本是一经制定，只要生产的基本条件无重大变化就不予变动的一种标准成本。生产的基本条件的重大变化是指产品的物理结构变化、重要原材料和劳动力价格的重要变化、生产技术和工艺的根本变化等，选项 CD 正确；市场供需变化导致的售价变化和生产经营能力利用程度的变化，以及工作方法改变而引起的效率变化等，不属于生产的基本条件的变化，对此不需要修订基本标准成本，选项 AB 错误。

三、标准成本的作用

标准成本主要有以下作用。

1. 便于企业编制预算和进行预算控制

标准成本实际上就是单位成本预算。例如，在编制直接人工成本预算时，首先确定每生产一个产品所需耗费的工时数和小时工资率，然后用它乘以预算的产品产量，就可以确定总人工成本预算数。

2. 可以有效地控制成本支出

在领料、用料、安排工时和人力时，均可以用标准成本作为事前和事中控制的依据。

3. 有利于简化存货的计价及成本核算工作

在标准成本法下，原材料、在产品、产成品均以标准成本计价，所产生的差异均可由发生期负担，因此，大大减少了成本核算的工作量。

4. 可以为企业经营决策提供有用的数据

成本是影响生产经营决策的重要因素之一。标准成本体现了成本要素的合理配置，它可以作为确定产品售价和估算产品未来成本的依据，也可以作为本量利分析的原始数据资料。

四、标准成本法的优缺点

标准成本法在相当长的时间内被视为成本控制的黄金方法，尤其在传统制造业中发挥了重要作用。然而，随着科技的发展和经营环境的变化，标准成本法也呈现适应范围变小、与现代管理方法不协调，以及反馈不及时等缺点。当然，标准成本法的优点不可忽视：①具有事先制定成本标准、分析成本差异进而实施成本控制的先进理念；②是制造费用分析与产品质量评价的优良工具；③有助于企业区分并确定生产经营责任，促进企业持续学习、持续改进，进而为新环境中的制造业企业提供帮助。

五、标准成本的制定

在制定标准成本时，一般首先确定直接材料和直接人工的标准成本，随后确定制造费用的标准成本，最后汇总确定单位产品的标准成本。通常，需要分别确定产品的用量标准和价格标准，将两者相乘即可得出单位产品的标准成本。

直接材料的用量标准表现为材料消耗定额，价格标准表现为材料计划价格，因此，单位产品直接材料标准成本的计算公式如下。

单位产品直接材料标准成本=单位产品材料消耗定额×单位材料计划价格

直接人工的用量标准表现为工时消耗定额，价格标准表现为计划小时工资率，因此，单位产品直接人工标准成本的计算公式如下。

单位产品直接人工标准成本=单位产品工时消耗定额×计划小时工资率

制造费用的用量标准表现为工时消耗定额，价格标准表现为制造费用计划分配率，因此，单位产品制造费用标准成本的计算公式如下。

单位产品制造费用标准成本=单位产品工时消耗定额×制造费用计划分配率

此公式中，制造费用计划分配率一般以制造费用预算额除以按计划产量计算的定额工时来确定，即制造费用计划分配率=制造费用预算额÷(工时消耗定额×计划产量)。

制造费用预算额一般包括固定制造费用预算额和变动制造费用预算额，固定制造费用预算额按以往年度平均总额确定,而变动制造费用预算额按成本动因与年度目标要求确定。

【例题4·单选题】兴达公司是一家化工生产企业,生产单一产品,按正常标准成本进行成本控制。公司预计下一年度的原材料采购价格为11元/公斤,运输费为4元/公斤,运输过程中的正常损耗为5%,原材料入库后的储存成本为1元/公斤。该产品的直接材料价格标准为( )元。

A. 14.97　　　　B. 15.21　　　　C. 15.79　　　　D. 16.97

【答案与解析】C。直接材料的价格标准包含发票价格、运费、检验费和运输过程中的正常损耗等成本。因此,本题该产品的直接材料价格标准=(11+4)÷(1-5%)=15.79(元)。

第二节 标准成本的差异分析与控制

由于产品的标准成本是一种预计成本,而实际生产过程中发生的成本可能由于各种原因与其不相符,这一实际成本与标准成本之间的差额就是成本差异,也称为标准差异。成本差异按成本构成可分为直接材料成本差异、直接人工成本差异和制造费用成本差异,进而又可依据各自的特点进行层层的系统差异分析(见图8-1),查明差异产生的原因并确定责任,便于及时采取有效措施,增强有利差异(实际成本低于标准成本,表明节约了成本),消除不利差异(实际成本高于标准成本,表明浪费了成本)。

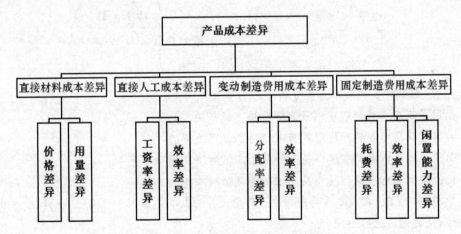

图8-1　标准成本差异分析层层分解

一、变动成本差异分析的通用模式

实际成本与标准成本之间的差异可视为由价格差异和用量差异两个因素决定。

价格差异由实际价格与标准价格之间的差异引起,其计算建立于实际用量基础上,价格差异的计算公式如下:

$$价格差异=(实际用量×实际价格)-(实际用量×标准价格)$$

=实际用量×(实际价格-标准价格)

对于直接人工差异来说，价格差异即工资率差异。

用量差异由实际用量与标准用量之间的差异引起，其计算建立于标准价格基础上，用量差异的计算公式如下。

用量差异=(实际用量×标准价格)-(标准投入用量×标准价格)
=(实际用量-标准投入用量)×标准价格

对于直接人工差异和制造费用差异来说，用量差异即效率差异。

总差异为价格差异与用量差异之和，计算公式如下。

总差异=价格差异+用量差异
=实际用量×(实际价格-标准价格)+(实际用量-标准投入用量)×标准价格
=[(实际用量×实际价格)-(实际用量×标准价格)]+
[(实际用量×标准价格)-(标准投入用量×标准价格)]
=(实际用量×实际价格)-(标准投入用量×标准价格)

其中，标准投入用量是指对应实际产量下的标准投入用量。实际用量与实际价格之积为实际投入成本，标准投入用量与标准价格之积为计划的标准成本。

成本差异也可以用列表的方式呈现，具体如下。

①实际用量×实际价格

②实际用量×标准价格

③标准用量×标准价格

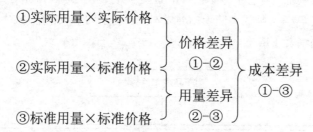

【例题5·单选题】在成本差异分析中，用量差异的大小是(　　)。
A. 由用量脱离标准的程度以及实际价格高低所决定的
B. 由用量脱离标准的程度以及标准价格高低所决定的
C. 由价格脱离标准的程度以及实际数量高低所决定的
D. 由价格脱离标准的程度以及标准数量高低所决定的
【答案与解析】B。在成本差异分析中，用量差异的大小是由用量脱离标准的程度以及标准价格高低所决定的，选项B正确。

二、直接材料成本差异

直接材料成本差异是指实际产量下直接材料实际成本与该产量下直接材料标准成本之间的差异，直接材料成本差异的计算公式如下。

直接材料成本差异=直接材料实际成本-直接材料标准成本
=(单位产品材料实际用量×单位材料实际价格-
单位产品材料消耗定额×单位材料标准价格)×实际产量

结合差异分析的通用模式可知

材料价格差异=(实际价格-标准价格)×材料实际消耗总量
　　　　　=(实际价格-标准价格)×单位产品材料实际用量×实际产量

材料用量差异=(材料实际消耗总量-实际产量下材料标准用量)×标准价格
　　　　　=(单位产品材料实际消耗量-单位产品材料消耗定额)×标准价格×实际产量

综合上述公式可得：

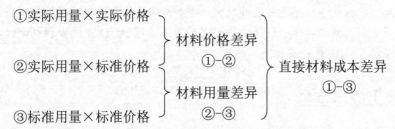

直接材料成本差异的计算结果若为正数则属于超支，是不利差异，一般用 U 表示；若为负数则属于节约，是有利差异，一般用 F 表示，其他成本差异同理。

【示例2】本月生产产品 500 件，实际使用材料 3200 千克(每件产品实际耗用 6.4 千克直接材料)，材料单价为 0.75 元；直接材料的单位产品标准成本为 4.2 元，即每件产品耗用 6 千克直接材料，每千克材料的标准价格为 0.7 元。请分析直接材料成本差异。

解：

直接材料用量差异=(3200-500×6)×0.7=140(元)(不利差异)

直接材料价格差异=3200×(0.75-0.7)=160(元)(不利差异)

直接材料用量差异与价格差异之和应当等于直接材料成本差异，据此可检验差异分析计算的正确性。

直接材料成本差异=实际成本-标准成本=3200×0.75-500×6×0.7=2400-2100=300(元)(不利差异)

直接材料成本差异=用量差异+价格差异=140+160=300(元)(不利差异)

分析成本差异应注意以下方面。

(1) 不能简单依据成本差异的方向来判断好坏。成本是为了满足预期目标而存在的，能够实现价值增值。因此，在预期目标达成时成本的节约才是真正有价值的，反之则没有价值。总而言之，目标与任务达成是第一位的，而成本是第二位的，保证目标与任务实现的前提下，再去考虑成本的节约。

(2) 明确成本差异的责任部门。材料价格差异在采购过程中形成，影响材料采购价格的因素(如材料质量、供应商选择、运输与交货方式等)受采购部门的决策影响，因此，此项差异应由材料的采购部门负责并说明原因，而非耗用材料的生产部门负责。材料用量差异在耗用过程中形成，影响材料用量的因素(如设备使用、人员调配、现场组织等)受生产部门的决策影响，反映了生产部门的成本控制效果，因此，此项差异应由生产部门负责并说明原因。

(3) 分析成本差异产生的原因并确定责任。在确定了成本差异的责任归属后，还要进一步分析差异产生的原因是否能由责任部门控制。例如，材料价格差异中通货膨胀、市场价格调整等因素并不在采购部门的控制范围内;材料用量差异中材料质量不达标导致耗用过多、设备不能发挥全部生产能力导致耗用过多等情况也并非生产部门可以控制。因此,识别并分析产生差异的原因,区别可控与不可控的因素与情况,方能进行有效的激励与控制。

【例题6·多选题】下列各项中,易造成材料用量差异的情况有(   )。
  A. 优化操作技术节约材料　　　　　B. 材料运输保险费提高
  C. 工人操作疏忽导致废品增加　　　D. 机器或工具不合适多耗材料

【答案与解析】ACD。材料用量差异是在材料耗用过程中形成的,反映了生产部门的成本控制业绩。例如,工人操作疏忽造成废品或废料增加、操作技术改进从而节省材料、新工人上岗造成用料增多、机器或工具不合适造成用料增加等,选项ACD正确。材料运输保险费提高影响的是价格差异,选项B错误。

三、直接人工成本差异

直接人工成本差异是指直接人工实际成本与直接人工标准成本之间的差异,直接人工成本差异的计算公式如下。

直接人工成本差异=直接人工实际成本-直接人工标准成本
     =(单位产品工时实际用量×实际工资率-
     单位产品工时消耗定额×标准工资率)×实际产量

结合差异分析的通用模式可知:

直接人工工资率差异(直接人工价格差异)=(实际工资率-标准工资率)×单位产品工时实际用量×实际产量

直接人工效率差异(直接人工用量差异)=(单位产品工时实际用量×实际产量-单位产品工时消耗定额×实际产量)×标准工资率

综合上述公式可得:

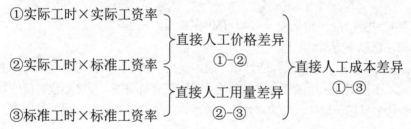

【示例3】本月生产产品500件,实际使用工时1650小时(每件产品实际工时为3.3小时),支付工资10 230元(实际工资率为6.2元/小时);直接人工的标准成本是18元/件,即每件产品标准工时为3小时,标准工资率为6元/小时。请分析直接人工成本差异。

解:
直接人工效率差异=(1650-500×3)×6
     =(1650-1500)×6=900(元)(不利差异)

直接人工工资率差异=1650×(6.2-6)=330(元)(不利差异)

直接人工工资率差异与效率差异之和应等于直接人工成本差异，据此可检验差异分析计算的正确性。

直接人工成本差异=直接人工实际成本-直接人工标准成本=10 230-500×18=1230(元)(不利差异)

直接人工成本差异=直接人工效率差异+直接人工工资率差异=900+330=1230(元)(不利差异)

实际工资率高于标准工资率可能是由于生产过程中雇用了工资级别较高、技术水平较高的工人从事能力要求较低的工作，导致工资费用的超支与浪费。倘若这种工资超支提升了生产效益、实现了价值增值，则应给予肯定；反之，若仅保证了既定任务的完成，并无价值增值，则应改进。

直接人工工资率差异一般由人力资源部门掌控，而直接人工效率差异一般属于生产部门的责任。不过，直接人工工资率差异受工资调整、激励制度、出勤率变化等多种因素影响，牵涉多个部门，需要细致分析差异产生的原因，从而确定责任与改进措施。直接人工效率差异是考察单位工时生产能力的重要标准，降低单位成本的关键就在于不断提高单位工时的生产能力，影响该差异的因素包括生产工人的技术水平与熟练程度、生产过程的安排与组织等诸多方面，需要深入分析。

【例题7·单选题】甲公司是制造业企业，生产W产品，生产工人每月工作22天，每天工作8小时，平均月薪为6600元，该产品的直接加工必要时间为每件1.5小时，正常工间休息和设备调整等非生产时间为每件0.1小时，正常废品率为4%，单位产品直接人工标准成本为( )元。

    A. 56.25   B. 58.5   C. 62.4   D. 62.5

【答案与解析】D。标准工资率=6600÷(22×8)=37.5元/小时，直接加工操作必不可少时间+非生产时间=1.5+0.1=1.6小时，由于正常的废品率为4%，即生产100件只有96件合格品，因此正常单位产品标准工时=1.6×100÷96=$\frac{5}{3}$小时，单位产品直接人工标准成本=37.5×$\frac{5}{3}$=62.5元，选项D正确。

四、变动制造费用成本差异

变动制造费用成本差异是指实际产量下实际变动制造费用与该产量下标准变动制造费用之间的差异，变动制造费用成本差异的计算公式如下。

变动制造费用成本差异=实际变动制造费用-标准变动制造费用
                =实际分配率×实际工时-标准分配率×标准工时
                =(实际分配率×单位产品工时实际用量-
                  标准分配率×单位产品工时消耗定额)×实际产量

其中，实际分配率=实际变动制造费用÷实际工时。

结合差异分析的通用模式可知：

变动制造费用分配率差异(变动制造费用价格差异)=(实际分配率-标准分配率)×实际工时总额=(实际分配率-标准分配率)×单位产品工时实际用量×实际产量

变动制造费用效率差异(变动制造费用用量差异)=(实际工时-标准工时)×标准分配率×实际产量

综合上述公式可得：

①实际工时×实际分配率

②实际工时×标准工资率

③标准工时×标准分配率

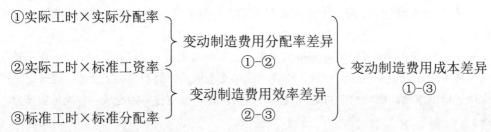

【示例4】本月实际产量500件，实际使用工时1650小时(每件产品实际工时为3.3小时)，实际发生变动制造费用2970元(实际变动制造费用分配率为1.8元/小时)；变动制造费用标准成本为4.5元/件，即每件产品标准工时为3小时，标准变动制造费用分配率为1.5元/小时。请分析变动制造费用成本差异。

解：

变动制造费用成本差异=实际变动制造费用-标准变动制造费用=2970-500×4.5=720元(不利差异)

变动制造费用效率差异=(1650-500×3)×1.5=225(元)(不利差异)

变动制造费用分配率差异=1650×(1.8-1.5)=495(元)(不利差异)

变动制造费用涉及许多明细项目，同时也与生产水平有关。从计算出的变动制造费用成本差异来看，其为不利差异并不能提供日常控制与考核的有效信息，需要进一步分析与明确对应的责任和改进措施，如遵循"二八定律"逐一分析重点项目、根据成本动因寻找关联因子、依照成本效益原则评价差异、对比变动制造费用各明细项目的弹性预算与实际发生数等。

【例题8·多选题】在进行标准成本差异分析时，通常把变动成本差异分为价格脱离标准造成的价格差异和用量脱离标准造成的用量差异两种类型。下列标准成本差异中，通常应由生产部门负责的有(　　)。

A. 直接材料的价格差异　　　　B. 直接人工的用量差异
C. 变动制造费用的价格差异　　D. 变动制造费用的效率差异

【答案与解析】BCD。材料价格差异是在采购过程中形成的，不应由耗用材料的生产部门负责，而应由采购部门对其进行说明，选项A错误；直接人工的用量差异，主要是生产部门的责任，选项B正确；变动制造费用的价格差异(分配率差异)，反映耗费水平，即每小时业务量支出的变动制作费用脱离了标准，分配率差异是(生产部门)部门经理的责任，不论是生产部门的部门经理还是生产部门员工，都属于生产部门的一员，选项C正确；变动制造费用效率差异，是由于实际工时脱离了标准，多用工时导致的费用增加，主要是生产部门的责任，选项D正确。

五、固定制造费用成本差异

固定制造费用与变动制造费用不同,其内容主要与生产能力的形成及生产过程的正常维护相关。在一定的生产活动量范围内,生产量水平发生变化,固定制造费用一般变化不大。因此,在对固定制造费用成本差异进行分析时,并不考虑投入与产出的效率差异,而主要对比实际的固定制造费用与预算的固定制造费用,以揭示固定制造费用的支出差异。

固定制造费用成本差异是指一定期间内实际固定制造费用与标准固定制造费用之间的差异,固定制造费用成本差异的计算公式如下。

固定制造费用成本差异=实际固定制造费用-标准固定制造费用

其中,标准固定制造费用=固定制造费用标准分配率×标准工时。

此外,为了计算固定制造费用标准分配率,必须设定一个预算工时,固定制造费用标准分配率的计算公式如下。

固定制造费用标准分配率=预算固定制造费用÷预算工时

具体来说,分析固定制造费用成本差异的方法有"二因素分析法"和"三因素分析法"两种。

1. 二因素分析法

二因素分析法是将固定制造费用成本差异分为耗费差异(预算差异)和生产能力利用差异(能力差异)。耗费差异是指固定制造费用实际金额与固定制造费用预算金额之间的差异,固定制造费用耗费差异的计算公式如下。

固定制造费用耗费差异=固定制造费用实际数-固定制造费用预算金额
=固定制造费用实际分配率×实际工时-固定制造费用标准分配率×预算工时

能力差异是指固定制造费用预算数与固定制造费用标准成本之间的差额,或者说是生产能力与实际产量的标准工时的差异以标准分配率计算的金额,反映了实际产量标准工时未能达到生产能力而造成的损失,固定制造费用能力差异的计算公式如下。

固定制造费用能力差异=固定制造费用预算数-固定制造费用标准成本
=固定制造费用标准分配率×预算工时-固定制造费用标准分配率×实际产量标准工时
=(预算工时-实际产量标准工时)×固定制造费用标准分配率

【示例5】企业本月实际产量500件,发生固定制造成本2475元,实际工时为1650小时;企业生产能力为600件,预算工时为1800小时;每件产品标准工时为3小时,标准分配率为1.2元/小时,即每件产品固定制造费用标准成本为3.6元。请用二因素分析法分析固定制造费用成本差异。

解:
固定制造费用成本差异=实际固定制造费用-标准固定制造费用=2475-500×3.6=675(元)
固定制造费用耗费差异=2475-1800×1.2=315(元)
固定制造费用能力差异=1800×1.2-500×3×1.2=360(元)

2. 三因素分析法

三因素分析法是将固定制造费用成本差异分为耗费差异、效率差异和闲置能力差异。耗费差异与二因素分析法中的耗费差异相同，而能力差异分为实际工时未达到生产能力而导致的闲置能力差异与实际工时脱离标准工时而导致的效率差异。实际产量标准工时根据实际产量与每件产品使用设备的单位标准工时计算而出，但实际工时与之并不相同，这两者之间的差异体现了效率，故称为效率差异。固定制造费用闲置能力差异与效率差异的计算公式如下。

固定制造费用闲置能力差异=固定制造费用预算-实际工时×固定制造费用标准分配率
=(预算工时-实际工时)×固定制造费用标准分配率

固定制造费用效率差异=实际工时×固定制造费用标准分配率-
实际产量标准工时×固定制造费用标准分配率
=(实际工时-实际产量标准工时)×固定制造费用标准分配率

综合上述公式可得：

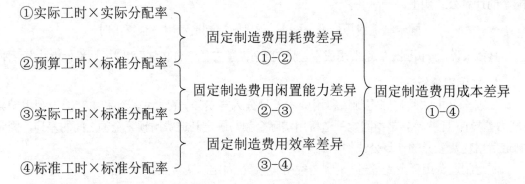

【示例6】接上例，若以三因素分析法进行分析，则计算结果如下。
固定制造费用成本差异=实际固定制造费用-标准固定制造费用=2475-500×3.6=675(元)
固定制造费用耗费差异=2475-1800×1.2=315(元)
固定制造费用闲置能力差异=(1800-1650)×1.2=180(元)
固定制造费用效率差异=(1650-500×3)×1.2=180(元)

【示例7】A企业本月固定制造费用有关资料如下：预算产量下的标准工时为2500小时，实际耗用工时为3500小时，实际产量下的标准工时为3200小时，固定制造费用的实际数为8960元，预算产量下的标准固定制造费用为8000元。请用三因素分析法分析固定制造费用成本差异。

解：
固定制造费用标准分配率=80 00÷2500=3.2(元/小时)
固定制造费用成本差异=8960-3200×3.2=-1280(元)
固定制造费用耗费差异=8960-8000=960(元)
固定制造费用闲置能力差异=(2500-3500)×3.2=-3200(元)
固定制造费用效率差异=(3500-3200)×3.2=960(元)
固定制造费用成本差异三项之和=960-3200+960=-1280(元)

固定制造费用涉及各个部门与众多项目，因此应按各部门及明细项目分别记录与分析，明确具体对应的责任和改进措施。例如，遵循"二八定律"逐一分析重点项目，根据管理经验与要求确定明细项目的标准、编制预算进行控制，对比固定制造费用各明细项目的固定预算与实际发生数，依照成本效益原则评价差异并采取措施，等等。

【例题9·单选题】 甲公司生产X产品，固定制造费用预算为125 000元。全年产能为25 000工时，单位产品标准工时为10小时。2019年实际产量为2000件，实际耗用工时为24 000小时。固定制造费用闲置能力差异是(　　)。

A. 有利差异5000元　　　　　　　　B. 不利差异5000元
C. 有利差异20 000元　　　　　　　D. 不利差异20 000元

【答案与解析】 B。固定制造费用标准分配率=固定制造费用预算总数÷生产能力=125 000÷25 000=5元/小时，固定制造费用闲置能力差异=固定制造费用预算数-实际工时×固定制造费用标准分配率=125 000-24 000×5=5000元，成本差异的计算为正数，属于不利差异，选项B正确。

【例题10·单选题】 在使用三因素分析法分析固定制造费用成本差异时，固定制造费用的效率差异反映了(　　)。

A. 实际耗费与预算金额的差异
B. 实际工时脱离生产能力形成的差异
C. 实际工时脱离实际产量标准工时形成的差异
D. 实际产量标准工时脱离生产能力形成的差异

【答案与解析】 C。实际耗费与预算金额的差异，属于耗费差异，选项A错误；实际工时脱离生产能力形成的差异，属于闲置能力差异，选项B错误；实际工时脱离实际产量标准工时形成的差异，属于效率差异，选项C正确；实际产量标准工时脱离生产能力形成的差异，属于能力差异，选项D错误。

第三节　专业与思政融合——坚持实事求是的原则，寻找差异成因

要坚持全面分析和重点突破相结合的观点分析成本差异产生的原因。对于不同的原因分别进行分析和控制，有助于培养学生实事求是的科学态度。

一、以实事求是的原则分析问题

1941年，毛泽东同志在《改造我们的学习》中指出，"实事"就是客观存在着的一切事物，"是"就是客观事物的内部联系，即规律性，"求"就是我们去研究。我们要自觉坚持实事求是的信念，始终把实事求是牢记于心、付诸于行，努力把真实情况掌握得更多一些、把客观规

律认识得更透一些。

例如,试分析一下"材料用量差异永远是生产主管的责任"的观点。影响材料用量的因素是多种多样的,包括生产工人的技术熟练程度和对工作的责任感、材料的质量、生产设备的状况等。一般来说,用量超过标准的原因主要有工人粗心大意,用料不精心;对工作的责任感不强,操作疏忽造成废品增加;缺乏培训或技术素质较低;新工人上岗造成多用料;机器工具选用不当造成多用料;等等。这些情况都应由生产部门负责。但用量差异有时也可能是其他部门造成的。例如,采购部门购入了低质量的材料,致使生产部门用料过多,由此产生的材料用量差异应由采购部门负责;由于设备管理部门检修不及时,致使生产设备不能完全发挥其生产能力,由此产生的材料用量差异则应由设备管理部门负责;生产工艺过程不科学,由此产生的材料用量差异应由设计部门负责;把关不严,招聘了不合格的工人,由此产生的材料用量差异应由人力资源管理部门负责。因此,简单说"材料用量差异永远是生产主管的责任"可能有违实事求是的原则。找出并分析造成差异的原因是进行有效控制的基础。

二、客观分析直接人工差异产生的原因

客观分析就是不带有主观偏好,公正地分析事物的客观规律和真实面目。直接人工差异的价差表现为工资率差异,具体表现为工资级别较高、技术水平较高的工人从事了生产要求较低的工作,奖励制度未产生实效,工资率调整,加班或使用临时工,出勤率变化,等等。这些情况应由劳动人事部门负责。直接人工差异的量差表现为人工效率差异,具体表现为工作环境不良,工人经验不足,劳动情绪不佳,新工人上岗太多,机器工具不适合,工作不熟练,计划安排不当,等等。这些情况由生产部门负责。设备故障较多,由设备管理部门负责。原材料的质量不过关,由采购部门负责。把关不严,招聘了不合格的工人,由人力资源管理部门负责。我们要客观分析直接人工差异产生的原因,采取有针对性的措施予以改进,尽快消除不利差异,强化直接人工成本控制效果。

三、标准成本提供对标管理的榜样

"对标"就是对比标杆找差距。推行对标管理,意味着企业要紧紧盯住业界最佳水平,明确自身与业界最佳标准的差距,以指明工作的总体方向。除了将业界的最佳水平作为标杆以外,企业还可以将自身的最佳水平作为内部标杆,通过与自身相比较,企业可以增强自信,不断超越自我,从而更有效地推动企业向业界最佳水平看齐。对标管理的关键在于选择和确定被学习和借鉴的对象和标准,要在经营管理实践方面"优中选优",力求达到最优模式和标准,即将目光盯住世界先进水平,只有这样,才能把企业发展的压力和动力传递到企业中每一层级的员工和管理人员身上,从而提高企业的整体凝聚力和竞争力。

通过对标准成本法的学习,学生可以树立对标管理的思维,准确地发现自身的不足,从而针对不足进行积极改进。

本章实训题

实训8-1：材料成本差异的计算

新大公司生产甲产品的有关数据如表 8-2 所示。已知生产甲产品实际耗用原材料为 1480 千克，产量是 1000 千克，原材料实际价格为每千克 10 元。

表8-2

项目	价格标准	用量标准	标准成本/元
直接材料	10.55 元/千克	1.51 千克	15.93
直接人工	9.12 元/工时	2.35 工时	21.43
变动制造费用	2 元/机时	2.35 机时	4.70
固定制造费用	1 元/机时	2.35 机时	2.35
单位甲产品标准成本			44.41

要求：计算生产甲产品所耗用材料的成本差异。

实训分析：

直接材料成本差异=直接材料实际成本-直接材料标准成本
$$=10×1480-1000×10.55×1.51$$
$$=-1130.5(元)(有利差异)$$

直接材料价格差异=(实际价格-标准价格)×实际用量
$$=(10-10.55)×1480=-814(元)(有利差异)$$

直接材料用量差异=标准价格×(实际用量-标准用量)
$$=(1480-1000×1.51)×10.55=-316.5(元)(有利差异)$$

实训8-2：直接人工成本差异的计算

复兴公司本期生产甲产品 100 件，实际耗用人工 4000 小时，实际工资总额为 40 000 元，平均每工时 10 元。假设标准工资率为 9 元/小时，单位产品的工时耗用标准为 20 小时。

要求：

计算直接人工成本差异。

实训分析：

直接人工工资率差异＝(10-9)×4000=4000(元)(不利差异)

直接人工效率差异=(4000-100×20)×9=18 000(元)(不利差异)

直接人工成本差异=4000+18 000=22 000(元)(不利差异)

或者，直接工人成本差异＝10×4000-9×100×20=22 000(元)(不利差异)

本章案例分析

重庆长江电工工业集团有限公司(以下简称长江电工)是一家具有百年历史的国有兵工企业，也是国家特品生产定点企业，其产品主要有特品、汽车零部件、金属材料、高强度螺栓、紧固器材五大系列 60 多个品种。作为机械加工制造类企业，长江电工始终秉持成本领先战略。2010 年之前，该公司只将历史成本数据和材料消耗定额与工时定额作为经济活动控制和决策的依据，而且一直采用传统的直线式管理结构，各职能部门都专注于自己的业务，缺乏协同合作，因此成本管理一直由财务部门单独负责开展。在市场经济竞争环境下，企业管理难度、决策复杂度和控制难度大幅提升，仅靠历史成本与定额已无力支撑整个长江电工的管理控制系统。

(1) 请你作为财务部门的成员针对长江电工目前面临的成本费用管理粗放、历史与定额数据无法支撑决策、成本管理得不到其他部门支持的困境，结合管理层事先规划成本并有效分解落实成本责任、丰富成本过程性信息、具备成本改进与领先的标杆引领作用的需求，为长江电工改进管理控制系统提供建议。

① 你认为应采取何种成本控制方法？简述其内涵。
② 说明该方法的适用性。
③ 描述该方法的实施流程。

(2) 经过多方调研，长江电工最终全面推行了标准成本法。在分析某年的成本差异时，公司发现采购员小侯以大量采购的方式获取价格优惠，但造成大量资金压占在存货上。小侯认为公司的要求是达到标准，至于如何达到标准并不重要。他还强调若不大量采购就无法达到价格标准，反而会出现不利价格差异。请你作为财务部门的成员对此项成本差异及小侯的回应进行分析。

① 简述直接材料成本差异的分析原则。
② 小侯为何购进大量原材料？你认为这种行为是以价格优惠为目标吗？如果不是，那么目标又是什么？
③ 应该如何进行后续的成本控制？

案例分析：

(1) 基于长江电工的现状与需求，引入标准成本控制系统是一个相对适宜的方案。

① 标准成本控制方法是一种以科学方法预计良好工作效率下产品所应发生的成本，在生产过程中定期比较实际成本与标准成本以分析产生差异的原因，并针对重要差异事项及时介入调整、纠正以控制成本的会计信息系统和成本控制系统。

② 标准成本是通过精确的调查、分析与技术测定而制定的用来评价实际成本、衡量工作效率的一种目标成本。在标准成本中，基本排除了不应发生的"浪费"，故被认为是一种"应该成本"。标准成本体现了企业的目标与要求，主要用于衡量产品制造过程的工作效率与控制成本，也能用于存货和销货成本计价。标准成本一般适用于反复进行且产量可以计量的生产作业，由于长江电工属于制造业行业，而其主打产品的原材料成本占总体产品成本的 40% 以上，能够较好实现成本项目的标准化，故采取标准成本法相对适宜。

③ 在制定标准成本时，一般先确定直接材料和直接人工的标准成本，随后确定制造费用的标准成本，最后汇总确定单位产品的标准成本。长江电工可通过构建由各零部件标准成本支撑的全产品谱系标准成本数据库，并逐步细化制定各工序、班组和部分工位的作业消耗标准，以成本标准化带动作业标准化。首先，应建立所有主要产品的基本参照，横向到边以尽快建立实用的标准成本体系，带动多项管理工作提升。其次，逐步深入车间、工序，实现纵向到底，建设直接作业层面的标准成本体系。

(2) 对于标准成本法运用过程中出现的各项差异，需要深入分析其出现的原因，明确对应的责任和改进措施。

① 直接材料成本差异是指实际产量下直接材料实际成本与该产量下直接材料标准成本之间的差异，直接材料成本差异的计算结果若为正数则属于超支，是不利差异；若为负数则属于节约，是有利差异。在分析直接材料成本差异时，不能简单依据成本差异的方向来判断好坏，而是要明确成本差异的责任部门，分析成本差异产生的原因并确定责任。

② 小侯购进大量原材料是为了达到价格标准。他的这种行为并不是以价格优惠为目标，而是为了满足自身绩效考核要求。因此，虽然实现了有利价格差异，但影响了公司的现金流，对生产经营来说并不一定是好事。

③ 在后续的成本控制中，应明确成本差异并不单纯以方向来判断好坏的原则，加强各部门人员对标准成本系统各环节间关系与整体性的认识，并将组织成员的个体绩效考核与公司整体业绩联系起来。

资料来源：李守武. 管理会计案例[M]. 北京：中国财政经济出版社，2016.

本章练习题

一、单选题

1. 甲企业采用标准成本法进行成本控制。当月产品实际产量大于预算产量，导致的成本差异是(　　)。

　　A. 直接材料用量差异　　　　　　B. 变动制造费用效率差异
　　C. 直接人工效率差异　　　　　　D. 固定制造费用能力差异

2. 使用三因素法分析固定制造费用成本差异时，固定制造费用闲置能力差异是(　　)。

　　A. 实际工时偏离生产能力而形成的差异
　　B. 实际费用与预算费用之间的差异
　　C. 实际工时脱离实际产量标准工时形成的差异
　　D. 实际产量标准工时偏离生产能力形成的差异

3. 甲公司本月发生固定制造费用 15 800 元，实际产量为 1000 件，实际工时为 1200 小时。企业生产能力为 1500 小时，每件产品标准工时为 1 小时，标准分配率为 10 元/小时，即每件产品固定制造费用标准成本为 10 元。固定制造费用闲置能力差异是(　　)。

　　A. 800元不利差异　　　　　　　B. 2000元不利差异
　　C. 3000元不利差异　　　　　　　D. 5000元不利差异

4. 甲企业生产能力为 1100 件，每件产品标准工时为 1.1 小时，固定制造费用标准分配率为 8 元/小时。本月实际产量为 1200 件，实际工时为 1000 小时，固定制造费用为 12 000 元，则固定制造费用标准成本是(　　)元。

　　A. 9680　　　　　　　　　　　　B. 10 560
　　C. 14 520　　　　　　　　　　　D. 8000

5. 甲公司生产乙产品，产能为 3000 件，每件产品标准工时为 2 小时，固定制造费用标准分配率为 10 元/小时。本月实际用量 2900 件，实际工时 5858 小时，实际发生固定制造费用 66 000 元。采用三因素分析法分析固定制造费用成本差异，闲置能力差异是(　　)。

  A. 不利差异1420元　　　　　　　B. 不利差异580元
  C. 不利差异6000元　　　　　　　D. 不利差异8000元

二、多选题

1. 下列关于直接人工标准成本制定及其差异分析的说法中，正确的有(　　)。
  A. 直接人工标准工时包括调整设备时间
  B. 直接人工效率差异受工人经验影响
  C. 直接人工效率差异=(实际工时－标准工时)×实际工资率
  D. 直接人工工资率差异受使用临时工影响

2. 下列各项材料用量差异中，应由生产部门负责的有(　　)。
  A. 工人操作疏忽导致废料增加
  B. 工艺流程管理不善造成用料增多
  C. 购入材料质量不稳定造成使用量超标
  D. 机器设备没有正常操作导致多耗材料

3. 下列关于直接材料标准成本制定及其差异分析的说法中，正确的有(　　)。
  A. 材料价格差异会受进货批量的影响
  B. 直接材料价格标准应考虑运输中的正常损耗
  C. 用量差异全部应由生产部门负责
  D. 直接材料用量标准应考虑生产中的正常废品损耗

4. 甲公司在实际产量的基础上进行成本差异分析，发现本月直接材料成本发生超支 100 000 元，原因可能有(　　)。
  A. 直接材料单价上涨　　　　　　　B. 实际产量高于预期产量
  C. 直接材料单耗上升　　　　　　　D. 实际销量高于预期产量

三、计算题

甲公司下属乙部门生产 A 产品，全年生产能力为 1 200 000 机器工时，单位产品标准机器工时为 120 小时。2021 年实际产量为 11 000 件，实际耗用机器工时为 1 331 000 小时。2021 年标准成本资料如下。
(1) 直接材料标准消耗 10 千克/件，标准价格为 22 元/千克。
(2) 变动制造费用预算为 3 600 000 元。
(3) 固定制造费用预算为 2 160 000 元。
2021 年完全成本法下的实际成本资料如下。
(1) 直接材料实际耗用 121 000 千克，实际价格为 24 元/千克。
(2) 变动制造费用实际金额为 4 126 100 元。
(3) 固定制造费用实际金额为 2 528 900 元。

要求：

(1) 计算 A 产品的单位标准成本和单位实际成本。

(2) 分别计算 A 产品总成本的直接材料的价格差异和用量差异、变动制造费用的价格差异和用量差异，用三因素分析法计算固定制造费用的耗费差异、闲置能力差异和效率差异，并指出各项差异是有利差异还是不利差异。

四、思考题

1. 分析直接人工效率的不利差异产生的原因。
2. 如何理解固定制造费用差异？

能力点.mp4

专业与思政融合.mp4

习题答案与解析

第九章 业绩考核与评价

📖 本章目标 ›››

- 了解业绩考核与评价系统的构成要素及相互关系。
- 了解责任中心的实质,掌握不同责任中心业绩考核的思路与方法。
- 掌握关键绩效指标法、经济增加值、平衡计分卡的应用及优缺点。

📖 本章知识点和能力点分解表 ›››

章	节	知识点	能力点	思政点
第九章 业绩考核与评价	第一节 以企业为主体的业绩考核 第二节 以责任中心为主体的业绩考核与评价 第三节 关键绩效指标法 第四节 经济增加值 第五节 平衡计分卡 第六节 专业与思政融合——平衡计分卡孕育协调平衡的发展理念	责任会计的定义;责任中心的类型;经济增加值、关键绩效指标及平衡计分卡的应用	责任会计制度分析;了解投资中心的考核指标	平衡计分卡孕育协调平衡的发展理念

📖 本章导入 ›››

为了提高自身的竞争力、实现自身的战略目标,企业在发展过程中需要建立一个好的业绩评价体系,以提高员工的生产积极性、激发企业的生产潜力。目标管理之父德鲁克大师在谈到"高绩效"时指出,一个企业在管理上的成就,并不在于他有多少天才员工,而在于这个企业如何使平常员工取得更好的绩效,能否完全发挥员工的优势,并利用每个人的优势来帮助他人取得绩效。同样地,当完成了预算的编制后,接下来的一项关键任务就是比较实际业绩与预算计划实现的业绩,从而评估企业在实现各项目标上的进展。这种比较过程或反馈过程使企业能够确认其想达成的总体愿景,并将其与实际结果比对,一旦缺少该反馈环节,预算编制流程将无法发挥应有的作用。企业目标回答了"我们希望实现的是什么"的问题,但没有业绩评价的目标就无法对成员的行动产生激励。业绩评价的标准能够激励组织成员并为管理者的决策设定方向,因此,每一项业绩评价标准都必须与企业目标相一致。理想情况下,每一个目标都应该有至少一项业绩评价标准与之相适应。

国家电网许继集团有限公司(以下简称许继集团)经过40多年的发展,规模不断壮大,运营复杂度急剧上升,运营效率停滞不前,运营矛盾日渐成为公司的主要矛盾。根据国务院国有资产监督管理委员会(以下简称国资委)的要求,在深入分析公司面临的机遇、挑战与存在的主要矛盾后,开启了基于战略执行的全员绩效管理变革。该体系模型以公司全员目标责任体系为中心,以全闭环绩效过程管理体系为主线,以全面综合保障体系为基础支撑。全员目标责任体系将公司战略层层分解落实到每一位员工的实际工作中,做到"千斤重担有人挑,人人肩上有指标"。全闭环绩效过程管理体系通过绩效承诺的"双定(定任务、定报酬)"会议、绩效过程管理的铁篦梳理、绩效评价和结果应用对公司经营目标实行全过程跟踪、辅导与评估,以顺利实现公司的经营目标。全面综合保障体系以科学的组织体系、完备的制度体系、业绩导向的绩效文化及先进的信息技术为主要构成,全面支撑公司绩效管理高效运行。

资料来源:李巧红. 许继集团基于战略执行的全员绩效管理体系的构建[J]. 财务与会计,2015(8):21-23.

第一节 以企业为主体的业绩考核

一、业绩考核与评价系统的构成要素

企业业绩考核与评价系统是指为达到一定的目的,运用特定的指标,比照统一的标准,采取规定的方法,对经营者业绩做出判断,并与激励结合的考评制度。业绩考核与评价系统由以下几个要素构成。

(1) 评价主体是业绩评价的行为主体,可以是特定的组织机构,也可以是自然人。
(2) 评价客体是评价的行为对象,是根据不同的需要和目的而确定的。
(3) 评价目标是评价的立足点和目的地。
(4) 评价指标体系是评价系统的核心部分,其中,评价指标是对评价客体实施评价的重要依据,评价标准是评价的参照系,评价方法是具体实施评价的技术规范。
(5) 激励机制是评价行为的延伸和反馈,有利于评价客体行为的改善。

二、基于利润的业绩评价

以企业为主体的业绩考核最初以利润为主要考核对象,后来以权益报酬率为对象,一般追求企业利润最大化或股东财富最大化。这种业绩评价主要基于委托代理关系,用于企业所有者对管理者进行的业绩考核,也经常用于企业上级管理者对下级管理者的业绩考核。

利润体现了企业一定时期内的经营成果，反映了当期经营活动中投入与产出的差额，某种程度上刻画了企业经济效益的高低，因此，利润最大化经常被认为有利于企业利益相关者。基于利润的业绩评价指标一般根据考核的具体需要来确定，主要包括营业利润率、成本费用利润率、投资报酬率、权益报酬率和资产报酬率等，针对上市公司则可以采用每股收益、每股股利等指标。

(一) 营业利润率

营业利润率是指企业一定期间营业利润与营业收入的比率，其计算公式如下。

$$营业利润率=营业利润÷营业收入×100\%$$

营业利润率反映了产品或服务的盈利能力，同时也体现了企业的核心竞争力。营业利润率越高，表明产品或服务的市场竞争力和盈利能力越强。此外，销售毛利率、销售净利润率等指标也用来衡量企业经营业务的获利水平，计算公式分别如下。

$$销售毛利率=销售毛利额÷销售收入总额×100\%$$

$$销售净利润率=净利润÷销售收入×100\%$$

(二) 成本费用利润率

成本费用利润率是指企业一定期间利润总额与成本费用总额的比率，其计算公式如下。

$$成本费用利润率=利润总额÷成本费用总额×100\%$$

成本费用利润率反映了资源消耗的经济效益。成本费用利润率越高，表明企业为取得利润而付出的资源消耗越小，成本费用控制得越好，经济效益越高。

(三) 投资报酬率

投资报酬率是指企业投资项目年平均利润与项目投资总额的比率，用于表明企业投资的综合利用效果，其计算公式如下。

$$投资报酬率=项目年平均利润÷项目投资总额×100\%$$

一般来说，投资报酬率越高，企业投资效益越好。

(四) 权益报酬率

权益报酬率也称为净资产收益率，是指企业一定期间净利润与平均所有者权益(即平均净资产)的比率，用于反映企业自有资金的投资收益水平，其计算公式如下。

$$权益报酬率=净利润÷平均所有者权益×100\%$$

一般来说，权益报酬率越高，企业自有资金获取收益的能力越强，对企业投资人、债权人权益的保障程度越高。

(五) 资产报酬率

资产报酬率是指企业一定期间利润总额与平均资产总额之间的比率，其计算公式如下。

资产报酬率=利润总额÷平均资产总额×100%

在市场竞争日益激烈的经营环境中,企业的资产报酬率越高,表明总资产的利用效果越好。

基于利润的业绩评价可通过财务计量指标,着重分析和评价企业的获利能力、运用资本与其他资源的效率等方面,便于管理者对企业发展和各项经营活动进行恰当的决策和规划,充分利用有限资源。不过,基于利润的业绩评价也存在一些局限,如依赖历史信息而无法体现企业未来发展情况、仅关注会计信息与财务数据而无法全面反映企业经营情况、过度强调利润导致战略短视而无法全盘考虑企业长远利益、未能有效评估风险而无法正确反映企业目标等。

三、基于权益报酬率的杜邦分析体系

基于利润的业绩评价通过单个指标从特定角度衡量影响和决定企业盈利能力的不同因素,如销售业绩、资产管理水平、成本控制能力等,但未能全面地评价企业总体财务状况与经营成果。杜邦分析体系是利用几种主要的财务比率间的关系来综合分析企业财务状况的一种方法,其基本思路是将企业权益报酬率逐级分解为多项财务比率的乘积,从相互联系的角度深入分析和比较企业整体财务状况和经营业绩。杜邦分析体系的核心公式如下。

权益净利率=资产报酬率×权益乘数=营业净利率×资产周转率×权益乘数

具体来说,企业财务管理的主要目标之一是实现股东财富最大化。权益报酬率反映了股东投入资金的获利能力,也反映了企业筹资、投资和生产经营等活动的效率。在杜邦分析体系下,权益报酬率取决于资产报酬率及权益乘数。资产报酬率体现了企业运用资产进行生产经营活动的效率,具有很强的综合性,受资产周转率与销售净利率影响。资产周转率反映了总资产的周转速度,销售净利率反映了销售收入的获利水平。权益乘数体现了企业的筹资情况与资本结构,表明了企业的负债程度,即企业运用财务杠杆开展经营活动的程度,资产负债率越高,权益乘数越大,负债程度越高,杠杆利益越大,风险程度也越高。

在揭示了上述财务比率之间的关系后,杜邦分析体系又将净利润和总资产层层分解,从而实现全面、系统地分析企业财务状况及各因素之间的关系。基于几种主要的财务指标间的关系,杜邦分析体系直观明了地反映了企业偿债能力、营运能力、盈利能力,以及它们之间的关系,为管理者提供了解决财务问题的思路,并为企业提供了财务目标的分解与控制途径。尽管杜邦分析体系被广泛应用,但该方法也存在一些局限,如未区分金融活动与经营活动、金融资产与经营资产、金融负债与经营负债等,可能出现无法正确衡量企业盈利能力、扭曲财务杠杆效应等不良影响。

【例题1·单选题·2009年注册会计师考试真题】甲公司2008年的营业净利率比2007年下降5%,总资产周转率提高10%,假定其他条件与2007年相同,那么甲公司2008年的权益净利率比2007年提高( )。

A. 4.5% B. 5.5% C. 10% D. 10.5%

【答案与解析】A。甲公司2007年权益净利率=营业净利率×总资产周转率×权益乘数,甲公司2008年的权益净利率=营业净利率×(1-5%)×总资产周转率×(1+10%)×权益乘数,所以2008

年的权益净利率比 2007 年提高：(1+10%)×(1-5%)-1=4.5%。

【例题 2·单选题·1997 年注册会计师考试真题】在杜邦分析体系中，假设其他情况相同，下列说法中错误的是(　　)。

  A. 权益乘数大则财务风险大 B. 权益乘数大则权益净利率大
  C. 权益乘数与资产负债率是同向关系 D. 权益乘数大则资产净利率大

【答案与解析】D。权益乘数=1÷(1-资产负债率)，权益乘数和资产负债率同增减，权益乘数越大，说明对债权人的保障程度越差，偿债能力越弱，财务风险越大，选项 A 和 C 正确。杜邦分析体系的核心公式为：权益净利率=资产净利率×权益乘数=营业净利率×资产周转率×权益乘数，权益乘数大则权益净利率大，选项 B 正确。资产净利率与权益乘数负相关，共同决定权益净利率。资产净利率代表经营风险，权益乘数代表财务风险，在企业总风险水平一定的条件下，经营风险与财务风险之间此消彼长，选项 D 错误。

四、财务业绩评价与非财务业绩评价

  财务业绩评价是根据财务信息来评价管理者业绩的方法，是一种相对传统的评价方法。财务业绩评价不仅可以反映企业的综合经营成果，而且容易从会计系统中获得相应的数据，操作简便，易于理解，因此被广泛应用。但财务业绩评价也存在不足之处：首先，财务业绩体现的是企业当期的财务成果，反映的是企业的短期业绩，无法反映管理者在企业的长期业绩改善方面所做的努力；其次，财务业绩体现了结果导向思维模式，即只注重最终的财务结果，而对达成该结果的改善过程缺乏关注；最后，财务业绩通过财务会计程序产生的会计信息进行考核，而会计信息是根据公认的会计准则产生的，受到稳健性原则有偏估计的影响，可能无法全面、公允地反映管理层的真实业绩。

  非财务业绩评价是指根据非财务信息指标来评价管理者业绩的方法，如与顾客相关的市场份额、顾客满意度、消费者忠诚度等，与企业内部运营相关的及时送货率、产品与服务质量等，与员工成长相关的员工满意度、员工建言情况、员工流动率等。非财务业绩评价的优点是更能体现长远业绩以及外部对企业的整体评价，可以避免财务业绩评价只侧重过去、比较短视的不足；其缺点是比较关键的非财务业绩指标往往十分主观，数据收集相对困难，而且评价指标数据的可靠性也难以保证。

【例题 3·多选题·2012 年注册会计师考试真题】使用财务指标进行业绩评价的主要缺点是(　　)。

  A. 不能计量公司的长期业绩
  B. 对达成该结果的改善过程欠考虑
  C. 可能无法公允地反映管理层的真正业绩
  D. 其可比性不如非财务指标

【答案与解析】ABC。使用财务指标进行业绩评价的缺点有：①财务业绩体现的是当期的财务成果，反映的是企业的短期业绩，无法反映管理者在企业的长期业绩改善方面所做的努力(选项 A)；②财务业绩是一种结果导向，只重视最终的财务结果，而对达成该结果的改善过程欠考虑(选项B);③财务业绩通过会计程序产生的会计数据进行考核,而会计数据则是根据公认的财务会计原则产生的,受到稳健性原则有偏估计的影响,因此可能无法公允地反映管理层的真实业绩(选项C)。因此,选项ABC正确。选项D:财务指标是用数据衡量的,非财务指标往往比较主观,一般情况下,财务指标的可比性比非财务指标强。因此,选项D错误。

【例题4·多选题·2018年注册会计师考试真题】非财务业绩指标与财务业绩指标相比的特点在于(　　)。
A. 非财务业绩指标可以对实现股东财富最大化目标的改善过程进行衡量
B. 非财务业绩指标可以衡量公司的长期业绩
C. 非财务业绩指标可比性强
D. 非财务业绩指标综合性强

【答案与解析】AB。非财务业绩指标,包括市场份额、质量和服务、创新和生产力等,都可以对达成股东财富最大化的改善过程进行衡量,选项A正确;财务业绩指标衡量的是短期的业绩,具有诱使经理人员为追逐短期利润而伤害公司长期发展的弊端,非财务业绩指标衡量的是公司的长期盈利能力,可以引导经理人员关注公司的长远发展,选项B正确;非财务业绩指标比较主观,可靠性难以保证,综合性、可计量性和可比性等都不如财务业绩指标,因此选项C和D错误。

第二节 以责任中心为主体的业绩考核与评价

一、责任会计的基本理论

(一) 责任会计的定义

责任会计(responsibility accounting)作为现代管理会计的一个重要分支,是一种内部会计控制制度,是管理会计的一个子系统。它是在分权管理的条件下,为适应内部经济责任制的要求,在企业内部建立若干责任单位,并对它们分工负责的经济活动进行规划与控制的一整套专门制度。责任会计实质上是企业为了强化内部经管责任而实施的一种内部控制制度,是把会计资料同各有关责任单位紧密联系起来的信息控制系统。

(二) 责任会计的产生与发展

20世纪40年代以后,责任会计才真正在实践中发挥作用,并且其相关理论和方法也逐渐发展成熟。第二次世界大战以后,科技进步推动了生产力的发展,随着竞争日益激烈,企业内部管理合理化的要求越来越强烈。在这种形势下,许多大公司推行分权化管理,采用事业部制的公司组织体系。对事业部制企业有效实施管理控制,需要完善责任会计制度,促使责任会计在事业部制企业中受到重视,并对其进行了细微改进和新的拓展应用,最终形成现代管理会计中的责任会计。分权管理思想是责任会计产生的客观要求。行为科学、管理科学是责任会计形成和发展的理论基础。

(三) 责任会计的职能

责任会计的职能是指责任会计在企业内部管理中所具有的功能。根据责任会计的特点，可将责任会计的职能归纳为责任预测职能、责任预算职能、责任核算职能、责任控制职能、责任考核职能。

(四) 责任会计的作用

1. 有利于贯彻企业内部经济责任制

实行责任会计以后，可使各级管理人员目标明确，责任分明。以责任单位为核算主体来记录和归集会计信息，并据以评价和考核各个责任单位的工作业绩和经营成果，能做到功过分明，奖惩有据。

2. 有利于保证经营目标的一致性

实行责任会计以后，各个责任单位的经营目标就是整个企业经营总目标的具体体现。因此，在日常经济活动中，必须注意各个责任单位的经营目标是否符合企业的总目标。若有矛盾，则应及时协商调整。

二、责任中心

(一) 责任中心概述

1. 责任中心的定义

责任中心(responsibility center)是指根据其管理权限承担一定的经济责任，并能反映其经济责任履行情况的企业内部单位。为了有效地进行企业内部控制，有必要将整个企业逐级划分为多个责任领域，即责任中心。划分责任中心并不是以成本利润或投资的发生额大小为依据的，而是依据发生与否和是否能分清责任。凡是管理上可分、责任可以辨认、成绩可以单独考核的单位，都可以划分为责任中心，大到分公司、地区工厂或部门，小到车间、班组。

2. 责任中心的特征

(1) 责任中心是一个责、权、利结合的实体。
(2) 责任中心具有承担经济责任的条件。
(3) 责任中心所承担的责任和行使的权力都应是可控的。
(4) 责任中心具有相对独立的经营业务和财务收支活动。
(5) 责任中心便于进行责任核算、业绩考核与评价。

(二) 责任中心的类型

根据企业内部责任单位的权责范围及业务活动的特点，可以将企业内部的责任中心分为成本中心、利润中心和投资中心三大类型。

1. 成本中心

(1) 成本中心的定义。成本中心(cost center)是指只对其成本或费用承担责任的责任中心，它处于企业的基础责任层次。由于成本中心不会形成可以用货币计量的收入，因而不应当对收入、利润或投资负责。

(2) 成本中心的类型。按照成本中心控制的对象的特点，可将成本中心分为技术性成本中心和酌量性成本中心两类。

(3) 成本中心的特点。成本中心的特点包括：成本中心只考评成本费用不考评收益；成本中心只对可控成本承担责任；成本中心只对责任成本进行考核和控制。

(4) 成本中心的考核指标。成本中心只对所报告的成本或费用承担责任，因此，成本中心业绩评价的主要指标是生产效率、标准成本与成本差异的报告等。责任成本差异是指责任成本实际数额与责任成本预算之间的差额，反映了责任成本预算的执行结果。成本中心业绩评价的主要指标是责任成本及其增减额、升降率和与其作业相关的非财务指标等。

2. 利润中心

(1) 利润中心的定义。利润中心(profit center)是指对利润负责的责任中心。利润是收入与成本费用的差额，因此，利润中心既要对成本负责，又要对收入负责。

(2) 利润中心的类型。按照收入来源的性质，可将利润中心分为自然利润中心和人为利润中心。自然利润中心是自然形成的，是指直接对外销售产品或提供劳务以取得收入的责任中心。人为利润中心是人为设定的，是指通过企业内部各责任中心之间使用内部结算价格结算半成品内部销售收入的责任中心。

(3) 利润中心的成本计算。人为利润中心只计算可控成本，不分担不可控成本(即不分摊共同成本)，结合边际贡献，可得到部门可控边际贡献。自然利润中心不仅计算可控成本，还计算不可控成本，结合部门可控边际贡献，可得到部门营业利润。

(4) 利润中心的考核指标。由于不同类型、不同层次的利润中心的可控范围不同，用于评价的责任利润指标也不同。在评价利润中心业绩时，至少有三种选择，即边际贡献、部门可控边际贡献、部门营业利润，其计算公式分别如下。

$$边际贡献=销售收入-变动成本总额$$
$$部门可控边际贡献=边际贡献-可控固定成本$$
$$部门营业利润=部门可控边际贡献-不可控固定成本$$

以边际贡献作为利润中心的业绩评价依据不够全面；以部门可控边际贡献作为部门经理的业绩评价依据可能是最好的；以部门营业利润作为业绩评价依据，可能更适合评价该部门的业绩，而不适合评价部门经理的业绩。

3. 投资中心

(1) 投资中心的定义。投资中心(investment center)是指对投资负责的责任中心，它不仅要对成本、收入和利润负责，还要对投资效果负责。

(2) 投资中心的考核指标。投资中心除了考核和评价利润指标外，还需要计算、分析利润与投资额的关系性指标，即投资利润率和剩余收益。

投资利润率是投资中心一定时期的营业利润和该期的投资占用额之比。该指标反映了通过投资而返回的价值，即企业从一项投资性商业活动的投资中得到的经济回报。投资利润率有可能导致决策的短视行为而损害企业的长远利益。由于管理层需要想方设法减少经营成本和管理费用，他们也可能会减少企业未来增长所必要的投资，如研发费用的投入等。

剩余收益是指投资中心获得的利润，扣减其投资额(或净资产占用额)按规定(或预期)的最低收益率计算的投资收益后的余额，是一个部门的营业利润超过其预期最低收益的部分。剩余收益的不足之处在于不能用于两个规模差别比较大的投资中心的横向比较。

剩余收益和投资利润率可以起到互补作用，剩余收益弥补了投资利润率的不足，可以在投资决策方面使投资中心的利益与企业整体利益取得一致。

三、内部转移价格

内部转移价格简称内部价格，又称为内部转让价格或内部移动价格，是指企业内部各责任中心之间转移中间产品或相互提供劳务而发生内部结算和进行内部责任结转所使用的计价标准，是分清各责任中心经济责任和考核各责任中心生产经营成果的重要依据。内部转移价格的类型包括市场价格、协商价格、双重价格和成本转移价格。

第三节 关键绩效指标法

关键绩效指标法是基于企业战略目标，通过建立关键绩效指标体系，将价值创造活动与战略规划目标有效联系起来，并据此进行绩效管理的方法。关键绩效指标是指对企业绩效产生关键影响力的指标，是通过对企业战略目标、关键成果领域的绩效特征进行分析，识别和提炼出的能有效驱动企业价值创造的指标。关键绩效指标法可以单独使用，也可以与经济增加值、平衡计分卡等其他方法结合使用。关键绩效指标法的应用对象可以是企业，也可以是企业所属的部门和员工。

一、关键绩效指标法的应用

企业应用关键绩效指标法的程序一般如下：制订以关键绩效指标为核心的绩效计划、制订激励计划、执行绩效计划与激励计划、实施绩效评价与激励、编制绩效评价报告与激励管理报告等。与其他业绩评价方法相比，应用关键绩效指标法的不同之处在于，需要制订和实施以关键绩效指标为核心的绩效计划。

制订绩效计划包括构建关键绩效指标体系、分配关键绩效指标权重、确定关键绩效指标目标值等。

(一) 构建关键绩效指标体系

企业可以分三个层次来构建关键绩效指标体系：企业级关键绩效指标、部门级关键绩效指标和岗位(员工)级关键绩效指标。企业应根据战略目标，结合价值创造模式，综合考虑内外部经营环节等因素，设定企业级关键绩效指标。根据企业级关键绩效指标，结合所属部门关键业务流程，按照上下结合、分级编制、逐级分解的程序，在沟通反馈的基础上，设定部门级关键绩效指标。根据部门级关键绩效指标，结合员工岗位职责和关键工作价值贡献，设定岗位(员工)级关键绩效指标。

企业的关键绩效指标一般分为结果类和动因类两种：结果类指标是反映企业绩效的价值指标，主要包括投资报酬率、权益净利率、经济增加值、息税前利润、自由现金流量等综合指标；动因类指标是反映企业价值关键驱动因素的指标，主要包括资本性支出、单位生产成本、产量、销量、客户满意度、员工满意度等。

关键绩效指标应含义明确、可度量、与战略目标高度相关。指标数量不宜过多，每一层级的关键绩效指标一般不超过 10 个。

【例题 5·单选题·2021 年注册会计师考试真题】企业的关键绩效指标一般可分为结果类指标和动因类两种。下列各项中，属于结果类指标的是(　　)。
　　A. 客户满意度　　　B. 单位生产成本　C. 自由现金流量　D. 资本性支出
【答案与解析】C。企业的关键绩效指标中，结果类指标是反映企业绩效的价值指标，主要包括投资报酬率、权益净利率、经济增加值、息税前利润、自由现金流量等综合指标；动因类指标是反映企业价值关键驱动因素的指标，主要包括资本性支出、单位生产成本、产量、销量、客户满意度、员工满意度等。选项 C 正确。

(二) 分配关键绩效指标权重

关键绩效指标的权重分配应以企业战略目标为导向，反映被评价对象对企业价值贡献或支持的程度，以及各指标之间的重要性水平。单项关键绩效指标的权重一般设定在 5%~30%之间，对于特别重要的指标可适当提高权重。对于特别关键、影响企业整体价值的指标可设立"一票否决"制度，即如果某项关键绩效指标未完成，那么无论其他指标是否完成，均视为未完成绩效目标。

(三) 确定关键绩效指标目标值

企业在确定关键绩效指标目标值时，一般可以参考国家有关部门或权威机构发布的行业标准或参考竞争对手标准，也可以参考企业内部标准，如企业战略目标、年度生产经营计划目标、年度预算目标、历年指标水平等。如果不能按照上述两种方法确定，还可以根据企业的历史经验值设定。

二、关键绩效指标法的优缺点

首先,关键绩效指标法可以使企业业绩评价与其战略目标密切相关,有利于企业战略目标的实现;其次,通过识别价值创造模式把握关键价值驱动因素,能够更有效地实现企业价值增值目标;第三,关键绩效指标法的评价指标数量相对较少,易于理解和使用,实施成本相对较低,有利于推广实施。

关键绩效指标法的主要缺点体现在:关键绩效指标的选取需要透彻理解企业价值创造模式和战略目标,有效识别企业核心业务流程和关键价值驱动因素,因此,若指标体系设计不当将导致错误的价值导向和管理缺失。

【例题6·单选题·2015年注册会计师考试真题】下列关于关键绩效指标法的说法中,正确的是( )。
A. 关键绩效指标法与平衡计分卡不能结合使用
B. 选取的指标数量应该尽可能的多,以便更好反映企业整体价值
C. 如果关键绩效指标未完成可以实施"一票否决"制度
D. 关键绩效指标应该是反映企业绩效的价值指标

【答案与解析】C。关键绩效指标法可以单独使用,也可以与经济增加值、平衡计分卡等结合使用,选项A错误;关键绩效指标应该与战略相关,指标数量不宜过多,每个层级一般不超过10个,选项B错误;对特别关键、影响企业整体价值的指标可以设立"一票否决"制度,即若某个关键绩效指标未完成,则可视为未完成绩效目标,选项C正确;关键绩效指标分为结果类和动因类两种,其中结果类指标是反映企业绩效的价值指标,动因类指标是反映企业价值关键驱动因素的指标,选项D错误。

第四节 经济增加值

经济增加值(economic value added,EVA)是美国思腾思特咨询公司于1982年提出并推广的一套以超额经济收益理念为基础的财务管理决策机制与业绩评价方法。诸多知名公司都采取该方法评价企业及内部业务部门的经营业绩,可口可乐公司因较早在管理上应用经济增加值业绩评价方法获得了巨大成功。

一、经济增加值的内涵

经济增加值是指税后净营业利润扣除企业全部资本经济价值的机会成本后的剩余收益,其计算公式如下。

经济增加值=调整后税后净营业利润-调整后平均资本占用×加权平均资本成本

其中，税后净营业利润用于衡量企业的经营盈利情况，平均资本占用用于反映企业持续投入的各种债务资本和股权资本，加权平均资本成本用于反映企业各种资本的平均资本成本率。

经济增加值及其改善值是全面评价经营者有效使用资本和为企业创造价值的重要指标，若该指标为正，则表明经营者为企业创造了价值；若该指标为负，则表明经营者损害了企业价值。经济增加值与剩余收益存在两点不同：其一是在计算经济增加值时需要对财务会计数据进行一系列调整，包括税后净营业利润和平均资本占用；其二是在计算经济增加值时需要根据资本市场的机会成本计算资本成本，剩余收益则根据投资要求的报酬率进行计算，前者实现了与资本市场的对接，而后者可以根据管理的要求做出不同的主观选择。

二、经济增加值的应用

尽管经济增加值的定义相对简单，但其实际应用与计算却因解决经营利润、资本成本与所使用的资本金额的计量问题的不同方法而形成了不同的经济增加值。

(一) 经济增加值基本模型

基本经济增加值是根据未经调整的经营利润和总资产计算的经济增加值。基本经济增加值的计算公式如下。

基本经济增加值=税后净营业利润-报表平均总资产×加权平均资本成本

基本经济增加值的计算很容易，但由于经营利润和总资产是按照会计准则计算的，有可能歪曲公司真实业绩。不过，经济增加值基本模型相对于会计利润来说，承认了股权资金的成本，有一定进步意义。

(二) 披露的经济增加值

披露的经济增加值是根据公开会计数据进行调整计算得出的，这种调整是根据公布的财务报表及其附注中的数据进行的。

典型的调整项目包括：①研发费用，会计上作为费用立即将其从利润中扣除，经济增加值则要求将其作为投资并在一个合理的期限内摊销。②战略性投资，会计将投资的利息(或部分利息)计入当期财务费用，经济增加值则要求将其在一个专门账户中资本化并在开始生产时逐步摊销。③为建立品牌、进入新市场或扩大市场份额发生的费用，会计上作为费用立即从利润中扣除，经济增加值则要求把争取客户的营销费用资本化并在适当的期限内摊销。④折旧费用，会计大多使用"直线折旧法"处理，经济增加值则要求对某些大量使用长期设备的公司，按照更接近经济现实的"沉淀资金折旧法"处理。

【例题7·计算题·2011年注册会计师考试真题】A公司是一家处于成长阶段的上市公司，正在对2010年的业绩进行计量和评价，有关资料如下。

(1) A公司2010年的销售收入为2500万元，营业成本为1340万元，销售及管理费用为500万元，利息费用为236万元。

(2) A 公司 2010 年的平均总资产为 5200 万元，平均金融资产为 100 万元，平均经营负债为 100 万元，平均股东权益为 2000 万元。

(3) 目前资本市场上等风险投资的权益成本为 12%，税前净负债成本为 8%；2010 年 A 公司董事会对 A 公司要求的目标权益净利率为 15%，要求的目标税前净负债成本为 8%。

(4) A 公司适用的企业所得税税率为 25%。

要求：

(1) 计算 A 公司的净经营资产净利率和权益净利率。

(2) 计算 A 公司的披露的经济增加值。计算时需要调整的事项如下：为扩大市场份额，A 公司 2010 年年末发生营销支出 200 万元，全部计入销售及管理费用，计算披露的经济增加值时要求将该营销费用资本化(提示：调整时按照复式记账原理，同时调整税后经营净利润和净经营资产)。

【解析】

(1) 税后净营业利润=(2500−1340−500)×(1−25%)=495(万元)

税后利息费用=236×(1−25%)=177(万元)

净利润=495−177=318(万元)

平均净经营资产=5200−100−100=5000(万元)

净经营资产净利率=495÷5000=9.9%

权益净利率=318÷2000=15.9%

(2) 市场基础的加权平均资本成本=12%×2000÷5000+8%×(1−25%)×(5000−2000)÷5000=8.4%

调整后的税后净营业利润=495+200×(1−25%)=495+150=645(万元)

调整后的平均资本占用=5000+200×(1−25%)=5150(万元)

披露的经济增加值=645−5150×8.4%=212.4(万元)

【例题 8·多选题·2019 年注册会计师考试真题】下列各项关于经济增加值的说法中，正确的有(   )。

    A. 经济增加值为正，表明经营者为企业创造了价值

    B. 计算经济增加值使用的资本成本应随资本市场变化而调整

    C. 经济增加值是税后净营业利润扣除全部投入资本的资本成本后的剩余收益

    D. 经济增加值便于不同规模的公司之间进行业绩比较

【答案与解析】ABC。经济增加值及其改善值是全面评价经营者有效使用资本和为企业创造价值的重要指标。经济增加值为正，表明经营者在为企业创造价值；经济增加值为负，表明经营者在损毁企业价值，因此选项 A 正确。由于经济增加值与公司的实际资本成本相联系，是基于资本市场的计算方法，资本市场上权益成本和债务成本变动时，公司要随之调整加权平均资本成本，因此选项 B 正确。经济增加值是从税后净营业利润扣除全部投入资本的资本成本后的剩余收益，因此选项 C 正确。由于经济增加值是绝对数指标，不便于比较不同规模的公司的业绩，因此选项 D 错误。

【例题9·多选题·2016年注册会计师考试真题】在计算披露的经济增加值时,下列各项中,需要进行调整的项目的有( )。

　　A. 研究费用　　　　　　　　　B. 争取客户的营销费
　　C. 资本化利息支出　　　　　　D. 折旧费用

【答案与解析】ABD。选项A研究费用和选项B争取客户的营销费用,会计准则要求作为费用从利润中扣除,而经济增加值要求将费用资本化并在适当的期限内摊销,属于调整项目。选项D折旧费用在会计上一般采用直线折旧法,而经济增加值要求用沉淀资金折旧法,因此需要调整。选项C的资本化利息支出计入长期资产,不需要调整。

【例题10·单选题·2013年注册会计师考试真题】根据公司公开的财务报告计算披露的经济增加值时,不需要进行调整的事项是( )。

　　A. 计入当期损益的品牌推广费　　　B. 计入当期损益的研发支出
　　C. 计入当期损益的商誉减值　　　　D. 计入当期损益的折旧费用

【答案与解析】C。计算披露的经济增加值时,典型的调整事项包括:①研究与开发费用,经济增加值要求将其作为投资并在一个合理的期限内摊销(选项B);②战略性投资,经济增加值要求将其在一个专门账户中资本化,并在开始生产时逐步摊销;③为建立品牌、进入新市场或扩大市场份额发生的费用,把争取客户的营销费用资本化并在适当的期限内摊销(选项A);④折旧费用,按照"沉淀资金折旧法"处理,前期折旧少,后期折旧多(选项D)。因此,选项ABD表述正确,故不当选。选项C:按照现行会计准则的规定,商誉不走摊销这种方式,而是通过减值测试的方式进行处理。商誉的减值属于"有证据证明它的价值的确下降了",所以不做调整。因此,选项C表述错误,当选。

【例题11·多选题·2015年注册会计师考试真题】下列有关经济增加值的表述正确的有( )。

　　A. 经济增加值更真实地反映了企业的价值创造能力
　　B. 经济增加值的吸引力主要在于它把资本预算、业绩评价和激励报酬结合起来
　　C. 经济增加值便于比较不同规模公司的业绩
　　D. 经济增加值可以衡量企业长远发展战略的价值创造情况

【答案与解析】AB。选项A:经济增加值考虑了所有资本的成本,更真实地反映了企业的价值创造能力。因此,选项A正确。选项B:经济增加值不仅仅是一种业绩评价指标,它还是一种全面财务管理和薪酬激励框架。经济增加值的吸引力主要在于它把资本预算、业绩评价和激励报酬结合起来了。因此,选项B正确。选项C:经济增加值是绝对数指标,不同行业、不同发展阶段、不同规模等的企业,其会计调整项和加权平均资本成本各不相同,经济增加值的计算比较复杂,不便于不同规模公司之间的业绩比较。因此,选项C错误。选项D:经济增加值仅对企业当期或未来1~3年价值创造情况进行衡量和预判,无法衡量企业长远发展战略的价值创造情况。因此,选项D错误。综上所述,本题答案为选项AB。

(三) 国有企业的经济增加值

考虑到国有企业在经济中承担的重要作用,简要介绍国资委关于经济增加值计算的相关规定。

1. 经济增加值的定义及计算公式

经济增加值通过经核定的企业税后净营业利润减去资本成本后的余额来确定，其计算公式如下。

$$经济增加值=税后净营业利润-资本成本$$
$$=税后净营业利润-调整后资本×平均资本成本率$$

其中，税后净营业利润=净利润+(利息支出+研发费用调整项)×(1-25%)；调整后资本=平均所有者权益+平均带息负债-平均在建工程；平均资本成本率=债权资本成本率×平均带息负债/(平均带息负债+平均所有者权益)×(1-25%)+股权资本成本率×平均所有者权益/(平均带息负债+平均所有者权益)。

2. 会计调整项目说明

(1) 研究费用调整项是指企业财务报表中"期间费用"项下的"研发费用"和当期确认为无形资产的开发支出。

(2) 对于承担关键核心技术攻关任务而影响当期损益的研发投入，在计算经济增加值税后净营业利润时可予以全额加回。

(3) 对于勘探投入费用较大的企业，经国资委认定后可将其成本费用情况表中的"勘探费用"视同研发费用调整项予以加回。

(4) 在建工程是指企业财务报表中的符合主业规定的"在建工程"。

(5) 对从事银行、保险和证券业务且纳入合并报表的企业，将负债中金融企业专用科目从资本占用中予以扣除。基金、融资租赁等金融业务纳入国资委核定主业范围的企业，可约定将相关带息负债从资本占用中予以扣除。

(6) 利息支出是指企业财务报表中"财务费用"项下的"利息支出"，带息负债是指企业带息负债情况表中的带息负债合计。

(7) 企业经营业务主要在国(境)外的，25%的企业所得税税率可予以调整。

3. 资本成本率的确定

(1) 对主业处于充分竞争行业和领域的商业类企业，股权资本成本率原则上定为6.5%；对主业处于关系国家安全、国民经济命脉的重要行业和关键领域、主要承担重大专项任务的商业类企业，股权资本成本率原则上定为5.5%；对公益类企业股权资本成本率原则上定为4.5%；对军工、电力、农业等资产通用性较差的企业，股权资本成本率下浮0.5个百分点。

(2) 债权资本成本率=利息支出总额÷平均带息负债，利息支出总额是指带息负债情况表中的"利息支出总额"，其中包括费用化利息和资本化利息。

(3) 资产负债率高于上年且在65%(含)至70%的科研技术企业、70%(含)至75%的工业企业或75%(含)至80%的非工业企业，平均资本成本率上浮0.2个百分点；资产负债率高于上年且在70%(含)以上的科研技术企业、75%(含)以上的工业企业或80%(含)以上的非工业企业，平均资本成本率上浮0.5个百分点。

4. 其他重大调整事项

酌情考虑对企业经济增加值考核产生重要影响的其他重大调整事项：①重大政策变化。②严重自然灾害等不可抗力因素。③企业重组、上市及会计准则调整等不可比因素。④国资委认可的企业结构调整等其他事项。

【例题12·单选题·2021年注册会计师考试真题】甲公司是一家中央企业,采用国资委经济增加值考核办法进行业绩评价。202X年公司净利润9.5亿元;利息支出5亿元,其中资本化利息支出2亿元;研发支出3亿元,全部费用化;调整后资本120亿元,资本成本率6%;企业所得税税率25%。202X年甲公司经济增加值是(　　)亿元。

A. 6.05　　　　　　B. 6.8　　　　　　C. 7.55　　　　　　D. 8.3

【答案与解析】B。采用国资委经济增加值考核办法进行业绩评价,则税后净营业利润=净利润+(利息支出+研发费用调整项)×(1-25%)=9.5+(5-2+3)×(1-25%)=14亿元;经济增加值=税后净营业利润-调整后资本×平均资本成本率=14-120×6%=6.8亿元

【例题13·单选题·2020年注册会计师考试真题】甲公司是一家中央企业上市公司,依据国资委《中央企业负责人经营业绩考核办法》采用经济增加值进行业绩考核。2020年公司净利润10亿元,利息支出3亿元、研发支出2亿元全部计入损益,调整后资本100亿元,平均资本成本率6%。企业所得税税率25%。公司2020年经济增加值是(　　)亿元。

A. 7　　　　　　B. 7.75　　　　　　C. 9　　　　　　D. 9.5

【答案与解析】B。税后净营业利润=净利润+(利息支出+研究开发费用调整项)×(1-25%)=10+(3+2)×(1-25%)=13.75(亿元);经济增加值=税后净营业利润-调整后资本×平均资本成本率=13.75-100×6%=7.75(亿元)。因此,选项B正确,选项ACD错误。

【例题14·计算题·2022年注册会计师考试真题】甲公司是一家制造业企业,主业处于关系国家安全、国民经济命脉的重要行业和关键领域,资产通用性较好。上级单位参考《中央企业负责人经营业绩考核办法》采用经济增加值对其业绩进行计量和评价。相关资料如下。

(1) 甲公司2022年净利润为150亿元;利息支出总额为45.98亿元,其中资本化利息支出31.98亿元;研发费用为20亿元,当期确认为无形资产的开发支出为10亿元。

(2) 甲公司2022年资产负债表相关数据如表9-1所示。

表9-1

(单位:亿元)

项目	2022年初	2022年末
在建工程	260	340
带息负债	1000	1200
负债总额	1200	1425
所有者权益	800	1000

(3) 甲公司2021年经济增加值为106亿元,税后净营业利润为176.4亿元,调整后资本为1600亿元,平均资本成本为4.4%。甲公司2022年股权资本成本为5.5%,企业所得税税率为25%。假设不考虑企业所得税加计扣除及其他税费的影响。

要求：计算甲公司 2022 年税后净营业利润、调整后资本、平均资本成本和经济增加值。

【解析】

税后净营业利润=净利润+(利息支出+研究开发费用调整项)×(1−25%)

$\qquad$ =150+(45.98−31.98+20+10)×(1−25%)=183(亿元)

调整后资本=平均所有者权益+平均带息负债−平均在建工程

$\qquad$ =(800+1000)÷2+(1000+1200)÷2−(260+340)÷2

$\qquad$ =900+1100−300=1700(亿元)

债权资本成本率=利息支出总额÷平均带息负债×100%=45.98÷1100×100%=4.18%

平均资本成本=4.18%×1100÷(1100+900)×(1−25%)+5.5%×900÷(1100+900)=4.2%

经济增加值=183−1700×4.2%=111.6(亿元)

三、经济增加值的优缺点

经济增加值考虑了所有资本的成本，更真实地反映了企业的价值创造能力；实现了企业利益、经营者利益和员工利益的统一，激励经营者和所有员工为企业创造更多价值；能有效遏制企业盲目扩张规模以追求利润总量和增长率的倾向，引导企业注重价值创造。

经济增加值不仅是一种业绩评价方法与指标，还是一种全面财务管理和薪酬激励框架。经济增加值的吸引力主要在于把资本预算、业绩评价和激励报酬结合起来了。以前，人们使用净现值和内含报酬率评价资本预算、用权益资本报酬率或每股收益评价公司业绩、再基于另外的效益指标发放奖金。资本预算的决策基础是以适当折现率折现的经济增加值，衡量生产经营效益的指标是经济增加值，奖金则根据适当的目标单位经济增加值来确定，从而使企业管理变得简单、直接、统一、和谐。经济增加值是一个独特的薪酬激励制度的关键变量，可以真正将管理者的利益和股东利益统一起来，使管理者像股东一样思考和行动。

在经济增加值框架下，公司可以向投资人宣传他们的目标和成就，投资人也可以用经济增加值选择最有前景的公司。此外，经济增加值还是股票分析师手中的有力工具。

不过，经济增加值仍有以下方面的局限。首先，经济增加值仅对企业当期或未来 1~3 年的价值创造情况进行衡量和判断，无法衡量企业长远发展战略的价值创造情况。其次，经济增加值的计算主要基于财务指标，无法对企业的营运效率与效果进行综合评价。再次，不同行业、不同发展阶段、不同规模等的企业，其会计调整项和加权平均资本成本各不相同，计算比较复杂，影响指标的可比性。此外，由于经济增加值是绝对数指标，不利于比较不同规模公司的业绩。在计算经济增加值时，对于净收益应做哪些调整及资本成本的确定等，尚存在许多争议，尚未建立起一个统一的规范，而缺乏统一性的业绩评价指标只能用于进行公司的历史分析及内部评价。

经济增加值也有与投资报酬率一样误导使用者的缺点。例如，处于成长期的公司经济增加值较少，而处于衰退期的公司经济增加值反而可能更高。

【例题 15·单选题】使用经济增加值进行业绩评价的优点是(   )。
  A. 经济增加值具有比较不同规模公司业绩的能力
  B. 经济增加值可以真正将管理者的利益和股东利益统一起来
  C. 经济增加值具有与投资报酬率同样的优点
  D. 人们对经济增加值的认识具有统一看法
【答案与解析】B。经济增加值的优点如下：对股东而言，经济增加值越大越好，它可以正确衡量公司取得的业绩；经济增加值不仅是一种业绩评价指标，它还是一种全面财务管理和薪金激励体制的框架。经济增加值是绝对指标，不具有比较不同规模公司业绩的能力。经济增加值具有和投资报酬率一样误导使用者的缺点。

第五节　平衡计分卡

  以收益为基础的财务数据只能衡量过去决策的结果，无法评估未来的业绩表现，容易误导企业未来的发展方向。同时，若将财务指标作为企业业绩评价与考核的唯一指标，则容易使经营管理者过分注重短期财务结果，在一定程度上，会使经营者变得急功近利，有强烈动机操纵报表上的数字，失去对企业长期战略目标进行资本投资的动力。因此，业绩评价与考核的目标逐渐转向了以企业的战略目标为导向，通过关键指标的选取和平衡指标间的关系来体现企业的战略需求和发展愿景，并将非财务指标引入了业绩评价体系，其中最具代表性且受广泛关注的便是罗伯特·卡普兰和大卫·诺顿提出的平衡计分卡(balanced score card，BSC)。
  平衡计分卡是基于企业战略，从财务、客户、内部业务流程、学习与成长四个维度，将战略目标逐层分解转化为具体的、相互平衡的业绩指标体系，并据此进行绩效管理的方法。平衡计分卡打破了传统的只注重财务指标的业绩评价模式，认为传统的财务指标属于滞后性指标，对于指导和评价企业如何通过投资于客户、供应商、雇员、生产程序、技术和创新等来创造未来的价值是不够的。因此，需要在传统财务指标的基础上，增加用于评估企业未来投资价值的具有前瞻性的现行指标。

一、平衡计分卡框架

  平衡计分卡并未否定传统战略和评估方法，而是对其进行了进一步发展和改进，在保留财务维度目标和指标的基础上，又增加了客户、内部业务流程、学习和成长三个维度。平衡计分卡通过四大维度指标体系的设计来阐明和沟通企业战略，促使个人、部门和企业的行动方案达成一致，以实现企业价值最大化和长期发展的目标。平衡计分卡的基本框架如图 9-1 所示。

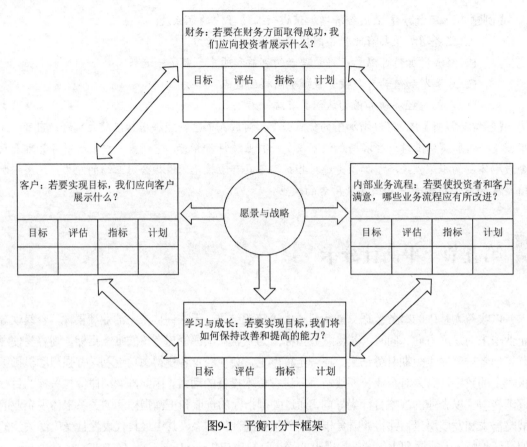

图9-1 平衡计分卡框架

(一) 财务维度

财务维度的目标是解决"股东如何看待我们"的问题，表明企业的努力是否最终对企业的经济收益产生了积极作用。现代企业财务管理的目标是实现企业价值最大化，而对企业价值目标的衡量离不开相关财务指标。财务维度的指标通常包括投资报酬率、权益净利率、经济增加值、息税前利润、自由现金流量、资产负债率、总资产周转率等。

(二) 客户维度

客户维度的目标是回答"客户如何看待我们"的问题。客户是企业之本，是现代企业的利润来源，客户的感受理应成为企业关注的焦点，应从时间、质量、服务效率和成本等方面关注市场份额以及客户的需求和满意程度。客户维度的指标通常包括市场份额、客户满意度、客户获得率、客户保持率、客户获利率、战略客户数量等。

(三) 内部业务流程维度

内部业务流程维度的目标是解决"我们的优势是什么"的问题，着眼于企业的核心竞争力。企业要想按时向客户交货，满足客户现在和未来的需求，就必须以合理流畅的内部业务流程为前提。因此，企业应明确自身的核心竞争力，遴选出那些对客户满意度有较大影响的业务流程，并把它们转化成具体的测评指标。内部业务流程维度的指标通常包括交货及时率、生产负荷率、产品合格率等。

(四) 学习与成长维度

学习与成长维度的目标是回答"我们是否能继续提高并创造价值"的问题，只有持续不断地开发新产品，为客户创造更多价值并提高经营效率，企业才能打入新市场、赢得客户的信赖，从而增加股东价值。企业的学习与成长来自于员工、信息系统和企业程序等，根据经营环境和利润增长点的差异，企业可以确定不同的产品创新、过程创新和生产水平提高指标。学习与成长维度的指标通常包括新产品开发周期、员工满意度、员工保持率、员工生产率、培训计划完成率等。

传统的业绩评价系统仅仅将指标提供给管理者，无论是财务指标还是非财务指标，很少看到各指标彼此之间的关联及对企业最终目标的影响。但是，平衡计分卡则不同，它的各个组成部分是以一种集成的方式来设计的，企业现在的努力和未来的前景之间存在着一种"因果"关系，在企业目标与业绩指标之间存在着一条"因果关系链条"。从平衡计分卡中，管理者能够看到并分析影响企业整体目标的各种关键因素，而不单单是短期的财务结果，因此，它有助于管理者对整个业务活动的发展过程始终保持关注，并确保现在的实际经营业绩与企业的长期战略保持一致。平衡计分卡四个维度之间的关系如图9-2所示。

财务维度 投资报酬率 权益净利率 总资产周转率	内部业务流程维度 交货及时率 生产负荷率 产品合格率
客户维度 客户满意度 客户获得率 市场份额	学习与成长维度 员工满意度 员工生产率 新产品开发周期

图9-2 平衡计分卡四个维度之间的关系

根据这四个不同的维度，平衡计分卡中的"平衡"包括：外部评价指标(如股东和客户对企业的评价)和内部评价指标(如内部经营过程、新技术学习等)的平衡；成果评价指标(如利润、市场占有率等)和促成结果的驱动因素评价指标(如新产品投资开发等)的平衡；财务评价指标(如利润等)和非财务评价指标(如员工忠诚度、客户满意度等)的平衡；短期评价指标(如利润指标等)和长期评价指标(如员工培训成本、研发费用等)的平衡。

【例题16·多选题·2017年注册会计师考试真题】企业利用平衡计分卡进行业绩考评。下列各种维度中，平衡计分卡需要考虑的有( )。

A. 客户维度　　B. 股东维度　　C. 债权人维度　　D. 学习与成长维度

【答案与解析】AD。平衡计分卡有四个维度：财务维度；客户维度；内部业务流程维度；学习与成长维度。因此，选项A和D正确，选项B和C错误。

【例题17·多选题·2021年注册会计师考试真题】下列各项中，属于平衡计分卡框架中常用的内部业务流程维度指标的有( )。

A. 客户获得率　　　B. 交货及时率　　　C. 产品合格率　　　D. 员工生产率

【答案与解析】BC。选项A：客户维度的常用指标包括市场份额、客户满意度、客户获得率、客户保持率等，因此，选项A错误。选项BC：内部业务流程维度的常用指标包括交货及时率、生产负荷率、产品合格率等，因此，选项BC正确。选项D：学习与成长维度的常用指标包括新产品开发周期、员工满意度、员工保持率、员工生产率等，因此，选项D错误。

【例题18·单选题·2018年注册会计师考试真题】下列各项中，属于平衡计分卡内部业务流程维度的业绩评价指标的是( )。

A. 投资报酬率　　　B. 客户保持率　　　C. 生产负荷率　　　D. 培训计划完成率

【答案与解析】C。选项A：财务维度的常用指标包括投资报酬率、权益净利率、经济增加值、息税前利润等，因此，选项A错误。选项B：客户维度的常用指标包括市场份额、客户满意度、客户获得率、客户保持率等，因此，选项B错误。选项C：内部业务流程维度的常用指标包括交货及时率、生产负荷率、产品合格率等，因此，选项C正确。选项D：学习与成长维度的常用指标包括新产品开发周期、员工满意度、员工保持率、培训计划完成率等，因此，选项D错误。

【例题19·多选题·2015年注册会计师考试真题】在使用平衡计分卡进行企业业绩评价时，需要处理几个平衡，下列各项中，正确的有( )。

A. 外部评价指标与内部评价指标的平衡

B. 定期指标与非定期指标的平衡

C. 财务评价指标与非财务评价指标的平衡

D. 成果评价指标与驱动因素评价指标的平衡

【答案与解析】ACD。平衡计分卡中的"平衡"包括：外部评价指标和内部评价指标的平衡(选项A)；成果评价指标和驱动因素评价指标的平衡(选项D)；财务评价指标和非财务评价指标的平衡(选项C)；短期评价指标和长期评价指标的平衡。因此，选项ACD正确，选项B错误。

二、平衡计分卡的应用

平衡计分卡突破了传统业绩评价系统的局限，在战略高度评价企业的经营业绩，把一整套财务与非财务指标同企业的战略联系起来，是企业开展立足于长远发展、取得竞争优势的战略管理的基础。建立平衡计分卡，明确企业的愿景目标，就能协助管理人员建立一个得到大家广泛认同的愿景和战略，并将这些愿景和战略转化为一系列相互联系的衡量指标，确保企业各个层面了解长期战略，驱使各级部门采取有利于实现愿景和战略的行动，将部门、个人目标同长期战略相联系。

(一) 平衡计分卡与战略管理的关系

一方面，战略规划中所制定的目标是平衡计分卡考核的一个基准；另一方面，平衡计分卡又是一个有效的战略执行系统，平衡计分卡与战略管理之间的关系如图9-3所示。

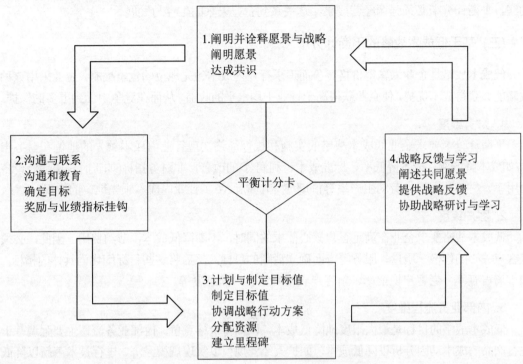

图9-3 平衡计分卡与战略管理之间的关系

平衡计分卡通过引入阐明并诠释愿景与战略、沟通与联系、计划与制定目标值和战略反馈与学习四个程序，使管理者能够把长期行为与短期行为联系起来，具体过程包括：①阐释并诠释愿景与战略，愿景即企业所要达到的远期目标，有效地说明愿景可以使其成为企业所有成员的共同理想和目标，从而有助于组织成员就企业的使命和战略达成共识。②沟通与联系，可以使管理者在企业中实现战略的上下沟通，并将战略与部门及个人目标联系起来。③计划与制定目标值，可以使企业实现业务计划和财务计划一体化。④战略反馈与学习，可以使企业以一个组织的形式获得战略型学习与改进的能力。

(二) 平衡计分卡的要求

为了使平衡计分卡同企业战略更好地结合起来，必须做到以下几点。

第一，平衡计分卡的四个方面互为因果，最终目的是实现企业战略。一个有效的平衡计分卡，绝不仅仅是业绩衡量指标的结合，而应该是各个指标互相联系、互相补充的体现。围绕企业战略所建立的因果关系链，应当贯穿于平衡计分卡的四个方面。

第二，平衡计分卡中不能只有具体的业绩衡量指标，还应包括这些具体衡量指标的驱动因素，否则便无法说明该怎样行动才能实现这些目标，也不能及时显示战略是否顺利实施。一套出色的平衡计分卡应该把企业的战略结果同驱动因素结合起来。

第三，平衡计分卡最终应该和财务指标联系起来，因为企业的最终目标是实现良好的经济利润。平衡计分卡必须强调经营成果，这关系到企业未来的生存与发展。

(三) 基于低成本战略的平衡计分卡

低成本战略是企业为赢得价格竞争而追求行业内成本领先地位的竞争战略。企业采用该种战略能够获得成本优势，使企业获得高于行业平均水平的收益，从而在竞争中受到更多的保护。

1. 财务维度

平衡计分卡要求企业低成本战略的实施和执行最终实现行业内成本领先的地位和财务指标(如成本降低额、成本降低率、标准成本、利润等)的改善，非财务指标(如工时利用率、设备利用率、材料利用率、劳动生产率等)的改善和提高保障了行业内成本领先地位的实现。

2. 客户维度

低成本战略要求企业在满足客户核心需求的同时，不断降低成本，节约费用。因此，必须在客户关心的价格、质量、服务等方面确立清晰的目标，然后将这些目标细化为具体的指标，如市场占有率、老客户挽留率、新客户获得率、客户满意度等。

3. 内部业务流程维度

低成本战略的目标是最大限度地降低成本，以赢得价格竞争。内部业务流程主要强调基于现有产品的成本动因分析以降低成本，如扩大经营规模以实现规模经济、进行技术革新以降低产品消耗的材料或人工。通过进行实际成本与标准成本之间的差异分析来控制成本一般就可满足需要，采用的方法多为标准成本法、定额成本法、责任会计等。

4. 学习与成长维度

正确理解成本的内涵，把握有效降低成本的途径和方法，是保障低成本战略获得成功的内在动力。基于管理需要的成本分类，从多种视角寻找降低成本的可能。此时，多采用功能成本分析、质量成本管理等方法。

基于低成本战略的平衡计分卡强调财务结果，客户、内部业务流程、学习与成长三个维度都是为了实现行业内成本领先的地位，主次关系十分明确。

(四) 基于差异化战略的平衡计分卡

差异化战略是企业通过追求产品或服务的独特个性，而赢得市场竞争的竞争战略。此战略要求企业所提供的产品或服务具有差异性，在全产业范围内形成一些独特的、其他企业的产品或服务无法替代的东西，从而取得一定的竞争优势。

1. 财务维度

平衡计分卡要求企业差异化战略的实施和执行最终实现在产品或服务的某个方面的差异化，因此首先重视客户需求的满足，其次考核财务指标(如 EVA、毛利率、销售增长率等)的改善。从资金管理角度来说，财务是为业务服务的。

2. 客户维度

差异化战略要求企业满足客户的核心需求,形成"你无我有,你有我优"的竞争格局。因此,必须在客户关心的功能、质量、服务等方面确立"差异性"目标,然后将这些目标细化为具体的指标,故更加重视非财务指标的改善和提高,如独创性、市场占有率、客户满意度、产品返修率等。

3. 内部业务流程维度

差异化战略主要强调基于竞争战略的动因分析,如新技术、新产品、新材料、新工艺等创新性活动,以及围绕流程再造的组织创新。例如,在面向市场时,成本控制应更多地考虑生命周期中产品成本在企业上下游的分布情况,将研发成本、消费成本纳入成本控制范围。

4. 学习与成长维度

差异化战略要求企业掌握不断创新的能力,更新知识、提升技术,广泛深入地利用人工智能(artificial intelligence,AI)进行产品规划和组织变革,把握未来需求发展的基本脉络。因此,人力资源管理成为企业优化管理的重要基础。

基于差异化战略的平衡计分卡更加强调过程管理,客户、内部业务流程、学习与成长三个维度是实现差异化战略的根本,财务是为过程服务的。

三、平衡计分卡的评价

平衡计分卡是基于公司战略角度对部门进行考核的一种组织绩效管理方法,以公司战略为导向,寻找能够驱动战略成功的关键因素,并建立与之密切联系的指标体系来衡量战略实施过程,同时进行必要的修改以维持战略的持续成功。

(一) 平衡计分卡与传统业绩评价系统的区别

平衡计分卡与传统业绩评价系统的区别有以下几点。

(1) 视角不同。传统业绩评价系统主要关注财务绩效,而平衡计分卡则将财务绩效作为业绩评价的一个方面,同时关注客户、内部业务流程和学习与成长等方面的内容。

(2) 指标选择不同。传统业绩评价系统通常只关注财务指标,如销售额、销售利润等,而平衡计分卡则综合考虑多个方面的指标,如客户满意度、流程效率、员工培训等。

(3) 目标设定不同。传统业绩评价系统通常设定的目标是单一的、量化的财务目标,而平衡计分卡则将目标设定为多维度、多方面的,既包括财务目标,也包括非财务目标。

(4) 管理方式不同。传统业绩评价系统通常采用层级管理的方式,即上级制定目标,下级执行并汇报结果,而平衡计分卡则强调团队协作和跨部门合作,需要各部门共同制定目标并协同推进。

(5) 应用范围不同。传统业绩评价系统通常只适用于单一的业务领域或部门,而平衡计分卡则适用于整个企业,能够帮助企业实现战略目标的全面管理。

(二) 平衡计分卡的优点与缺点

平衡计分卡的优点在于能将战略目标逐层分解并转化为评价对象的业绩指标和行动方案，使整个组织行动协调一致；从财务、客户、内部业务流程、学习与成长四个维度确定业绩指标，使业绩评价与考核更为全面、完整；将学习与成长作为一个维度，注重员工的发展和组织资本、信息资本等无形资产的开发利用，有利于增强企业可持续发展的动力。

平衡计分卡也存在一些缺点，如专业技术要求高，工作量较大，操作难度也较大，需要持续的沟通和反馈，实施比较复杂，实施成本高；各指标权重在不同层级及各层级不同指标之间的分配比较困难，且部分非财务指标的量化工作难以落实；系统性强，涉及面广，需要专业人员的指导、企业全员的参与和长期持续的修正完善，对信息系统、管理能力的要求较高。

第六节 专业与思政融合——平衡计分卡孕育协调平衡的发展理念

一、用均衡的观点分析平衡计分卡中的平衡

世间的万事万物之所以能不停地运动、发展、前进，一个重要原因就在于保持了平衡。平衡就是协调，我们要善于用均衡的观点理解平衡计分卡。

平衡计分卡中的平衡包括如下含义：财务业绩与非财务业绩的平衡；领先指标和滞后指标的平衡；过去结果衡量与未来业绩衡量的平衡；长期目标与短期目标之间的平衡；内部衡量与外部衡量之间的平衡；成果与成果的执行动因之间的平衡；管理业绩与经营业绩之间的平衡等。平衡计分卡构建以战略为核心的开放型闭环组织结构，使财务、客户、内部业务流程和学习与成长四个因素互动互联，浑然一体，均衡发展。如果财务、客户、内部业务流程和学习与成长四个因素不均衡，长短不一，参差不齐，此强彼弱，则平衡计分卡就无法发挥绩效评价工具的长处，一旦有短板就要尽快补上，否则整体管理效果就会下降。木桶理论的原理是：一个木桶的盛水量是由组成木桶的最短的木板决定的，若要提高木桶的盛水能力首先就要加高木桶的短板。同样地，一个企业若要不断地提高自己的管理能力，就要不断地加高短板，否则企业的发展就会处于危险的境地。

二、运用全面和统筹的观点，兼顾财务指标和非财务指标

全面的观点彰显了全局思维、战略思维，是全面系统、辩证平衡观点的实际运用。统筹的观点把"破"与"立"统一起来，把总体部署与具体规划统一起来。要始终注意平衡着力，通盘考虑各方面情况和进展，统筹好推进的速度、力度和进度，把握平衡、综合施策，从而激发统筹兼顾的优势，达到更好效果。

由于贯彻了全面和统筹的观点，兼顾财务指标和非财务指标的业绩评价体系是比较科学的业绩评价体系。传统的业绩评价体系只关注以收益为基础的财务数字，这仅能衡量过去决策的结果，无法评估未来的绩效表现，容易误导企业的发展方向。同时，若将财务指标作为企业绩效评估的唯一指标，则容易使经营者过分注重短期财务结果。在一定程度上，会使经营者变得急功近利，有强烈动机操纵报表上的数字，而不愿就企业长期战略目标进行资本投资。因此，将财务指标和非财务指标综合起来的业绩评价体系在定量评价和定性评价之间、客观评价和主观评价之间、组织短期增长和长期增长之间寻求了平衡，能全面、有效地评价企业业绩。

三、绩效管理客观公正，激励措施平等合理，弘扬社会主义核心价值观

平等指的是公民在法律面前的一律平等，其价值取向是不断实现实质平等。它要求尊重和保障人权，人人依法享有平等参与、平等发展的权利。公正即社会公平和正义，它以人的解放、人的自由平等权利的获得为前提，是国家、社会应然的根本价值理念。

绩效管理要求客观公正，激励措施要求平等合理。把平等、公正的理念深入学生内心，指引其在未来的工作和生活中做人正直，做事公正。绩效管理不能偏离平等、公正，否则就不能传递正能量，就不能发挥管理工具的效能。邓小平同志曾讲："制度好可以使坏人无法任意横行，制度不好可以使好人无法充分做好事，甚至会走向反面。"绩效管理坚持平等、公正的理念，就是建立好制度的模板，发挥正能量示范引领作用，践行社会主义核心价值观。"自由、平等、公正、法治"，是对美好社会的生动表述，也是从社会层面对社会主义核心价值观基本理念的凝练。它反映了中国特色社会主义的基本属性，是我们党矢志不渝、长期实践的核心价值理念。社会主义核心价值观是社会主义核心价值体系的内核，体现社会主义核心价值体系的根本性质和基本特征，反映社会主义核心价值体系的丰富内涵和实践要求，是社会主义核心价值体系的高度凝练和集中表达。发挥社会主义核心价值观对国民教育、精神文明创建、精神文化产品创作生产传播的引领作用，把社会主义核心价值观融入社会发展各方面，转化为人们的情感认同和行为习惯。

▌本章实训题▌

实训9-1：剩余收益的妙用

某公司有一个事业部属于投资中心，其基期占用的营业资产平均余额为250 000元，目标营业利润为45 000元。该公司各投资中心的加权平均投资报酬率为10%。计划期该事业部有以下两个投资项目可供选择。

A项目：预计投资额为120 000元，预期营业利润为15 000元。

B项目：预计投资额为65 000元，预期营业利润为6000元。

要求：
(1) 计算该投资中心的目标剩余收益。
(2) 用目标剩余收益来评价 A、B 两个投资项目是否可接受。

实训分析：
(1) 编制剩余收益比较计算表(见表 9-2)。

表9-2

单位：元

内容	目标	A项目	B项目
①营业利润	45 000	45 000+15 000=60 000	45 000+6000=51 000
②营业资产	250 000	250 000+120 000=370 000	250 000+65 000=315 000
③预期最低报酬率	10%	10%	10%
④机会成本=②×③	25 000	37 000	31 500
⑤剩余收益=①-④	20 000	23 000	19 500

由表 9-2 可知，该投资中心的目标剩余收益为 20 000 元。

(2) 该投资中心在计划期应选择 A 投资项目，因为它可使该投资中心的剩余收益比目标剩余收益增加 3000 元，可使该项目的投资报酬率达到 12.5%(15 000÷120 000×100%)，超过公司的加权平均报酬率 10%，显然对整个公司有利。

该投资中心应放弃 B 投资项目，因为它不仅使投资中心的剩余收益比目标剩余收益减少 500 元，而且该投资项目的投资报酬率为 9.23%(6000÷65 000×100%)，低于公司的加权平均投资报酬率 10%。

本章案例分析

案例9-1：全面预算的编制

某企业准备按照分权管理的要求建立责任会计制度，设立内部责任中心。该企业是一个规模较大的机器制造行业，有六个生产制造车间和三个辅助性部门，三个辅助性部门分别是维修部门、服务部门和人力资源管理部门。以上各部门都具有较大的独立性。企业在建立责任会计制度的过程中，业务经理提出以下设想供参考。

设想一：总经理或业务经理主持讨论责任会计制度的建立方案。

设想二：建立责任会计制度的宗旨是将其视为企业客户关系管理的有效途径。

设想三：根据分权的原则，企业只要求在执行预算过程中将信息迅速反馈给各责任中心，而无须再向上级报告。

设想四：内部转移价格属于短期决策中的价格决策内容，可由企业的业务部门具体操作，与责任中心无关。

设想五：各成本中心为有效地管理该中心而发生的所有可控成本和不可控成本，都应被确定为责任成本。

设想六：该企业内部各机构、部门都可以被确认为一个责任中心，指定专人承担相应的经济责任。

设想七：对于利润中心的考核，可以采用投资报酬率和剩余收益两种指标来衡量。

设想八：要求责任中心进行系统的记录和计量，并定期编制业绩报告。

要求：

根据建立责任会计制度和责任中心的原则，指出以上的设想在实际中是否可行？说明理由？

案例分析：

设想一可行。作为企业最高决策层的董事长一般不直接参与企业经营管理和管理方案的制定，而是委托总经理来进行，甚至可以由总经理指定熟悉业务的分部经理来设计具体方案，除非该董事长本人兼总经理。在本案例中，责任会计制度和责任中心的建立方案应由总经理或业务经理具体负责。但是重大方案经过经理层讨论确定后，应报请董事会批准，再下达实施。

设想二不可行。建立责任会计制度的目的有两个：一是有利于贯彻经济责任制及考核评价各责任中心的工作业绩与经营成果；二是便于把各个责任中心的经营目标与企业经营的总目标统一起来，确保经营目标的一致性。若把客户关系管理视为宗旨，则违反了责任会计制度的本意。

设想三不可行。各责任中心在执行预算过程中对于发现的问题应及时反馈。这种反馈主要面向两个方向：一是向各责任中心反馈，使其能够及时了解预算的执行情况，不断调整偏离目标或预算的差异；二是向其上一级责任中心反馈，以便上一级责任中心能及时了解其经营管辖范围内的情况，做出相应的反应。

设想四不可行。内部转移价格是企业内部各责任中心之间相互提供产品或劳务的结算价格。内部转移价格的变动对企业的利润总额无影响，但是对企业内部各利润中心之间的利润分配影响较大。内部转移价格具有以下作用：有助于划分各责任中心的经济责任；有助于调动各责任中心的积极性；有助于考核各责任中心的经营业绩；有助于进行正确的经营决策。因此，内部转移价格与责任中心无关的说法是不符合责任会计制度要求的。

设想五不可行。成本中心当期发生的各项可控成本之和为该中心的责任成本，而不是为有效地管理成本中心而发生的成本。凡是责任中心能够直接控制的各种耗费，都称为可控成本。可控成本一般应具备以下三个条件：成本中心能预知将要发生的耗费；成本中心能够对发生的耗费进行计量；成本中心能够对其耗费加以调节和控制。

设想六可行。责任中心是指由专人承担一定的经济责任，并具有相应管理权限的企业内部单位。每一个责任中心都有一定的组织结构，并受一名责任人(如经理、部门主任或其他管理人员等)的领导。

设想七不可行。利润中心无投资决策权，因此，对利润中心的考核一般采用单一的利润指标即可，如部门边际贡献、部门经理可控边际、部门边际、部门税前利润和企业税前利润等。而投资中心具有投资决策权，对其不但要考核和评价利润指标，而且还要考核和评价其所用资金的使用效果，即考核其投资报酬率和剩余收益两种指标。同时要注意前一指标可能会给投资中心带来职能失调行为。

设想八可行。责任中心的目标一般都是通过编制责任预算来制定的。无论责任预算是自上而下编制的还是自下而上编制的，都应逐一细化，落实到每一个执行者中。各责任中心应当根据本中心的特点,对责任预算的执行情况进行系统的记录,并定期编制业绩报告。业绩报告既是对经营期责任预算执行情况的总结,也是业绩考核的主要方式。

资料来源:管理会计案例. 高等教育咨询网[EB/OL]. http://www.cucdc.com/. 作者有删改

本章练习题

一、单选题

1. 在计算披露的经济增加值时,涉及的会计调整很多,其中经济增加值要求对某些大量使用长期设备的公司按照更接近经济现实的( )计提折旧。
   A. 偿债基金折旧法
   B. 年数总和折旧法
   C. 双倍余额折旧法
   D. 沉淀资金折旧法

2. 甲公司的平均投资资本为 2000 万元,其中平均净负债为 1000 万元,税后利息费用为 90 万元,税后净利润为 120 万元;所得税税率为 25%,净负债的税后必要报酬率为 8%,股权必要报酬率为 10%,基于资本市场净负债的税后资本成本为 8%,股权资本成本为 9%,假设没有需要调整的项目,则披露的经济增加值为( )万元。
   A. 20
   B. 30
   C. 10
   D. 40

3. 公司是一家中央企业,采用国资委经济增加值考核办法对下属子公司进行业绩评价。某子公司 2022 年息税前利润为 5.2 亿元;费用化利息支出 4000 万元,资本化利息支出 2400 万元;研究开发支出 7200 万元,全部费用化;调整后资本成本为 18 000 万元。企业所得税税率为 25%,假设不考虑研发费用加计扣除等影响。2022 年该子公司经济增加值为( )万元。
   A. 46 200
   B. 26 400
   C. 44 400
   D. 29 400

4. 企业应用关键绩效指标法的程序中与其他业绩评价方法的关键不同点是( )。
   A. 制订激励计划
   B. 制订以关键绩效指标为核心的绩效计划
   C. 实施绩效评价与激励
   D. 编制绩效评价报告与激励管理报告

5. 下列关于关键绩效指标法表述正确的是( )。
   A. 关键绩效指标法的指标体系是基于企业战略目标建立的
   B. 关键绩效指标法与平衡计分卡相比,不能将价值创造活动与战略规划目标有效联系
   C. 关键绩效指标法不能单独使用,应与经济增加值法、平衡计分卡等其他方法结合使用
   D. 关键绩效指标法是企业绩效评价方法,其缺陷在于难以用于企业内的部门业绩评价

二、多选题

1. 下列有关非财务业绩评价与财务业绩评价相比的特点,表述正确的有( )。
   A. 财务业绩评价不能直接反映财务结果的改善过程,非财务业绩评价可以反映财务结果的改善过程
   B. 财务业绩评价反映的是企业的短期业绩,非财务业绩评价可以反映公司的长期业绩
   C. 非财务业绩评价相比财务业绩评价综合性强
   D. 财务业绩评价指标相比非财务业绩评价指标数据不好获得

2. 企业的关键绩效指标一般可分为结果类指标和动因类指标。下列各项中,属于动因类指标的有( )。

　　A. 经济增加值　　　B. 单位生产成本　C. 自由现金流量　D. 资本性支出

三、计算题

1. 某公司有 A 和 B 两个部门,有关数据如表 9-3 所示。

表9-3

单位:元

项目	A部门	B部门
部门税前经营利润	96 000	75 000
所得税(税率25%)	24 000	18 750
部门税后经营利润	72 000	56 250
部门平均经营资产	900 000	550 000
部门平均经营负债	100 000	50 000
部门平均净经营资产	800 000	500 000

假设加权平均税前资本成本为 11%,没有需要调整的项目。

要求:

(1) 计算 A、B 两个部门的经济增加值。

(2) 假设 B 部门经理面临以下决策问题,试从经济增加值角度分析其可行性。

① 投资于某项目,投资额为 100 000 元,每年可获得部门税前经营利润 14 000 元。

② 放弃部门现有某项资产,该资产价值为 50 000 元,每年税前获利 7000 元。

2. 甲公司为主业处于充分竞争行业和领域的商业类企业,采用经济增加值业绩考核办法进行业绩计量和评价,有关资料如下。

(1) 2022 年甲公司的净利润为 30 亿元;费用化利息支出为 9 亿元,资本化利息支出为 12 亿元;研发费用为 15 亿元,当期确认为无形资产的开发支出为 2 亿元。

(2) 2022 年甲公司的年末无息负债为 150 亿元,年初无息负债为 120 亿元;年末带息负债为 600 亿元,年初带息负债为 450 亿元;年末所有者权益为 700 亿元,年初所有者权益为 600 亿元;年末在建工程为 150 亿元,年初在建工程为 200 亿元。

(3) 甲公司适用的所得税税率为 25%。

要求:

根据国资委关于经济增加值的相关规定计算下列指标。

(1) 税后净营业利润。

(2) 调整后资本。

(3) 平均资本成本率。

(4) 简化经济增加值。

四、思考题

1. 简述经济增加值的优缺点。
2. 简述平衡计分卡的优缺点。
3. 简述产品成本与责任成本的区别。

能力点.mp4

专业与思政融合.mp4

习题答案与解析

参考文献

[1] 孙茂竹，支晓强，戴璐. 管理会计学[M]. 9 版. 北京：中国人民大学出版社，2020.

[2] 中华人民共和国财政部. 财政部关于印发《管理会计基本指引》的通知：财会〔2016〕10 号[A]. (2016-06-22)[2023-10-13].

[3] 吴大军. 管理会计[M]. 3 版. 大连：东北财经大学出版社，2013.

[4] 岳爱真. 管理会计[M]. 武汉：华中科技大学出版社，2010.

[5] 吴大军. 管理会计习题与案例[M]. 4 版. 大连：东北财经大学出版社，2017.

[6] 孙茂竹，文光伟，杨万贵. 管理会计学[M]. 7 版. 北京：中国人民大学出版社，2015.

[7] 杨学富，耿广猛. 管理会计实训教程[M]. 4 版. 大连：东北财经大学出版社，2021.

[8] 周谦，彭浪. 管理会计案例实训[M]. 武汉：华中科技大学出版社，2015.

[9] 吴大军. 管理会计习题与案例[M]. 2 版. 大连：东北财经大学出版社，2017.

[10] 塔克. 经营保本与利润决策[M]. 张杰，译. 北京：中国对外经济贸易出版社，1990.

[11] 王艳芹. 管理会计学案例与实训教程[M]. 成都：西南财经大学出版社，2014.

[12] 冯巧根. 管理会计[M]. 北京：中国人民大学出版社，2020.

[13] 胡元林，杨锡春. 管理会计[M]. 3 版. 上海：立信会计出版社，2020.

[14] 王华. 管理会计[M]. 北京：中国财政经济出版社，2019.

[15] 余绪缨，汪一凡. 管理会计[M]. 3 版. 沈阳：辽宁人民出版社，2009.

[16] 孙茂竹，支晓强，戴璐. 管理会计学[M]. 8 版. 北京：中国人民大学出版社，2018.

[17] 李守武. 管理会计案例[M]. 北京：中国财政经济出版社，2016.

[18] 张长胜. 企业全面预算管理[M]. 北京：北京大学出版社，2007.

[19] 中国注册会计师协会. 财务成本管理[M]. 北京：中国财政经济出版社，2022.

[20] 武龙. 全面预算管理的关键应用问题及其解决对策[J]. 管理现代化，2019，39(3)：14-16.

[21] 牛莉莹. 企业集团加强全面预算管理的路径研究[J]. 会计之友，2018，(15)：75-78.

[22] 朱秀梅. 大数据、云会计下的企业全面预算管理研究[J]. 会计之友，2018，(8)：96-99.

[23] 李双双. 标准成本法在成本管理中的应用探究[J]. 中国乡镇企业会计，2018，(5)：154-155.

[24] 邓斯梅. 作业成本法与标准成本法的结合运用研究[J]. 环渤海经济瞭望，2018，(12)：

167-168.

[25] 龚永亮. 标准作业成本法在企业成本管理中的应用[J]. 经营管理者, 2019, (8): 54-55.

[26] 温素彬, 韦海钦. 标准成本法: 解读与应用案例[J]. 会计之友, 2020, (24): 151-156.

[27] 查尔斯·亨格瑞, 加里·森登, 威廉姆·斯特尔顿, 等. 管理会计教程[M]. 潘飞, 沈红波, 译. 15版. 北京: 机械工业出版社, 2012.

[28] 美国管理会计师协会. 财务规划、绩效与控制[M]. 舒新国, 程秋芬, 译. 3版. 北京: 经济科学出版社, 2012.

[29] 罗伯特·卡普兰, 大卫·诺顿. 平衡计分卡: 化战略为行动[M]. 刘俊勇, 孙薇, 译. 广州: 广东经济出版社, 2013.

[30] 李太林. 绩效核能(行动版)[M]. 北京: 北京联合出版公司, 2016.

[31] 张华益. 基于平衡积分卡的企业业绩评价体系研究[J]. 企业改革与管理, 2018(7): 58-82.

[32] 李巧红. 许继集团基于战略执行的全员绩效管理体系的构建[J]. 财务与会计, 2015(8): 21-23.

[33] 财政部会计资格评价中心. 财务管理[M]. 北京: 经济科学出版社, 2022.